尺寸

千里远景，如在尺寸之间。

渔猎笔记

[俄] 阿克萨科夫 著
冯华英 译

中国工人出版社

译序：阿克萨科夫的博物美文

——探索与发现大自然之妙笔

阿克萨科夫（С. Т. Аксаков，1791—1859）是俄国19世纪文学黄金时期的作家。在那群星璀璨的时代，他也许不是那颗最耀眼的，但却是非常重要的文学之星。当一大批思想家型的文学家都在用文学思考“穷人”“多余的人”“地下室里的人”“被侮辱与被损害的人”的出路，当文学广角把《罪与罚》《复活》《战争与和平》纳入视野，引发全世界聚焦俄罗斯文学及其揭示的人类、社会和未来问题的时候，阿克萨科夫独辟蹊径，以精雕细琢、娓娓道来的沉稳笔触，以饱蘸人类对自然挚爱的浓厚感情色彩，引领读者走进大自然的博物学大课堂，领略人类生存环境的大美，认识人类与动植物世界互为依存的大爱。经历几个世纪的洗礼之后，以阿克萨科夫为主要代表的一批文学大家开辟的文学大道不但没有走到尽头，反而使文学在新时代的发展更加动力澎湃，而博物学、自然百科知识搭乘上文学美文之巨轮，让大自然及其浩如烟海的博物知识变得趣味盎然，成为世界范围内的广大读者热捧的发现知识之旅。文学和博物学就这样相映成辉，相得益彰。

俄罗斯著名的文学家屠格涅夫（И. С. Тургенев，1818—1883）对阿克萨科夫的散文评价非常高，声称“这样的书在我们这里是前所未有的”“我们都应该向他学习”。屠格涅夫于1847—1851年在《现代人》杂志上发表相近题材随笔，并于1852年出版单行本《猎人笔记》。这部作品不仅为屠格涅夫在文学界赢得了巨大声誉，也同时把狩猎题材文学推向高潮。沿着这道文学风景线，我们看到，阿克萨科夫创立的文学脉络得到了后世很多重量级文学家们的推崇和传承。其中更为引人注目、成就也更大的文学传承者，如普里什文（М. М. Пришвин，1873—1954）及其《鸟儿不惊的地方》（1907），《林中水滴》（1940），《大自然的日历》（1954）等作品，如帕乌斯托夫斯基（К. Г. Паустовский，1892—1968）及其《森林的故事》（1949）等作品，他们之间形成的一脉相承的关系为很多文学评论家所确认。我国著名俄罗斯文学研究专家刘文飞在论普里什文的创作渊源时，这样说道：“普里什文不是凭空而来的，他继承着俄国文学的传统。就宁静和怡然而言，普里什文很接近谢·季·阿克萨科夫那种把令人激动的生活纳入安宁的声音，这种声音里没有任何一个白眼，没有任何一句恶言，而只有关切的、温暖的爱。”（“许多个父亲”：普里什文与俄国文学传统，《外国文学》2012/第4期）

一、奥伦堡情愫

阿克萨科夫出生于俄罗斯奥伦堡地区乌法市的一个贵族家庭。奥伦堡地区远离首都，因而在俄罗斯属于“外省”地方。他的童年就是在这个“外省”地区度过，他常常随父母返回祖产庄园小住，有机会亲近大自然，并产生了对大自然的热爱。在奥伦堡地区，自然和环境在童年的阿克萨科夫的脑海里留下了深深的烙印，进入他的血液和灵魂，故乡的安静、环境的优美，都不仅作为环境背景乃至作为主角进入其创作，还同时成为他日后文学创作中眷恋一生的情愫。阿克萨科夫的《渔猎笔记》以其“奥伦堡地区元素”著称，当我们在这里读到对草原的描述，我们似乎呼吸到其独特的清香之气；读到对森林的描述，我们似乎看到林间枝叶在迎风摆动；读到对水域的描述，我们仿佛听到潺潺流水声。而每当读到对各种鱼鸟的描述，我们的眼前就立即跳出或憨态可掬，或精灵古怪的鱼鸟形象。没有人如此彻底、准确、传神地再现奥伦堡地区的全貌。正是因此，奥伦堡地区如今被人们戏称为“阿克萨科夫地区”。当然，阿克萨科夫的作品意义不仅局限于展现奥伦堡地区的景观，实际上，还具有概括整个俄罗斯全景的艺术意义。“所有俄罗斯人都在阅读《奥伦堡省一个猎人的枪猎笔记》”。——涅克拉索夫（Н. А. Некрасов，1821—1877）如是说。

阿克萨科夫自幼受到聪颖过人、热爱文学的母亲的影响，喜爱读书。大学时代起就对戏剧产生浓厚兴趣，经常参加学生剧团的各种演出。1812年他加入莫斯科文学家小组，开始与文学、文艺界人士广泛接触，并结识了普希金和果戈理等名家，后来开始住在莫斯科近郊庄园里潜心写作。

二、妙笔生花，深情高歌大自然

阿克萨科夫的成名作正是本书（《渔猎笔记》）所收录的三部散文作品：《钓鱼笔记》（Записки об ужении рыбы）、《奥伦堡省一个猎人的枪猎笔记》（Записки ружейного охотника Оренбургской губернии）和《猎人的狩猎故事和回忆》（Рассказы и воспоминания охотника о разных охотах）。在这三部散文作品里，阿克萨科夫栩栩如生地再现了在大自然的天然生态环境里，各种飞禽走兽或独居一处，或成群结队，或安静怡然，或来往迁徙，林林总总，不一而足。作品对各种鸟兽不同习性描写的从容、自然、精准，显示出他惊人的记忆力；而娓娓道来的写实艺术风格，使他有可能全面、生动地展示自然生态的细微精妙之处。

大自然在阿克萨科夫眼里非比寻常，且看他对大自然的理解和憧憬："只有在乡村——不是莫斯科郊外的乡村，而是遥远的乡村，才可能感受到未被人类践踏的、完完全全的、真正意义上的自然的生活。”

“大自然里美景如画，而水更是大自然的至美。水充满生机，它闻风而起，随风而动；水浩浩渺渺，把生机和活力播撒给周围世界的万物。水域变幻莫测，奥秘无穷。从布满坚硬奇异岩石的苍松群山之巅，一股亮晶晶、清洌洌的水流在山涧石缝里穿越跳跃，奔腾而下。山岩陡峭，沿阶而下的水流也随之呈不同的瀑布形态：或涓涓细流，或一枝独秀，更多的是双双瀑布飞流而下。沿途若遇岩石夹击，水流就蜿蜒如一窄带；若遇一平石板，水流则如宽大的水帘直挂川前；若山坡平滑无石，水流就深深地嵌进土壤，形成规则的水槽溪流：溪流两旁生趣盎然，郁郁葱葱，一派生机盎然的景象。”俄罗斯水域，人迹罕至，美轮美奂，实乃花鸟鱼虫之天堂。

阿克萨科夫认为，不是每个人都能“理解眼前这大自然的美景”，有些人对大自然的爱是“肤浅和直观的”。

“在这条从天而降的山涧溪流边，奥伦堡地区的农夫们常常搭建一些结构简单的、被称作小磨坊的水磨，这些溪流边的磨坊如诗如画，惟妙惟肖地贴在峭壁上，就像燕子把小巢贴在石壁上一样。一条细细的水流被凿空的木槽全部连接起来，紧挨着山腰向下流。水流从水槽里直接冲向小磨坊的水轮，一切就这样变得轻而易举起来：无须堤坝、无须蓄水池、无须水闸、无须人力……水磨自行转动研磨，日夜不息。”奥伦堡地区远离都市，远离尘嚣，那里的农民既朴实无华，也聪明绝顶。谁能说他们的生存状态不也充满着大自然的气息，这里的人文景观与大自然不是亲密无间地融会贯通着呢?

就这样，带着对大自然的独特理解和热切的向往，阿克萨科夫深入远离尘嚣，甚至是人迹罕至的奥伦堡省的边缘地带、原始森林；他拿起钓钩，来到水域，在垂钓的过程中，观察、记录各种鱼类的神态、习性和鲜美味道；既然是狩猎，猎枪就是必备的工具。当阿克萨科夫跋涉在沼泽地里，匍匐在湿地边沿，瞄准机智灵动的禽鸟，在他的精准射击下，禽鸟成为猎物，成为餐桌上的美味，那一刻，成功的喜悦自不必多说……

可是，在崇尚自然、珍爱动物、环保意识已经深入人心的今天，对珍稀鱼鸟被猎杀、烹煮、成为盘中美餐的文学描述，人们一定不忍卒读。其实也不尽然，首先，我们不必求全责备于18—19世纪的俄罗斯人是否具有现代的环保意识，那时的俄罗斯地域广袤，野生动物资源极其丰富。狩猎不啻是一种生活方式，甚至是生活时尚。其次，我们还要看到，即使在离我们很遥远的年代里，人们虽然不具备科学的环保意识，但是从他们的狩猎生活中也能依稀看到一些猎手对动植物的珍爱和欣赏的感情。

我们在本书的“沼泽地”篇阅读到作为猎人的作家发出由衷的忏悔:“回想起来使我很愧疚的是，我曾给鹬鸟带来了多么大的毁灭性打击。我和所有的猎人一样，在奥伦堡广阔的沼泽地里，曾经打死了多种野禽。尤其是沼地鹬，这是一种多么好的鸟啊！它们与众不同，对自己的幼鸟总是关爱备至。”由此我们看到的猎人并非单纯追求攫取猎物而去狩猎，上引的字里行间无不透露出猎人的“我本善良”，以及对动植物的爱怜情怀。

三、让文学美文引领，开启认识世界的博物学发现之旅

阿克萨科夫采用记录钓鱼、狩猎的方式作为他抒发对大自然的情感并非偶然。在作品里我们看到作家为“钓鱼”活动正名：“有人说钓鱼是游手好闲、懒惰的人的行为，这是完全不公平的：一个真正的钓鱼人必须非常抖擞，非常积极才行……”而这种“抖擞”“积极”也正是接近和认识大自然所不可或缺的要素。

读阿克萨科夫的作品，不仅能使我们体验到文学艺术的感染力和愉悦感，还能使我们极大地丰富文化、博物知识。作者用他的“笔记”把我们带进了令人神往的大自然，让我们认识奥伦堡地区的森林、水域、沼泽、草原及其环境特点；而作家对自己及其他猎人的狩猎活动的详细描写，让我们有身临其境之感，我们似乎也能有机会与大自然里的飞禽走兽近距离接触，品味它们在陆路和水域游走的一举一动，它们的饮食口味，它们的生活轨迹。

在“天鹅”篇里，天鹅的“庄重”和“优雅”的姿态美到让人动容，而类似天鹅般完美的飞禽，我们在阿克萨科夫的笔下

还看到仙鹤、鸽子、大雁和斑鸠等，难怪很多读者看了阿克萨科夫的作品后，对其中的动物都顿生浓浓的爱惜之意，对作家笔下的唯美的大自然憧憬不已！

然而，优雅的天鹅在面对伤害时，它对加害它的猎犬乃至猎人都发起猛烈反击，其力度和强度甚是让人生畏。一只天鹅在遭到一个猎人的枪击毙命后，它的伙伴们都黯然飞离此地，“再也没有回来”。这里我们看到天鹅的聪明、敏感和谨慎。天鹅“臂力”非常大，一只即使是已经身负轻伤的天鹅，“当它的幼崽受到猎犬的攻击，天鹅会用一只翅膀将猎犬活活拍死……一个猎人被天鹅挥动翅膀把一只手臂拍打成了骨折……”天鹅奋起反抗时所具有的惊人力量让我们不由得深受震撼！对天鹅的敬畏之感在后来普里什文的《鸟儿不惊的地方》得到了更进一步的证实：有个猎人“在春天杀了一只天鹅，他在秋天就死了，过了一年，他的妻子也死了，接着，孩子和别的人也死了”。两位文学大家、大自然的歌手在由天鹅引发的对大自然的万事万物的忧思情怀息息相通，一脉相承。

在“沼泽地”篇里，我们读到这里的禽鸟如何求偶和繁殖：“可以准确提供的情况是，公鸟和雌鸟这时聚集在一起，互相热烈地示意着；它们践踏青草和四散脱落在草地上的羽毛，竭力表示各自的求偶欲望。这样的求偶行为从5月初起一直延续到6月中旬。”这些场面的描述让我们了解到禽鸟的感情生活及其生生不息的繁衍过程是如此有趣。

而野鸭的爱恨情仇一旦燃烧起来，其激烈程度一点也不输于人类的任何一部感情剧作：“当与母鸭在一起的公鸭发现有其他公鸭朝它们飞来时，就会立即扑过去，坚决地赶走它，似乎这样奋勇向前是它义不容辞的责任。如果一只还没有找到异性伙伴的单身公鸭靠近并纠缠正在飞行的野鸭伴侣时，那么在合法丈夫同第三者之间的空中较量就势必发生。较量中，它们会发出一种特别短促而有力的鸣叫声，猎人们已经十分熟悉这种鸣叫声。较量场面十分悲壮：两只野鸭垂直地挂在空中，互相咬住对方的脖颈；为了不致从空中掉落，它们急促而又有力地扇动着翅膀；但是，不管怎么努力，它们还是会不住地朝下方跌落。”野鸭情敌之间的战斗惊心动魄，它们为了争夺自己的知心伙伴，不惜以命相搏！

从《渔猎笔记》中的一个个故事和段落，我们看到草原和森林中的鸨、鹤、鹬等各种飞禽走兽，它们外形多姿多彩，禀性、行为举止各有差异。每当它们处于不受惊扰的时候，它们展现的是悠然自得、从容不迫，是动物与动物之间、动物与自然之间、动物与人类之间都和谐相处的平和状态；每当它们遭受人类的捕猎和动物之间的侵害，它们抑或黯然神伤，纷纷逃离；抑或奋起反抗。

总之，我们读阿克萨科夫的《渔猎笔记》，深深地感受到了作者对文字的自如运用和坚实笔力所带来的身临其境的冲击力。在这里我们不仅可以分享作家垂钓和狩猎带来的成功和快乐，更重要的是可以认识动植物及其所在的、生态环境的百科知识。从阅读中我们获取了生动的大自然场景体验和博大精深的博物知识养分：人类需要科学地、理智地、友爱地与动植物相处，不要随意或轻易地惊扰动植物世界。在保护动植物世界的生态平衡时，也保护了我们人类自己的生存环境。

阿克萨科夫还创作了一些具有自传和回忆录性质的重要作品：《家庭纪事》（Семейная хроника）、《巴格罗夫孙子的童年》（Детские годы Багрова-внука）、《我和果戈理相识的经过》（История моего знакомства с Гоголем）等，它们在俄罗斯文学史中也都是具有重要影响的作品。

译者 冯华英

目录／

钓鱼笔记

序　言　3
圆鳍雅罗鱼　9
鲤　鱼　14
鲈　鱼　16
狗　鱼　23

奥伦堡省一个猎人的枪猎笔记

沼泽地　29
田　鹬　33

中沙锥鸟 42

姬　鹬 48

沼地鹬 55

黑腹滨鹬和红腹滨鹬 60

鹬　雀 61

沼泽流苏鹬 63

沼泽鸡 66

沼泽长脚秧鸡和长脚小秧鸡 70

水　域 74

天　鹅 85

大　雁 89

野　鸭 97

白骨顶或骨顶鸡（水鸡） 130

草　原 134

大　鸨 145

仙　鹤 149

草原鸨 157

杓鹬（草原鹬） 164

森　林 176

松鸡（细嘴松鸡、普通松鸡和白肚松鸡） 187

黑琴鸡 193

鸽　子 215

斑　鸠 216

丘鹬（森林鹬） 220
兔　子 235
各种小鸟 249

猎人的狩猎故事和回忆

致读者 255
前　言 256
用猎隼捕捉鹌鹑 262

钓鱼笔记

序　言

我写下这篇有关钓鱼的笔记，一是为了唤醒那沉久的记忆，二是为了品味垂钓的快乐时光。我把我的经历记录下来并出版成书，是为了与同好者——喜爱钓鱼的渔夫和猎人分享。对于渔猎爱好者而言，“拿起鱼竿去钓鱼”让人着迷和心动。我相信他们读了这本笔记也会心情愉悦，并有所助益。因为对于具有共同爱好的人而言，看到同样的感觉、独到的观点、惊喜的瞬间，对以前模糊不清的事情有了瞬间明了的感觉，一定会使他们心情愉悦；此外，与同样爱好的人分享经验和观察是能够有所助益的。

对爱好者而言，钓鱼与其他的猎事一样，既平常又让人痴迷，这一点自不必多说。正如一句俄罗斯谚语说的那样：有志者事竟成。这句谚语既深刻又准确。垂钓活动总是那么静悄悄地进行，从不会去干扰他人。但是恰恰是垂钓，这么一个普通的人类爱好，遭到很多质疑，甚至攻击：有人说垂钓者是游手好闲者或者懒汉，有人认为钓鱼是老人和孩子们的娱乐，还有人说是弱智者的游戏。连最宽容的评判员也会耸着肩膀不无遗憾地说："我可以理解那些背着猎枪、带着猎狗去打猎的行为，因为它需要到处走动，需要灵活性，其中充满活力、主动性，甚至含有威武的意味在里面。对于打牌的热情自不必说了。但是对于钓鱼这种热情，我坦率地说理解不了……"他脸上的笑容分明在说这种行为简直太愚蠢了。不仅城里人有这种看法，甚至那些本身就喜爱打猎的人——当然喜爱钓鱼的猎人除外，也有这样的偏见。对于前一种人来说，不幸的是，他们一直生长在城市里，受一些人为的观念和学说的影响，他们从来没有到过乡村，也从来没有听说过乡下人的日常爱好，对打猎几乎没有任何概念，他们这么想还情有可原；可是对于后一种人——本身就是猎人，也持有偏见，这是我无论如何都不能理解的！

无论是背着猎枪、带着猎狗、猎隼、猎鹰和捕兽网打猎，还是带着捕鱼网、网兜和钓竿钓鱼都是一样，都出自一个共同的缘由。不同猎事的猎人应该相互理解：打猎既然能使他们与自然接近，也应该能使他们彼此之间互相接近。

对大自然的感情是我们与生俱来的，在这一点上无论是粗鲁的野生动物，还是受过良好教育的人都是相通的。而那些反自然的教育，强加给人的理念，虚伪的学说，伪善的生活——所有这一切无非是想掩盖大自然强有力的声音，这种掩盖使人和动物对大自然的情感发生扭曲。当然，没有人会对"自然之美"无动于衷，也就是说对近处的美好环境、远处的旖旎风景、壮美的日出日落、明月当空的夜晚，谁都不会无动于衷。但是这还谈不上真正喜爱大自然，这只是出于对自然风光和美妙环境的喜爱，是对日月之光折射的喜爱。就连那些从来不曾有过或已经完全丧失了诗情画意情感的人，那些最冷漠的人，最枯燥无味的人也做得到，不过他们对自然的爱也仅限于此。如果将他们带到茂密的森林里，带到那神秘的树冠下凉飕飕的阴湿之地，带到杂草丛生的茫茫草原里；如果在寂静而炎热的夏夜里，把他们带到黑暗中泛着幽光的河边，或是被芦苇围绕着的、梦幻般朦胧的湖边；把他们带到弥漫着花草树木的芳香之中，带到水和森林的清凉气息之中，听着夜鸟和昆虫用整个生命不停地进行创作的歌声，那时他们便看不到大自然的美，他们对这些自然现象一无所知！他们对自然的爱是肤浅而直感的，他们喜爱自然风光，但这种爱却并不长久。他们的眼睛观赏着如画的美景，心里却在想着自己那些鸡毛蒜皮的琐事，急急忙忙奔回家，奔回肮脏的旋涡中，奔回尘土飞扬又沉闷的城市氛围里，奔回自家的阳台和露台上，在小得可怜的花园里呼吸那一潭死水里散发出来的陈腐气味，或者在夜幕降临的时候感受马路上炙烤了一天的热气……天啊，随他们去吧！

只有在乡村——不是莫斯科郊外的乡村，而是遥远的乡村才可能感受到未被人类践踏的、完完全全的、真正意义上的、自然的生活。那里的乡村和睦、宁静又安详！那里的生活朴实无华，人际交往简单又直率！在那里人们可以远离无所事事和内心空虚，远离利益相争，远离无休无止的交际活动和不值一提的个人琐事，远离那些尽管不乏诚意却是徒劳无益的操心和担忧！

在绿草如茵、鲜花盛开的海岸上，在河流或湖泊的黑暗深处，在灌木丛的阴影下，在巨大的黑杨或弯曲的赤阳树笼罩下，树叶在如镜面一样发亮的水面上轻轻地漂动。在这里，你可以漂浮在水面上，或摇摆身体，或静止不动，虚幻的激情会平静下来，虚幻的暴风雨将平息下来，骄傲的梦想将崩溃，不现实的希望将破灭！大自然将行使自己永恒的权利，让人们听到它的声音，这曾经被人类的虚荣、忙碌、笑声、叫声和所有低俗言语掩盖了的声音！大自然里充满芳香、自由和清新的空气，从中人们将呼吸到沉静的思想、温柔的感情、宽以待人，甚至也宽以待己。而种种对自己的不满，对自己是否足够有力量，意志是否坚定，思想是否纯洁，各种不自信逐渐于无形中弥散开来——这是我们这个时代的流行病，这种颓废的灵魂只把眼光盯着我们曾经的罪过，而这与俄罗斯人的阳光本性格格不入……

还是言归正传，我来说说钓鱼和这本笔记吧！前面说到有人认为钓鱼是游手好闲者、懒人的行为，这是完全不公平的。一个真正的钓鱼人必须精神抖擞，非常积极才行：他必须早起——常常天不亮就起床，要忍受中午的炎热或潮湿、寒冷的天气。在钓鱼时必须集中注意力；必须寻找有利地形，为此要经常乘着船到处走，做多次尝试——这可不是一个性情懒惰的人所能做得到的。即便真有那样的懒人，他们也不会是真正意义上的钓鱼者，他们甚至不明白该在什么地方下钩，该怎样钓鱼；与背着猎枪在沼泽地上奔波相比，他们不过是更喜欢坐在河边拿着鱼竿钓鱼而已。难道他们也能叫作真正的猎人吗？他们是自己跑来钓鱼的，与钓鱼何干呢，钓鱼本身没有错！另有一种责怪的说法，说钓鱼似乎是老人和孩子们的娱乐——这一点也是没有根据的：如果一个人不是从年轻时就开始钓鱼，他到老也不会成为真正的钓鱼人的。当然孩子总是喜欢钓鱼，这是因为其他的打猎活动不大适合他们的年纪。可是，孩子们又何止单单在钓鱼一事上模仿大人呢？至于说到体质差的老人和行动不便的病人可能会去钓鱼，并在其中找到一些乐趣、从自己的困苦生活中得到一些解脱的话，这一点恰恰是钓鱼与其他打猎相比更重要、更宝贵之处。还有一种攻击钓鱼的说法：钓鱼是弱智或者干脆就是傻瓜的游戏。但是，上帝呀！弱智的人哪儿没有啊！他们什么事情不做呢！他们也可能会参加一些不乏灵活又有意义的活动！难道由此我们就要把所有与他们做同样事情的人都看成傻瓜吗？这种指责非常荒谬！我们可以列举出许多伟大的历史人物，显然他们的智商不容怀疑，但是他们都是狂热的钓鱼爱好者。众所周知，俄国著名的将军彼得·鲁缅采夫对于钓鱼痴迷到狂热的程度；他有一句名言，是在一个外交场合做“谦逊”答复时说的：“我们不会做超出我们智商的事情，我们会做的事情就是钓鱼和捕获城池。”伟大的莫罗·让·维克托从密西西比海岸赶来帮助欧洲国家，参加反抗自己国家的胜利者的战役。在战斗部队都在期待他到来的时候，他仍然花费极其珍贵的几个小时去垂钓鳕鱼，他就是如此痴迷这项狩猎活动！路易斯－菲利普也很聪明，但他常常从繁忙的国家事务中摆脱出来，投身于在可爱的内利小镇上的垂钓。

现在，我再谈谈这本笔记。据我所知，到目前为止，还没有哪一位既懂钓鱼又有学识的猎人用俄语写过如何捕鱼，尤其是专门说如何钓鱼的书，哪怕是只言片语也没有。而法文版和英文版的此类书籍却很多，其中包括大量捕鱼的全集和更多专门说钓鱼的小册子。在伦敦甚至还有一个钓鱼者协会，专门研究钓鱼的各个方面问题，以便提高钓鱼技巧。在这方面，法国人写的书特别生动有趣，但我们这里还没有翻译过来。如果真能翻译过来的话，那无疑将会给我们的阅读带来更多的愉悦，但是，真正的实用价值却不大，因为法国的气候条件、鱼的种类和特性与俄国不同。在这种情况下，俄国本地渔猎者善意提供的观察记录，无论有多少不足之处，那也还是具有很大优势。

于是，我决定做一次尝试——用俄文写这本书。在俄国，钓鱼者很多，特别是在农村，我相信，他们一定会支持我的想法。但我要请读者注意，读我这本书时，既不要把它当作关于钓鱼的论文，也不要把它当作有关鱼类的自然历史，它充其量不过是一个热爱钓鱼的人写的有关钓鱼和鱼类的普通笔记，其中难免存在肤浅、片面和疏漏之处。

9

圆鳍雅罗鱼

尽管这种鱼的名字看上去像是鱼头很大的鱼（“圆鳍雅罗鱼”俄语词义为“大头”），但实际上这种鱼的头一点儿也不大。要是看上去觉得它的头比别的鱼大的话，那是因为圆鳍雅罗鱼的额头特别宽，看上去似乎与它那长条形鱼身合为一体的缘故。圆鳍雅罗鱼不像圆腹雅罗鱼那样宽，但却比后者长，背也比后者厚实。很多渔夫证实圆鳍雅罗鱼最长的有 1 俄尺长，14 普特重，我本人却从未见过 9 普特以上的圆鳍雅罗鱼。这种鱼比圆腹雅罗鱼漂亮：它的鳞片很大，是银白色的，每一片鱼鳞边上都有一层薄薄的、闪着亮光的褐色窄边儿。鱼嘴特别大，眼睛是黑色的，鱼身下面的鳍微红，而上面的鳍特别是尾鳍是深蓝色的。正午太阳直射水面时，凭着那深蓝色、接近黑色的鱼鳍和尾鳍，你就会立刻辨别出圆鳍雅罗鱼来。圆鳍雅罗鱼喜欢干净、经常流动的水域，甚至还在这样冰冷的水里栖息，而圆腹雅罗鱼则不能在这样冰冷的水里停留，所以它们总是跟在虹鳟后面游走了。我不清楚圆鳍雅罗鱼是否能在大湖里生活，但是在流动的池塘里却有很多这样的鱼，在那里繁殖得特别多，特别是在那种沙质的、多砾石的地方有很多圆鳍雅罗鱼，而在涨水时形成的水洼里却很少见到这种鱼，河流、池塘才是它栖身的地方。从它的体形就可以看出来它的动作灵活迅速，这一点与狗鱼很像。

用粮食谷物做饵，喂食圆鳍雅罗鱼可不是一件容易的事，它比圆腹雅罗鱼要谨慎小心得多，但有时也会吞到鱼钩上的食物。它更喜欢吃软体虫，特别喜欢吃褪了壳的虾仁。要想钓到大的圆鳍雅罗鱼，就得使用小鱼做诱饵，还得在秋天的夜里钓，天气转凉，鱼钩上放上一些鮈鱼、红点鲑鱼肉，如果没有这些的话，用欧鲅和拟鲤也可以代替。一般从水底才能钓到大个儿的圆鳍雅罗鱼。这种鱼咬钩非常快，而且当鱼咬钩后，钓竿会抖得非常厉害，之后鱼会拼命往水面跳，像发了疯一样在钓竿周围乱窜，有时甚至整个身体都跃出水面。垂钓者应该尽量把这些危险情况都预想到，在最初鱼儿还没有挣扎之前（只要钓竿稍一下沉），就应根据水面的情况立即判定鱼儿已经上钩了，不等鱼儿从水底冲到水面上来，就将鱼儿拖到岸上来。圆鳍雅罗鱼的力气特别大，动作很灵活，从不知疲倦。当一条大圆鳍雅罗鱼钓在鱼钩上，那是一幅多么壮观的图画啊！圆鳍雅罗鱼那闪电一般快速、不驯服的跳动，连最有经验的渔夫也会胆战心惊。只有把它打捞到网袋里，它才会平静下来。钓圆鳍雅罗鱼既不要铅坠，也不要浮子，只要往中号浮杆上的钩子上放上一些飞蝗、甲虫、苍蝇或是粪便中的软体虫就可以了。钓鱼一般要在水流湍急的地方进行，常常见到的是中等大小的圆鳍雅罗鱼，很少能碰到特别大的，而且大圆鳍雅罗鱼用这种钓线也不可能钓上来。尽管圆鳍雅罗鱼在味道上与圆腹雅罗鱼相似，但前者比后者的味道更纯正、更柔和一些。在我看来，钓大圆鳍雅罗鱼是最有意思的事了，不仅是因为这种鱼性情机警、动作灵活，而且还因为大个儿的圆鳍雅罗鱼很难上钩：一个早晨若能钓到两三条大圆鳍雅罗鱼就相当了不起了，简直可以说是满载而归了。对于一个猎人来说，见到大个儿圆鳍雅罗鱼的机会要比别的鱼多得多，但是为什么大圆鳍雅罗鱼却很少上钩呢？这个问题我怎么也搞不懂。在奥伦堡省、辛比尔斯克省、奔萨省和莫斯科省的一些河流中，圆鳍雅罗鱼随时随地都将我带入一种绝望的情绪中：中午的时候，你常常见到鱼儿成群结队地在水面上游来游去，甚至看见它们在玻璃一样清澈透明的浅滩上、多石或是多沙的水底一动不动地休息，而你却束手无策，这简直太令人懊恼了！即使把它们最喜欢的鱼饵，例如虾、从地里找出来的长长的软体虫、鲕放到它们嘴边——也还是没有用！真没见过这样的鱼！有时突然会有一条游过来，看样子好像是凑上来闻了闻鱼饵（此时，你连大气也不敢出），它却瞬间用头推开鱼饵，大摇大摆地游走了！有时候猎人直接把一块鱼饵向正在水底休息的圆鳍雅罗鱼扔下去，结果怎样呢？只见这条圆鳍雅罗鱼稍稍向旁边一闪身，又躺到沙子上了，还不时地晃动着那像船尾橹一样的黑尾巴，“它是看见上面的猎人，才不去咬钩的”——打鱼人会这么解释，但只有上帝才知道，这么解释对不对：任何一种胆小谨慎的鱼，发现有影子晃来晃去时，都会游走躲起来的，这是可以解释的。但下面的这个问题又无法解释了：为什么圆鳍雅罗鱼即便在水深的地方，在根本看不见渔夫的不透光的水里也很少咬钩呢？嗯，不对，肯定有一个我们都不知道的秘密。说到圆鳍雅罗鱼我觉得有必要提一句，就是我上面提到过的：有大鱼咬钩时，绝不能用手去拉钩线。有一次，那是一个早春的午后，我在一个长满芦苇的大池塘上钓鱼。当时我正站在一块三面环水的楔形坝上，大鱼还没有咬钩，我放到水里的三个大钓竿此刻一点儿动静也没有。终于，水下的白色鱼饵——软体虫动了一下，接着又动了两下，到第三下的时候，我突然飞快地一抖钓竿，拖上来一条圆鳍雅罗鱼。结果这却不是一条大鱼，我失望地丢开大钓竿，拿起一个中号的由六根渔线编成的钓竿，放上小虫子，抛入水中，但还没等钓竿放稳，浮子就不见了，我赶紧抖钓竿，发现是一条特别大的圆鳍雅罗鱼！柔软的钓竿梢根本禁不住这么一条大鱼，钓竿一直弯到我手边。起初，根据鱼的运动速度，我判定是一条狗鱼，但是我马上就发现错了：这是一条大圆鳍雅罗鱼，这么大的一条鱼，之前我还从未见过，以后也再没有机会见到。只见这条鱼冲出水面，开始绝望地挣扎…… 我手中的钓线很细，但很结实，钓竿梢又特别的软，最大限度地弯曲着，我非常小心地拉着钓竿，过了半个小时，这条鱼终于挣扎累了。我将鱼拖到岸上，打算装到网袋里，但是渔网太小，太不结实了，根本装不下这条大鱼。这时渔线上的圆鳍雅罗鱼突然用力一挣，跳进茂密的苔草丛里了。苔草一直延伸到水里，这时必须非常小心地用手捕捉或是用网兜，然后慢慢地拖上岸来才行。尽管我是一个谨慎而又耐心的人，可以说是一个很有经验的打鱼人，但当时觉得鱼反正是在岸上，一共不过四分之一俄尺远就可以到达安全地了，我实在耐不住性子，想直接把它拖过来。于是，我用手抓住渔线，刚要用力——鱼突然发了疯一样向上跳起来——渔线断了，鱼翻到水里去了…… 我失去了对于猎人来讲如此珍贵的、特别是在早春时节难得见到的猎物，我当时非常伤心，直到今天一想起那条失去的鱼，我的心情还是难以平静，后来我还写了一首田园诗来安慰自己，诗的名字叫《渔夫的痛苦》。

14

鲤　鱼

鲤鱼是一个外来词，它和俄语词野鲤是同一个词，区别是池塘里的鲤鱼颜色不鲜艳，为灰暗色，也不像生活在大河里的、特别是大河入海口的野鲤那样体形大。例如在阿斯特拉罕钓到的野鲤一般都特别大，而且无论在数量上，还是在体形上都是最有名的；在莫斯科的多个池塘里也有许多鲤鱼，特别是普雷斯尼亚大街和宫廷花园的池塘中鲤鱼特别多，现在这些宫殿花园隶属于少年军团。但在莫斯科近郊却很少有像样的、流动的或不流动的池塘，再退一步讲，哪怕稍大一些的可以让鲤鱼繁殖的池塘也很少见到。许多池塘，由于长久没有清理淤泥，都已经荒芜了，到处长满了水藻，鲤鱼已濒于绝迹。鲤鱼经常死塘的原因还有一个：在漫长的冬天没有人管理水面，每天没有开出足够数量的冰窟窿，因此水不流动，水质恶化导致死塘。用土里的或粪便里的软体虫做诱饵，鲤鱼喜欢咬钩，而且多从水底咬钩，鲤鱼咬钩后就会进行强有力的挣扎。我从来没有听说过在莫斯科附近的河流中有鲤鱼。如果池塘里有水藻的话，那么池塘里捉到的鲤鱼就会有股水藻味。不过，鲤鱼跟鲫鱼一样，如果将它们放入活水养鱼池里，放到流动的、新鲜的水里，很快就会失去那股水藻味，而有一种正常的鲜味了。池塘里养的鲤鱼很容易就会习惯固定时间、固定地点的喂食。如果在它们喂食的时候经常敲响铃铛的话，那么鱼儿也会很快就习惯这种声音，即使不是约定的时间，一听到铃声也会聚集过来。也许其他种类的鱼经过训练后也会做到这样吧。在莫斯科至今还有人记得曾属于沙霍夫斯基公爵的快乐花园里的情景。就在不久前，在普雷斯尼亚大街的池塘还有过许多特别大的鲤鱼生存，人们喜欢拿白面包喂它们。事实上，这是一幅非常有趣的场面：一旦面包屑扔进水里，马上就会有几条特别大的鲤鱼（有时只有一条）分别咬住面包屑，沉入水底；但是还没等咬下一口，面包屑早已从它嘴里掉出来，漂到水面上了，这时会有别的鲤鱼立刻出现，而且数量越来越多，争抢激烈。它们咬住面包屑，连拉带拽，上下起伏，这时面包屑稍稍有点泡涨了，但却已分解成许多小块，一分钟内被啃食干净。人们看着这有趣的场面，不断发出惊叹和笑声。无论是野鲤，还是所谓的鲤鱼，我钓到的都不是太多。但是，听别的猎人讲，钓这种鱼，特别是在河里或是大池塘里钓这种鱼，是非常愉快的，而且捕获量也很大，同时要求钓鱼的人有一定的经验和耐心，还得有一张好的捕鱼网：因为特别大的鲤鱼力气也特别大，而且善于挣扎。

16

鲈 鱼

说真的，我不知道这种鱼的名字是怎么来的。是不是因为该词词根与动词“使浸入”有关呢？因为鲈鱼咬钩时总是使浮子沉入水里，如果它吞下的诱饵特别大的话，还不止一次地让浮子沉到水里，是不是这样呢？…… 但是，这种说法，未免太牵强了，我可不敢苟同。

鲈鱼仅次于斜齿鳊，是数量最多的鱼种了。在河流、湖泊、流动或不流动的池塘中，只要水流干净——它就会大量繁殖。鲈鱼的身体特别宽，上面有一层浅绿、略呈黄金色的鳞片；背上有一个梳状的东西，有许多锋利的刺，这些刺与尾巴之间是一条鱼鳍；尾鳍，特别是下面的鱼鳍是红色的，腹部呈淡白色，黄眼睛，黑眼球；身上横向长有五个条带，使整条鱼看上去五彩缤纷，美丽异常；两鳃上一边一个针状的刺，如果不小心碰到的话，会刺得人很疼；嘴也很大，喉咙很宽，这说明它能够吞下与自己的身体不相称的大块东西，这也表明它是凶猛的鱼种。鲈鱼体形很大，特别重，据可靠的说法，鲈鱼一般有12普特重，但我只见过 8 普特重的鲈鱼，那还是从乌拉尔运来的冻鱼。我自己曾钓到过 3.5 普特重的鲈鱼，再比这重的活鲈鱼我可没亲眼见过。鲈鱼的身体不太长，我曾经拿一条 8.5 俄寸长、4 俄寸宽、8 普特重的鲈鱼与 3.5 普特重的鲈鱼进行比较，发现它们在长度上没有我料想的那么大的差别。但是这条小鲈鱼厚度增量多，其脊背宽度达 2.5 俄寸。春天只要水一开始变得清澈，鲈鱼就会咬钩了，这种情况一直持续到河面结冰为止，甚至冬天砸开冰窟窿也能钓到鲈鱼，不过我冬天从未去钓过鱼。4 月底，鲈鱼腹内已积满鱼子，5 月甩籽，甩籽后鲈鱼便开始贪婪地咬钩了。鲈鱼咬钩最频繁的时期是在 8 月和 9 月初，这时由于天气转凉，河水开始变得清澈透明，钓小鱼就不那么容易了。差不多所有的猎人都非常喜欢钓鲈鱼，一致认为钓鲈鱼比钓别的鱼有意思，因为：首先鲈鱼容易上钩。秋天，鲈鱼成群结队地在水里游，遇到鱼钩上的鱼饵时差不多全都上前争咬，只有少数游走。其次鲈鱼咬钩时表现得非常贪婪、固执，甚至一口能吞下大半个鱼饵。最后因为钓鲈鱼不需要太多的仔细和耐心。鲈鱼不仅不怕流水和声音，甚至如果你在岸上用树棍或钓竿的一头故意在水里搅和，还会吸引许多鲈鱼游来，因为搅水声很像小鱼在水里嬉戏，故而引得鲈鱼前来。中等大小的鲈鱼经常在水中间咬钩，而大鲈鱼，如果水清的话，则在水底咬钩。春天一般用软体虫做诱饵钓鱼；夏天用虾仁或去皮的虾——鲈鱼最喜欢吃那种去皮的大个儿虾、蟹；秋天，甚至到冬天来临时，最好用小鱼做诱饵，如果找不到小鱼（这是常有的事），那么就该抓拟鲤或是一些性情温和的鱼来，然后切成几块——可大可小，这要看你想钓的鱼的大小和鱼钩的大小，然后将切成块的诱饵放到钓钩上。其实鲈鱼从不挑剔，几乎所有的诱饵都来者不拒，甚至连生肉块也会咬钩，而土里的软体虫，鲈鱼一年四季都喜欢吃。毫无疑问，一天中最适宜的钓鱼时间是早晨，但是也没有必要在太阳还没有出来的大清早就去钓鱼。早晨钓鱼应该选择干净开阔的水面，或者周围有水草的地方；中午正相反（当然这里是指夏天炎热的中午），鲈鱼则喜欢躲在树荫里、灌木丛的下面、水草或牛蒡草的阴凉下，因此应该将鱼钩放到有水草的地方；晚上鲈鱼又会回到干净开阔的水域来。如果鱼钩放下去了，却收获不大，那么你可以用三种鱼竿来钓：将一个大鱼竿放上特别大的鱼饵，放入水底，另外两个鱼竿放在水的中间部位。如果有鲈鱼不停地咬钩，那么只有两个鱼竿就不够用了。这并不是说来不及换钓竿，而是怕鲈鱼咬钩后游得太远，把整个鱼竿都拖到水里去了。如果鲈鱼将鱼竿拖走的话，那就得花许多时间到水里去找钩子，而且还弄坏了鱼钩上的短丝线，也伤着了鱼——鱼很快就会死去。只要鲈鱼一咬浮子，或是将浮子扯进水里，就应该立即将钓线往上拽。像其他性情温和的鱼一样，鲈鱼见到诱饵时从不会急匆匆奔过来咬，撕扯食物：鲈鱼咬钩时总表现得很果断很认真，从不会要滑头。我多次在清澈透明的水边观察鲈鱼：一条大鲈鱼见到猎物后径直朝猎物游来，起初游得很快，但是越接近猎物，它游得反而越慢了，只见它张大嘴巴，轻轻地碰一下猎物，突然不动了，嘴巴也不动了，那姿势像是在往肚子里吸水——鱼钩连同鱼饵都不见了，而咬钩后的鲈鱼仍继续游水，像什么也没发生一样，它身后还拖着长长的渔线，浮子连鱼竿也拖上了。要是猎物是一条活鱼，那它的反应可是另外一种样子了：鲈鱼会快速扑向猎物，在快速游动中将猎物捕获。鲈鱼几乎从不会失手，连失误也很少。的确，有时一些有经验的渔夫也大惑不解：好像有鱼上钩了，浮子不停地往下沉，可每次抖钓竿都见不到鱼。这样一次又一次地折腾，终于鱼钩上的软体虫不见了。起初猎人会以为这是雅罗鱼或拟鲤在捣乱，尽管从咬钩的迹象上看，绝对是鲈鱼在捣乱。与此同时，也偶尔会拖上来一些大鲈鱼。于是，猎人终于认定鲈鱼有时会很顽皮，会骗人，咬了钩以后还会脱钩。这个结论是不正确的，上述的那些勾当都是小鲈鱼干的：小鲈鱼的嘴巴太小，无论是长的软体虫，还是肥虾仁，它们都吞不下去，只有大鲈鱼游过来，才会一下子咬住诱饵不放，正因为如此，小鲈鱼都放跑了，而大鲈鱼却钓上来了。为了证明我的说法，我们不妨取一个小钓竿来，放上小点儿的软体虫，马上就会有小鲈鱼咬钩，如果猎人没有耐心等到大鲈鱼来跟小鲈鱼抢钓竿上的诱饵的话，那就换个地方再试试，因为眼前这群小鲈鱼是不会轻易放弃鱼钩上的诱饵的。

毫无疑问，能捕到大鲈鱼的确是一件令人愉快的事情（要是特别大的鲈鱼就更不用说了），但是应该承认，在大多数情况下咬钩的是半大的和小的鲈鱼，于是猎人就会觉得钓这样的鱼太稀松平常了，就像钓小欧鳊鱼一样令人感到厌烦。这样一来也谈不上什么钓鱼技巧了，而钓鱼的兴致所在却正是钓鱼的技巧。我知道会有许多猎人不赞成我的想法，因为鲈鱼上钩总是件好事，可是我很想坦白地说出自己的想法。

鲈鱼是非常固执的，它不在水底折腾到筋疲力尽，是无论如何也不会露出水面来的。为此对付大鲈鱼得用大号钓竿。尽管如此，往岸上拖时也须十分小心才行，虽然大鲈鱼不会用力朝四面挣扎，但是它会使劲用头顶住河岸或是河底，然后突然转身，这样就有可能连最结实的渔线也被拽断。

大家都知道鲈鱼是最有营养的上等食物，可以做成冷盘，但最好吃的是烤鲈鱼，味道非常特别。此外鲈鱼的刺很少，用它做成的鱼汤也同样很好喝。

鲈鱼的特点是贪婪，在这一点上只有狗鱼才能与之相媲美，下面这个例子可以说明这一点。那是一个美好的夏天的早晨，在一个鞑靼语意为“长湖”的大湖边上我捕上来一条拟鲤和几条小欧鳊鱼。突然我发现紧靠岸边的浅水处，有许多小鱼从水里蹦出来，我明白一定是有某种凶猛的鱼在追逐这些小鱼。这慌乱的场面一直持续着，于是，我就走上前去想看个究竟。我看到了什么呀？在浅水处的一个不到两俄寸深的水湾里，有一大群大鲈鱼正在追小鱼吃，小鱼无路可走，只得往岸上跳。鲈鱼对猎物非常贪婪，竟追到浅水处来了，我甚至用手就捉到了三条大鲈鱼。尽管发现有人来打扰，但鲈鱼仍没有停止追逐小鱼。我跑去拿来鱼竿，抓起一条岸上的小鱼做鱼饵，然后将鱼竿甩到鱼群中，一口气钓上来三十余条特别棒的鲈鱼。另一件事就更让人吃惊了：那是一个阴雨天，刮着风，我在磨坊附近钓鱼，周围有许多木桩，我颇为费力地把放好了虾仁做诱饵的中型钓竿甩了出去。突然，下起了倾盆大雨，于是我赶紧跑到屋檐下避雨。天空中乌云密布，雨下个不停。我听到磨坊主在喊我。我赶紧跑过去一看，原来他正在慌手慌脚地拽着我的鱼竿，鱼竿另一头有一条大鱼。但是已经来不及了，没等我赶到现场，渔线就从浮子处断了，磨坊主拿着鱼竿和一小截渔线呆呆地站在那儿……尽管磨坊主的热心肠令人气恼，尽管我损失了一条大鱼和一个很棒的钓鱼竿，但气恼归气恼，事已至此，又有什么办法呢？我不得不抖开另一个大鱼竿，放上一大堆蠕虫和虾仁做诱饵，然后抛进水里。刚过了一分钟，浮子就不见了，我拖上来一条可爱的鲈鱼，有两普特重，最有意思的是它嘴里还叼着那半截带着浮子的渔线。上面的两件事我常讲给那些既不是猎人，也不是打鱼的人听，后者听了以后会狡黠地笑一笑，露出不信任的神色，在他们看来，我讲的故事只有书里有：“不好看又不中听，不妨说说谎吧！”有的时候，真理和事实是难以解释的，也是难以让人置信的。

这里还有一个故事，就更让那些不是猎人的朋友难以接受了：听说在辛比尔斯克省的科尔松县里有一个特别深的池塘，塘里有一个特别大的泉眼叫“白嘴”。塘里的水质很好，因此大量的圆鳍雅罗鱼游进池塘来了，甚至还有小体形鲟。这个池塘里的鮈鱼和鲈鱼特别多，每次总能钓到很多，有时甚至让人觉得不可思议：比如渔夫将挂有软体虫的鱼竿投进水里，立刻就会有鮈鱼咬钩，紧接着又会有鲈鱼游过来将已经吞钩的鮈鱼再次吞下，起初猎人觉得非常意外，但马上就明白了是怎么一回事，于是开始利用这种有利条件，也就是利用池塘里自产的鮈鱼做诱饵。有谁想钓鲈鱼，那就在鮈鱼咬钩时，别去管它，自然会有鲈鱼上钩来。

1853年7月底，有一个渔夫用软体虫钓到一条鲈鱼（他没有发现），而鲈鱼竟成了狗鱼的诱饵——有一条狗鱼咬住了鲈鱼，于是渔夫将两条鱼一起拖了上来，好在狗鱼不能一口吞下整条鲈鱼，拖上岸时，鲈鱼的尾巴还在狗鱼的嘴里衔着呢！

狗 鱼

狗鱼的主要特点是凶猛。它的躯体很长，略显长方形；宽宽的尾鳍，游起来非常快；眼部下方有一张向前突出的嘴，看上去像一把织布的梭子，鱼嘴中上下交错排布着密实的、锐利的牙齿，任何猎物一旦落到它的嘴里，就休想逃脱；宽阔的喉咙可以吞噬比它本身还要肥大的鱼儿。所有这一切特点使得它有权被排在淡水鱼凶猛的鱼类之首。

狗鱼的眼睛很大而且黑，视力敏锐，可以看见很远的猎物。它的鳞片上有许多墨绿的斑点。肚子呈白色，尾部和游动的鳍带是浅灰绿色，外罩一层黑色边圈。

狗鱼存活期很长，可以达到 100 年之久。据说，狗鱼大约能够长到 2 俄尺长，2.5 普特重。它主要以小鱼和其他水生虫类为食。饿急了时，它甚至会吞噬蛤蟆、大老鼠和野鸭子，因此，人们常常把狗鱼称作吞鸭大狗鱼。狗鱼喜欢在清澈的水中与鲤鱼和鲈鱼一起游来游去，当水质由于某种原因而遭到破坏，则会和上面两种鱼类一起死去。狗鱼一般在 4 月初产卵，要是春天来得早，有时3月底就产卵了。哪里小鱼多，狗鱼就会在哪里生存并大量繁殖。

垂钓狗鱼的要领是，只要在鱼钩上装上小鱼，或是虾和蠕虫，狗鱼就会咬钩。钓绳要用金属或者一般的弦线制作。它咬钩非常快，一般情况之下，它只要咬住钓饵，鱼漂就会沉没。钓狗鱼的最好季节是秋天，因为首先这时水变得清澈见底，狗鱼老远就可以看见诱饵；其次，由于寒冷，水草凋零，狗鱼不便隐藏，捕捉小鱼已经不那么方便，因此这时它就会因饥饿而贪吃。渔夫们说出了狗鱼寻食的窍门：它游到浅水滩边，尾巴不断地在水底盘旋搅动，这样浮起的淤泥把自己完全掩盖起来，使得附近游动的小鱼一点儿也看不见它。当此时有小鱼游过，它便像箭一样地向它们猛扑过去。

钓狗鱼是一件很愉快的事情。因为当你一甩钓竿，只要附近有狗鱼，它就会毫不耽搁地游过来咬钩，而且你还常常会钓到大狗鱼。虽然狗鱼反应灵敏，速度快捷，但它们并不倔强，被抛上岸上时很温顺：大概是因为它们那显得有点长方形的、像个独木舟似的躯体吧。把约1.5千克重的狗鱼往岸上甩很容易，甚至不用捞网。而与它体重相近的鲈鱼则显得笨重得多。当然垂钓狗鱼的绳子要粗，拉线要结实。

判断四周水域是否有狗鱼存在的方法很简单：鲤鱼和其他的小鱼不来咬钩，说明附近有狗鱼在潜伏着。更准确的判断办法是小鱼像雨点似的突然四散喷射出去，这时因为水下的狗鱼正在像箭一样地飞速游过来。在一个地方钓到一条或更多条以后，应该向下一个地方或别处迁移。同样，过了半个钟头，如果没有狗鱼来咬钩，那就意味着附近没有狗鱼，这时也要迁移。有些渔猎者特别喜欢垂钓狗鱼，把垂钓狗鱼置于所有其他鱼类的选择之上。他们大多是因为喜欢游动敏捷、活泼好动并不断突然跃出水面的鱼类，因而他们就喜欢垂钓狗鱼以及诸如此类的凶猛型鱼类。

奥伦堡省一个猎人的枪猎笔记

沼泽地

说到沼泽地的禽鸟，我总是要提醒读者：禽鸟也是有它的权利和义务的哦！所以我要把以下一些修饰语献给沼泽地：洁净的、干燥的、潮湿的和稳定的等。但是对于那些不熟悉沼泽地的人，这些修饰语均无助于他们弄明白沼泽地的类别。还是让我首先从环境比较好的沼泽地说起吧！

第一种沼泽地可以称作“纯净的草地”。这种沼泽地的普遍特点是潮湿，水蒸气多。这里没有草墩，而是长满藜芦和不常见的小灌木丛。这里也只是在春秋季节和连续阴雨的天气里才湿润。这里有青翠欲滴的、浓密的青草，丰富的草资源成为人们割草的好去处，因而常常被称为草甸；可以说，它们形成了一个真正潮湿的沼泽地的边缘环境：沿着这块黑土地几乎总是有河水流动，尤其是在低矮地带，更是注满了水。

第二种沼泽地因没有泥泞地带特征而被称作“干”沼泽地，有时候，这些地方也会出现一些达到一定规模的草墩，留有一些干涸的沼泽地泉眼和水坑的痕迹；还生长有一些已经与野生植物浑然一体的各种各样的沼泽地草。这些地方，大部分都生长着灌木丛，所以这里的草往往能够逃脱被割的命运。结果情况便是：由于泉水逐渐减少，或者泉眼干涸，潮湿和泥泞的沼泽地变得干燥了。但是我在有生之年却也看见了相反的例子：干燥的沼泽地，在经历了数十年的忧郁日月之后，又重新变得湿润和泥泞。这种情况主要发生在这样一些年份里：多雨并旷日持久的秋季之水浸透了大地，以至于土地已经不能再吸收任何水分，而此时冬日的寒霜又骤然降临，落下非同寻常的、深深的大雪，而所有这一切又被迅疾来临的多雨之春所笼罩而来不及蒸发。于是，早已枯竭的泉眼又重新喷发出水来，泉眼周围浸透了地下渗出来的水分，死气沉沉的沼泽地又活跃起来。田野里的草便会在一年中消失殆尽，灌木丛和树木则会在几年里都不见踪影。在这样的“多雨年头”，就像农民们说的那样，不仅干涸的泉水恢复了原先的水流，而且还常常喷发出新的泉眼，在它们周围形成以前不曾有过的新沼泽地。

第三种是潮湿的和多草墩的沼泽地。地下蕴藏着丰富的泉水，即或生长着柳条灌木丛，保持了土壤的湿度，这里也已经不可能成为草资源丰富的草甸，大量的沼泽地草和过剩的湿度妨碍了普通草地草的生长。遍地可见藜芦、春黄菊和三叶草丛生。下陷的土壤表层柔软，在猎人脚下轻轻地呻吟着：随时都能够听到硬土壤底层的声音。在这样的土地上跋涉，感觉脚下不黏、不泥泞难行，脚步也不沉重。这对于狩猎来说是最广阔的、适宜的沼泽地：这样的土地泉眼里的水不断地流动，而不在水坑里滞留。

第四种是“泥泞的”沼泽地，这里只有肮脏的泉眼、褐色水皮和停滞的泉水，其特性与前面的沼泽地完全不同：这里没有草甸，连沼泽地植物都很罕见。有的地方能够看见斑斑黑点和一条条弯曲的、厚重的污泥。这里大水洼相当多，它们有时候还呈灰红色：在这种情况下，人们称之为生锈沼泽地或褐色水皮沼泽地。水面和污泥面上带有的灰红色毫无疑问地说明沼泽地里含有铁矿。沼泽地里的草墩很少，而在污泥和褐色水皮里几乎没有草；但周围是一簇簇浓密矮小的芦苇丛，木贼和极其高大的苔草并不少见。铁锈红的草丛在水面蒙上一层薄膜，在阳光下泛出铁灰色来。水上蜘蛛喜欢用那弧形长腿在水面上前前后后地忙活。一些较深的泉眼水洼中的水，并没有明显的水流，而只是悄悄地流动。夏天这里却仍然很清新凉爽，尤其是泉眼更深一些的地方。饱受酷暑折磨的猎人用自己的皮帽推开零零落落的水面，用水消暑解热，给被太阳烤得灼热的头部降温…… 这样当他再回到沼泽地上前进，他所受的炙烤比先前更厉害，他才不会遭遇任何不测。这样的行程艰难重重，尤其是在污泥和沼泽地泉眼附近行走，随时可能陷入齐腰深的沼泽地里而不能很快脱身到干硬的土地上去。在沼泽地里之所以会有污泥和泉眼，原因在于一股细细的泉眼水流穿过泥潭与土壤表层，细得连人的肉眼都看不出来。这股细流是如此微不足道，以至于都无法形成任何水流的流动，只是在泉眼周围留下一个水洼，里面是混浊的、灰红的水，沼泽地植物都被淹没在里面：泥煤显现了出来，变成了充满泥泞的、深深的污泥。污泥从上面干化，在酷暑时节，干燥的地面甚至会裂开。这个外表会欺骗经验不足的猎人：当他看见那似乎是干燥的地方就高兴地从草墩上跳到那里去，而这时候他可能会深陷其中而无法很快从那里逃脱。

第五种是芦苇沼泽地：尽管芦苇丛通常生长在湿润的沼泽地里，甚至在水洼多的地方，在稍硬一些的地方，正如我说过的那样，但是有一种本身就是芦苇丛生的沼泽地，人们只是根据土壤的性质把它们归为湿润的沼泽地。它们被覆盖在草墩和芦苇丛下面，也正是在它们的上面或附近生长。在这样的沼泽地里青草很少，尽管这里很脏，但是却不泥泞，小牲口可以轻松地在上面溜达，毫不困难也毫无被陷进去的危险，而本来这种事情在沼泽地里是常常发生的。

第六种是苔藓沼泽地。在沼泽地里，一般说来多多少少都生长着不同品种的苔藓，但是有一种本来就叫苔藓沼泽地。在这里总有一些树木——主要是云杉树；人们称之为“荒凉之地”。在黑土质土壤里这样的沼泽地比较少见，因此在奥伦堡省“荒凉之地”很少，而在莫斯科省，除了南方地区，就大量地存在着“荒凉之地”。这里土质含水量并不大，但却很松软。在雨季里这里湿度很大，而在干燥季节里，在林涧，或在树木很少的地方，有时候完全干旱了：因为既没有地下水的支持，也没有明泉和沼泽地泉眼。树木和苔藓沼泽地的来源应该归结于其黏土土质，这种土质把经过的雨水全部吸收：水在黏土里，就像在黏土盘子里，土壤的上表层，密封住黏土，保持湿润、膨胀状态，而在树枝的遮阴下避开了太阳光线的照射，于是，产生了苔藓。在这种沼泽地里生长着蔓越莓和越橘。越橘的翠绿叶子尽人皆知，而越橘果则不仅对某些品种的鸟类，而且对人类来说都是味道鲜美、营养价值很高的食物。

以上这些就是我所知道的沼泽地的类型。其中最好的是洁净的、水草丰美的沼泽地，那里泉水流淌，遍布灌木丛和珍贵的树木。在温暖的春天早晨，沼泽地真是太美了！水落下去了，在一些地方留下了潮湿的印迹和从黑土地里冲积出来的长条形土地。没有哪个地方的植被如此茂密。太阳燃烧着潮湿、肥沃的土壤，并从中引出花草树木，你几乎可以看到它们的生长！一簇簇的灌木和树木丛的枝叶上洒满一层清亮的光泽，而每一棵花草树木都笼罩在芳香扑鼻的气息中。

下面我来讲讲沼泽地的禽鸟。

田　鹬

我从田鹬说起，并把它放在沙锥和姬鹬之上，是因为它的飞行速度快，捕捉它的难度较大。每一个真正的猎人都毫无疑问地赞同我把它放在这个优先的地位上。田鹬个头很小，只有三个星期的鸡雏那么大，但是它的嘴和腿却都很长。背部、翅膀和短短的尾巴上有色彩斑斓的羽毛，介于深咖啡色和灰色之间，很难说准到底是什么颜色。它的腹部、嗉囊和胸部都是白色的；它的黑眼睛鼓鼓的，像金鱼眼，并且相当大，总是一副神情快乐的样子。它的腿黑黑的，或者说几乎就是黑色的。三个前趾很长，上面有相当锐利和细长的趾尖。翅膀里层的颜色灰蒙蒙的，带点深蓝、灰色。翅膀下面有非常美丽的灰色斑点，背部长长的羽毛呈褐色，羽毛两侧都有鲜亮的黄色边缘。嘴的前端有点儿扁平，两片嘴尖上长着小横道道儿，像小平锉一样。一般说来，田鹬羽毛的色彩并不太鲜艳，但模样美丽而活泼。与它的身体相比，它的嘴显得特别长。大个子的老田鹬的嘴有 1.25 俄寸。它用长长的嘴尖扎入松软的沼泽地里，有时也扎入偶然被水泡软的地里，获取草和其他植物的嫩白的根，这便是它的主要食物。正是吃了这些食物，田鹬肉才美味无比。

田鹬总是待在潮湿的沼泽地带。它把自己严严实实地藏在沼泽地的小草丘之间，很少有例外。遇到危险的时候，田鹬立即趴下，伸直腿伏在地面上。本来就很难见到它，而在栖落的情况下被打死的田鹬则更少见。

通常田鹬在 4 月初飞来，它总是比沙锥和姬鹬来得早。起初它待在融化的沼泽地里，在春种的水洼旁：除了偶尔情况下大群地外出，一般都是少量地出现。有时候，在田鹬飞来后，寒流降临，下起雪来，水洼和沼泽又结上冰，田鹬只好扑向泉眼处、小河和溪流旁，甚至粪堆上，只要能找到潮湿的解冻之地就行。

遇到沼泽地里水过多，或者沼泽非常难找的时候，田鹬便停留在麦茬地里的水洼旁，或春季的草溪里，这一点我曾经说到过。

刚飞来时，田鹬野性十足，一蹦老远，根本不向猎人和猎狗靠近，大概是因为沼泽地和水洼边都光秃秃的，田鹬无处可躲；在涨满水的草场上往年的再生草更多、更浓密，它们便显得温顺得多。我几乎没有听到哪个猎人说他见过从外地飞来的田鹬。我本人有生以来仅见过一次，在一个春天的清晨，见过从高空中飞来的田鹬群。大概它们与许多其他迁来的飞鸟一样，是在夜里飞行的。这个判断得到证实：在清晨人们发现田鹬的地方，而前一天这些地方却根本没有它们的踪迹。

春天，捕猎刚飞来的田鹬比秋天要难得多，但是对于我来说却有趣得多。尽管要捕猎它们极不容易，因为：首先，刚飞来的鸟很珍稀，田鹬就更难能可贵；其二，捕猎越是艰难，就越是需要猎人的射猎技巧，而猎物的价值也就变得越高。然而，每一个好猎手，只要不懒惰，都能打到很多田鹬。打它们一般都是用霰弹，一种众所周知的专门打田鹬的霰弹——9号或10号霰弹。但是，对刚飞来的田鹬来说，应该使用略大一些的霰弹，也就是8号霰弹。春天的田鹬不像秋天那么肥，它们吃饱后，能跳得很远，并尖叫着忽而扑向这边，忽而扑向那边。田鹬歪斜着身子，飞得极快，两侧不断交换翻转，肚子上的白色忽左忽右地闪动。田鹬几分钟就能飞出猎枪所能射击的范围。显然，要想用密集的铅弹雨打中高速飞行的鸟类时，快速瞄准是唯一有效的办法。这时丝毫不容耽搁，必须更机敏一些，更准确地击中目标。特别是春天迁飞来的田鹬常常突然起飞，根本不容猎狗打站，不容猎人准备。秋天则完全不是这样。因此从迁飞起，它们已经不是那种夏季里出生的幼嫩、温顺的田鹬，不像它们那样静静地、笔直地飞行，春天的田鹬都是出生已满一年的成鸟，它们都掌握了自己那种既高又独特的飞行方式。这时猎人唯有凭他的敏捷和优质的猎枪才能猎获目标。

5月份，田鹬叼来干草，堆在长满灌木丛的沼泽里筑巢，然后就待在自己的巢里。雌田鹬通常产四个蛋，大小与鸽子蛋差不多，浅绿色中夹杂着一些深褐色斑点。蛋的形状与一般的鹬类飞鸟一样，其共同点是蛋的一端有尖尖的角，其最宽大的部位不在中间，而在另一顶端。我虽然不能肯定地说，但是我感觉到，雄田鹬陪伴着雌田鹬一起孵蛋，共同喂养幼鸟。至少，雄田鹬一般都在离洞穴不远的地方玩耍。我本人从来没有看见过田鹬发情时集结的地方，也没有听谁说起过。可是，我认为，田鹬与一般的鹬类一样，都能被成双成对地击中。我确实听到过人们谈起田鹬发情的事情。然而这是因为田鹬在高空中飞得腻烦了，便常常一路叫着，发出一种类似于“答咕——答咕，答咕——答咕”的声音，降落到地面上。在沼泽地里，它一边跑，一边也这么叫嚷着。更多的时候，它蹲在干树枝上、高树墩上，有时甚至是在灌木丛里“答咕”“答咕”地叫着，而在灌木丛里叫的情况较少。我还知道，以打猎为生的手艺人模仿雌田鹬的声音来引诱发情的田鹬——当然是雄田鹬，然后击落这些往下飞的田鹬。所有这些情况合在一起，却仍然不能说清楚它们交配的情况。遗憾的是，我所能亲自观察到的范围仅此而已。尽管我找到了很多田鹬巢穴，经常仔细观察它们的特殊习性，并且都是在隐藏的地方进行观察，但是，我依然没有看见任何能解释清楚这个问题的事实。

5月末，田鹬出生后，起先被饲养在硬实一些的沼泽地里：在灌木丛、泥塘和小芦苇丛里。当小田鹬很快长大后，雌田鹬把它们带到沼泽的草丛里，那里稍干一些，长满长长的、浓密的青草。雌田鹬与幼田鹬待在一起，直待到它们完全长成为止。到6月底（有时是月中或者甚至就是月初），幼田鹬能飞起来了，但是还只能直飞，也不会叫，而且飞不远。猎狗伺伏着一动不动，靠得很近，等待猎人射击。我碰巧射中了一对正在哺育幼鸟的老田鹬。正是由此我得出雄田鹬也与雌田鹬一同守在幼田鹬身边的结论。雄田鹬并不表现出像鸭子或松鸡那样急于搭救幼崽的热心，它虽然没有离开自己的巢穴而去，但是也不愿牺牲自己。事实上，不到8月初最好不要去射猎幼鸟。因为虽然打起来极为简单容易，但是此时的田鹬肉非常松软，有点儿黏滑，也没有什么特别的滋味。可是，我年轻时却忍不住，像所有年轻猎人一样，一看见田鹬就急不可耐地要射猎。

当雌田鹬与伴随在一边的雄田鹬伏在巢里的时候，其他单只的田鹬便沿着通常待的、凹凸不平的沼泽地里分散开来。也就是在这个时候，夏天射猎田鹬的时节开始了，然而这时又往往是收获甚微的时节。7 月里，它们藏在更隐蔽的地方，并在此时进行换毛。然而，它们的羽毛是逐根换的，因此这种换毛方式并不妨碍它们快速飞行。那时要找到田鹬很难，而要打中在灌木丛里飞行的田鹬就更难。7 月底它们又移到开阔的沼泽地带，并一直在那里滞留到迁飞期。但是，在迁飞前，它们再也不像飞来时那样成群地聚拢在一起。8 月初至 9 月中是射猎田鹬的最好时期。越是到晚秋时节，田鹬的肉越是肥，但是我还没有看见过比中沙锥鸟和姬鹬肥的田鹬肉。宽阔的沼泽地并不太泥泞，或者说并不是到处都那么泥泞，脚下也不算太滑，但却相当坚硬，易走。沼泽中密布着一些小土墩，生长着一些小灌木丛，它们对射猎并无妨碍。这些条件促成了一个射猎群体。猎手们都带上自己的猎狗，而且都是一些训练有素的猎狗，他们相互之间保持一定距离，大约一条街的间隔。如果这个群体人数不是过多，而且他们有真正的猎人射击技巧，那么这样的捕猎将是极其令人愉快和成功的。相反，哪怕其中只有一次失败的，没有经验的，或者是急于求成的射击都会妨碍别人，而且还带着一条沉不住气的、莽撞的猎狗，那么就会使整个战线溃败。我应当承认，我从来都不喜欢以群体的方式打猎，我宁愿独自一个人、两个人或者最多不过三个人打猎。因为一旦猎人和猎狗多了，就极不容易保持打猎环境，而这个环境是捕猎愉快和得以成功的必要条件。我在任何地方都没有见到过像西伯利亚和奔萨州那样的宽阔无垠和令人心旷神怡的沼泽地，特别是两个州交界处的因扎河畔。在这里集聚的也是一些杰出的猎人，因此打猎像在神话里说的那样收获颇丰。在同一个猎场里，凭一支双杆猎枪，每一个优秀的猎手都能打到约 60 只田鹬、中沙锥鸟和丘鹬。因为秋天最后一批田鹬都从树丛里下到了沼泽地里，待在因扎河附近沼泽地里的大灌木丛中。而姬鹬则不是这么成群结队地到来，因为它们喜欢另一种沼泽。

田鹬不是一下子就消失的，有时是 9 月中旬或 9 月底，有时少量田鹬会滞留到 10 月中旬。我不能确切地说明形成如此大差别的真正原因。按照一些猎人的看法，在这种情况之下，冬天的临近和逝去都没有任何影响。但是完全可以说，如果有适度的雨水使沼泽保持湿润，并且天气温和，沼泽里的田鹬就会待得更长些。而干旱恰恰就像是在驱赶田鹬。即使是这样，田鹬也不会全部离去。通常情况下，大部分离去，剩下一些，这些田鹬甚至待到严寒到来、沼泽全部结冰上冻才会离开。我认为，比其他鸟类晚走、滞留下来的田鹬可能是体弱和不够健康的。可以证实这一点的是，在滞留的鸟里很少能打到嗉子吃得满满的田鹬。

我所见到的最晚飞走的一只田鹬，是秋天里的 10 月 18 日，我在草原一个不大的水洼里打到了它，它不算瘦。这时已经下了一场小雪。而我最早打到的一只田鹬是在 3 月 23 日，那天下了一场大雪，地上覆盖了一层丝毫没有被损坏的银白晶亮的雪。这时，只有街道树枝上的雪稍有融化。我滑着雪橇（在奥伦堡省）

沿着布古鲁斯兰河岸行进，两岸的冰雪早已经被清除，因为这里原本在严冬也很少结冰上冻。我正在寻找潜鸭，它们一般都与水生鸟类一道沿河高飞。从附近泉眼里流淌出来一股溪流。突然，从陡峭的溪流岸边，田鹬尖叫着冲了过来。正如人们常说的那样，突如其来的情况令人一时目瞪口呆。我本来想要把这个珍贵的猎物从射程里放走。可是，我突然又改变主意，开枪射击了。枪管里装满了打花尾珍鸡的霰弹。一粒小霰弹打中了这只田鹬尾部两根羽毛的右侧。田鹬摔下来，落在较远的地方——在 100 沙绳（1 沙绳 = 2.134 米）以外的河对岸。我沿着玻璃般的雪面冰层飞快地跑过去。路上很是高低不平，我必须跳跃着走……猎狗不愿意从高耸的、陡峭的冰雪河岸上冲下河去。我本来很失望。可是机灵的猎狗从桥上绕了半俄里（1 俄里 = 1.06 公里）地，咬住了田鹬，带到我跟前，它连田鹬的一根羽毛都没有损伤。我难以描述我当时那大喜过望的心情。

我在这里使用了好几次“从射程放走”这个短语，这对猎人来说也不易理解。而且，怎么确定正在飞行的田鹬和其他行动敏捷的鸟类的射程呢？我听老猎手们说，如果在眼睛还辨认不出田鹬身上各色羽毛的时候，就不应该开枪。因为这就意味着田鹬不在射程之内。这种说法并不恰当，因为近视的猎手在 15 步开外就已经看不清色彩了。那么，对他来说无论什么时候射击都不适宜。然而近视的射手打起田鹬来却并不比视力敏锐的猎手差。差不多或者极为准确地说，40 步是最佳射程，而 50 步则是能够打到田鹬的极限射程。猎人习惯以此距离来进行目测。当然，还有一些其他成功射击的实例，但是它们并不能包括所有情况。有时你能够在60步，甚至70步远处打死田鹬。但是，那只能是碰运气而已，几乎可以肯定地说，在这种距离情况下，你会落空的。

猎人打田鹬的最精妙射击时机，照我看来，是田鹬在空中怡然自得地飞行的时候。这时，它们不担心猎人出现。它们远远看见猎人就立即飞向高空。猎人用专门射击田鹬的霰弹、性能优良的猎枪才能够打中它们。这就是我所神往的射猎形式。在这种情况下我曾使用过7号霰弹。这种霰弹较大一些，射程更远，准星更易把握，我的射程总是超过60步。射击要眼疾手快，当田鹬在空中向前直行时，应该毫不犹豫地举起猎枪射击。这种射击情形对一般人来说，确实有些勉为其难。霰弹向上行进时，力度减弱很快。很多子弹一齐向天空扫射，这往往是白白浪费、一无收获的事情。霰弹飘飘洒洒，像小雨一样，又散落回猎枪周围。如果射中目标，田鹬就会从空中缓缓地、呈螺旋状下落。只有猎人才能心领神会，田鹬的这种降落多么令人心动神摇，猎获者心潮起伏地欣赏着这一情景。

在我射猎田鹬的经历里，曾发生过两件不可思议的事情。一次，我打中了高飞的田鹬，它静静地盘旋了一会儿，两侧翅膀耷拉着，落在距我十步远的一个大草丘上。它完全落在我的视野里，我装好猎枪，不慌不忙地走过去拿猎物。当我伸出手来时，田鹬突然抖动了一下。在我还没有意识过来的时候，它就像没有受到任何损伤那样，振翅飞走了。本来这个时间田鹬就很少见，射击也难得这样准确，所以，这个损失使我懊丧不已。

另一次，猎狗把一只射中的田鹬递给我，我接了过来，以为它已经被打死了，把它往身边一扔。我正忙于装枪。这只田鹬静躺了一会儿，也飞走了，甚至还边飞边发出尖叫声。而一般受伤的田鹬是不会叫的。为了预防类似令人烦恼的损失再次发生，我找出一条规律，那就是每次都应该把活田鹬弄死。我建议所有猎人都这么做，务须把事情了结。因为碰巧被打中的田鹬，也就是还没有被打伤元气的田鹬，只是有点擦伤而已，照样能飞掉，就像我不止一次遇到的情况那样，特别是秋天打松鸡的时候，应该引以为戒。

中沙锥鸟

人们总是称这种鸟为中沙锥鸟，对此我也持赞同意见。因为尽管这一称呼并不准确，但是却简短上口。虽然我把田鹬放在排头位置上，然而，并不是所有猎人都赞同我的说法。他们宁愿把中沙锥鸟排在第一位。而且，中沙锥鸟被放在首位的概率几乎是田鹬的两倍（该词的德语名称就标志了这一点）。而这在射猎中并非无足轻重。中沙锥鸟比田鹬要肥得多，味道自然也好得多。它对猎人和猎狗的靠近不太在意，它能站立很久，它飞行时照直往前，无声无息。这些正是猎人们把它放在首位，把它看作沼泽飞鸟中佼佼者的理由。我不想对这些言之有理的看法提出什么异议。田鹬的飞行速度和射中它的极大难度使我把田鹬放在首要地位。中沙锥鸟的羽毛和习性与田鹬极为相像，如果不注意它们体形的大小，没有看见它们的尾骶骨和腹部，就很难一下子把它们区分开。田鹬的腹部和中沙锥鸟的腹部一样，不是白色的，而是灰色和杂色相间。仔细观察后，会发现原来中沙锥鸟的脖子和腿没有田鹬长，嘴也比田鹬的短、粗。腿的颜色绿一些，翅膀下面的毛色更色彩斑斓。中沙锥鸟的嘴尖外层像田鹬一样有一圈小沟。

天气转暖后，中沙锥鸟迁飞来，出现在潮湿地带，比田鹬晚来一两周。可以证明这一点的，是我 12 年来在奥伦堡省记的有关鸟类迁徙情形的笔记。它们不像田鹬那样喜欢待在潮湿和光秃的地方。中沙锥鸟总是选择草丘，而不选择潮湿的沼泽、浸在水里的草地、长满嵩草的荒地，抑或长满往年庄稼茬的田地里。中沙锥鸟起飞时，翅膀发出簌簌的声响。所以，即使它从背后飞来，有经验的猎手凭声音也能立即把它与田鹬区分开。然后，它就静悄悄地飞行，那喑哑的咯咯声几乎听不见。降落时，它比田鹬要快得多。春天鸟儿迁飞来的时候，容易使人混淆的就是这三种最优秀的鸟类（中沙锥鸟、田鹬和姬鹬）。它们的长处我已经说过。中沙锥鸟待在自己通常待的沼泽地里，这里有草丘和小灌木丛，有时也待在大灌木丛里。沼泽地湿度不大，只是雾气弥漫。晚上它们飞到鸟儿发情求偶的集结地，在那里待上一夜。因此，清晨总是能发现它们成群地待在它们选中的地方。由于它们的求偶活动在夜里进行，所以我无论怎样费力，也没能窥视到、准确地了解到全部的情况。我只是知道，太阳刚一开始落山，中沙锥鸟就飞到某个总是相当干燥、平整的地方，多半是在灌木丛中间、长满黎芦的林中草地，而且这是它们整个白天都不去的地方。但是，雌鸟或许会飞到那里去。它们不管是待在巢穴里，还是在哺育幼鸟时，都不停地进行求偶和交配。傍晚时节，我曾经看到，中沙锥鸟相互追逐着，蹦蹦跳跳，张开翅膀，扇子般的尾羽向上翘着，就像求偶的黑琴鸡或鼓风的公火鸡一样。只见尾羽下面的白色细小羽毛在灰色朦胧中闪动着，但是其他更细的东西就什么也看不清了。可以准确提供的情况是，公鸟和雌鸟这时聚集在一起，互相热烈地示爱。它们践踏青草和四散脱落在草地上的羽毛，竭力表示各自的求偶欲望。这样的求偶行为从5月初起一直延续到6月中旬。当然，我所说的大致时期有时也会因天气状况而有所改变。猎人结束了射猎春天迁飞来的鸟儿后，便又利用鸟儿的求偶期来捕猎它们。从黄昏到黑暗的夜晚，从晨曦时分起到太阳升起，在猎狗的引导下，猎人们都在打中沙锥鸟。但是早晨，只要一声枪响，中沙锥鸟便四散逃进偏僻的沼泽地，它们一般飞离得都很远，并在远处待到天黑。太阳落山前的一个半小时里，在求偶集结地周围已经到处都开始有聚拢来的中沙锥鸟了。在太阳落山的那一刻，它们已经全部从各个方向飞到求偶集结地。这时候，如果你惊动了中沙锥鸟，那会完全失算。中沙锥鸟会立时飞得无影无踪……但是不用着急，只要没有受伤，过不了几分钟，它就会再飞回老地方。善于狩猎的猎人潜藏在各个灌木丛里，离鸟儿求偶集结地不远的地方，在那里守一晚上。当鸟儿张开尾羽时，可以朝白点闪动的目标开枪。但是，每年在这个时候，几乎都没有黑夜。晚霞之后就是朝霞。光线不停地照射着。公鸟之间的争斗不仅夜里不停，甚至一直延续到太阳升起。只有到这时，它们才安静下来，四散飞去。但是也就在此时，可以在猎狗的引导下开枪射击中沙锥鸟了。

我守候在中沙锥鸟的求偶地点，在那里待了一整天，打了几只鸟。但是我并不喜欢这一猎事。尽管这是有诱惑力的，它要求射手非常灵活、快速。这时关键的要求是要有敏锐的视觉，而我在这方面毫无值得夸口的地方。此外，把鸟打伤的情况远比一枪打死的时候多得多。由于猎人一般都到狩猎完全结束后，才从隐藏的地点出来收集自己的猎物，这时常常很难找到打中的鸟儿。显然，射击的时候虽然用不着猎狗，可清晨时就需要它们来帮助寻找打中的或打伤的中沙锥鸟，这些鸟常常还有力气挪到相当远的距离。总之，我要说，我感觉，按照大自然无可置疑的法则，实在不好意思射杀那些跌跌撞撞的和神志不清的鸟儿，它们这时既看不见枪火，又听不见枪响。

在中沙锥鸟数以百计前往的求偶集结地，有狩猎者人迹罕至的地方，这种情况在奥伦堡省并不少见：不仅俄罗斯农民，还有莫尔多瓦、楚瓦什甚或鞑靼的农民都套到过许多中沙锥鸟（其中还有琴鸡类），也就是用编织的套索套住的。他们用一根细长的绳索，系在悬浮的排泥管上，相互间隔半里地，这些管道按照需要分别牢牢地插在中沙锥鸟求偶集结地的土中。只要一只中沙锥鸟落入绳套里，开始挣扎扭动，其他鸟都扑过来帮忙，便都被套索网住。大多数猎物就是这么被套住的。

在求偶活动结束后，消瘦的公中沙锥鸟隐藏在最密实的、被灌木丛和小树丛围绕的沼泽地带，在那里褪毛。这时它和田鹬一样，仍然能够飞行。同时，在5月末，也就是在交配前半期，雌中沙锥鸟大多把巢筑在远离水域的草丘上，在不太湿的而且必须是长满灌木丛的沼泽地里，产下四个卵，这些卵与田鹬所产的卵在色彩、形状一模一样，只是个头稍大一些。与田鹬的情况完全一样的还有：中沙锥鸟结束孵卵后，把幼鸟先隐藏在最坚实、荒僻的沼泽地里，而后放到草地上，最后再转移到清洁的沼泽地里，在那里度过整个秋天。唯一不同的是：我从来没有发现过两只老中沙锥鸟相伴孵卵。中沙锥鸟特别不喜欢因大量雨水使沼泽地变得非常潮湿的情况。中沙锥鸟褪完毛后，通常迁移到撂荒地，也就是没有耕种的空闲土地上。这种荒地在沼泽地周围，长满无人收割的青草、骨担草和矮扁桃。

照我看来，捕猎中沙锥鸟的最好时机是7月底和8月间。这是中沙锥鸟长得最肥的时候。若非亲眼所见，真是难以置信，这时它们飞行得有多么沉重和迟缓，而且飞不多久就降落下来。

我曾经打到过非常肥的中沙锥鸟。当射中它的时候，它就像一团湿黏土，摔在地上，尾骶骨的皮摔得裂开。然而，中沙锥鸟很少来到上述的地方，即使来了，待的时间也不会长。特别是在空闲地里，虽然奥伦堡省黑土地具有极其优越的生长条件，可是，小草依旧相当稀少，因此，鸟儿在这里躲藏极为不便。我一生中仅有一次在空闲地里看见过大量中沙锥鸟，那是一群很肥的中沙锥鸟。开始它们很温顺，后来警觉起来。在两周时间里，它们表现得很顽强。它们大概特别喜欢木犁掘松的土壤和鲜嫩水灵的小草根，甚至到人们都已经往空闲地里播种子的时候，它们还不肯离去，还守在庄稼地四周的针茅草丛里。那一时期我打了一百多只美妙的中沙锥鸟。到 8 月中旬它们又迁移到大沼泽地里，与田鹬一起待在那里，直到迁飞。此外，中沙锥鸟的迁飞总是比田鹬早，甚至要早两个星期。渐渐地，形成了成群的技艺高超的猎手，这些人我前面已经说到过。

猎人大多用打田鹬的霰弹（9 号霰弹）来打中沙锥鸟。我觉得用 8 号霰弹则更好。对于被子弹射击吓坏的中沙锥鸟来说，总是与那些在发情期的动物一样，它们为了躲避射猎而四散逃开后，一般还都回到它们待过的地方，只是更小心谨慎一些，它们会飞到 50 步距离的高空中。我用 7 号霰弹也很成功。用打田鹬的霰弹、用 8 号霰弹，偶尔或用更小号者，在 60 步距离内都无法一下子就击毙中沙锥鸟，仅能打伤而已。中弹受伤的鸟能带着子弹飞很远，如果没有很快死亡，就会长时间抱病存活，它们便躲藏在最茂密的沼泽地带。当深秋时节其他人都离去的时候，我碰巧找到并又打中了这样的中沙锥鸟。我在它们身上发现了已经痊愈的伤痕。不难把这些鸟儿身上已经结疤的旧伤痕同新的伤口区分开来，因为最后受伤的伤口总是更大一些。肥胖的中沙锥鸟不怕枪声，对猎狗在最近距离里蹲伏也不在意，而雀鹰则可以置中沙锥鸟于死地。

姬　鹬

毫无疑问，这种小鹬也属于可爱的田鹬一类。由于它的脖子上部和整个后背长着长长的羽毛，德国人称之为姬鹬，意即长毛鹬。不过，这种羽毛可一点儿也不像是长毛，把它说成是小卷毛，会更恰当一些。姬鹬在我们这儿没有其他名字，因此就保留了这个德国名字，尽管这名字并不确切，但它已众所周知。闲蹲鸟这个称呼，在俄国没有人知道，是 1813 年莫斯科出版的《猎人指南》中用来称呼姬鹬的。姬鹬比田鹬小一半，体形、嘴、腿和色彩斑斓的腹部，跟中沙锥鸟非常相像，而羽毛则既像田鹬，又像中沙锥鸟；只是它背上的羽毛色彩稍稍深一些、红些，还有一种暗绿色，像是金属的泛光；它脖子皮肤厚重且肉乎乎的，显然这是为了便于那长羽毛和小卷毛的存在。姬鹬一般栖息在泥泞的、遍布芦苇丛的沼泽地上。沼泽地的草根，尤其是小芦苇的甜根（芦苇的嫩芽吃起来也很甜），及各种蠕虫和小瓢虫都是它的日常食物。春天，姬鹬总是跟随中沙锥鸟飞来，一起出现在第一批南来的候鸟中。但是，它很晚才迁飞走，甚至还落在田鹬之后。一旦候鸟短促的迁飞期过去，姬鹬便立即在泥泞、肮脏、遍布芦苇的沼泽地安家。

芦苇丛是姬鹬最喜爱的生存环境，关于这一点，我有令人信服的证据。有一年春天，所有的鸟都已飞来，姬鹬也在各种适合的地方出现，我们村里的大池塘干了，这里过去长满了茂密的芦苇，冬天里人们割光了芦苇，派了乡下所需的各种用场。姬鹬不仅在这个池塘周围的沼泽里不见踪影，而且还离得远远的。中沙锥鸟和田鹬留下了，而姬鹬却一个也没有。我一点儿也没有起疑心，照旧打我的猎，只是奇怪，为什么姬鹬一下子都飞走了。在池塘中的水洼里，搁浅的芦苇丛间，还留有一些鱼。突然我听说，农民在那儿捕鱼时，惊起了许多姬鹬。我立即前去，就看到姬鹬从四周纷纷飞向肮脏、泥泞的池塘塘底，那儿密布着芦苇根。淤泥稀极了，姬鹬只得落在裸露的芦苇根上。在淤泥中行走，简直要了我的命，泥深及膝，更有甚者：猎狗都被陷到了肚子部位，远远落在我的后面；而这时我也用不着它了，因为已经看得见姬鹬自己在蹦蹦跳跳。我在寸步难行的泥淖中忙了三天，付出的辛劳真是令人难以置信，这只有在年轻力壮和打猎兴致高的情况下，才能做得到。我一共打了 83 只姬鹬。当然，这在一般的沼泽地，甚至是在鸟群成批飞临时，也打不到这么多，因为在奥伦堡省，比起田鹬和中沙锥鸟来，姬鹬要少得多，在一个地方能打到十来只已属不易。我本来还可以打得更多些，因为它们都不离开，每天还有新来的。可是，由于人们开始灌水，池塘水多了起来，已经淹没了一些飞回原地的姬鹬，因此，姬鹬的数量便少得多了。——姬鹬通常十分温顺，只有猎人来到跟前，或猎狗经过长时间的伺伏，悄无声息地猛然伸出它的嘴时，它才飞走。它久久待着，悄无声息。即使飞的时候，也相当直，不像田鹬那样两边乱扑。但是，它飞起来似乎不平稳，就像蝴蝶在飘一样，再加上它身体小，因此让人打起来比打中沙锥鸟难得多，尤其是在刮风的时候。刚起飞的姬鹬，迎风而上，但是，它没有与风做长久搏斗的力量，只得忽左忽右，就是说做两侧运动，然后又迎风而上。这时候，要想射中它，非有熟练的技能不可。诀窍在于：趁它让开风或被风吹到一边后，重新直飞的时候，瞄准它打；这时候出现一个瞬间，就是鸟由于奋力和风搏斗，在空中一动不动；有经验的射手善于把握这个时机，极少打空。当风把姬鹬吹向一旁，尤其是风从鸟的后面吹过来的时候，脖子上和背上的长毛旋转起来，这时的姬鹬不像鸟类，呈现出奇怪的形状，恰如一团亚麻或者兽毛在飞。6月初姬鹬消失了，直到8月下旬都无法见着它的身影，至少我从来没有见到过，也没有听别的猎人说见到过。有一种说法，那就是它们似乎躲藏在偏僻的、人不便走的沼泽地里，那里长满树木、灌木丛和高高的芦苇，它们在那里繁殖幼鸟，抚养长大，再从那里迁移到自己通常待的沼泽地——我不满足于这样的说法。非常奇怪的是，尽管时值炎热的夏天，可我是一个精力充沛又如痴如狂的猎人，我还是坚持步履艰难地到最偏僻的、泥泞的沼泽地带去，来回搜寻。但是，我不仅没有找到鸟窝或者一窝幼鸟，而且连一只姬鹬也不曾惊起。据我所知，别的猎人也没有找着姬鹬巢或鸟群。这种情况使人想到，为了产崽，姬鹬远走高飞了，飞到一处难以逾越的森林沼泽地去了。在这个季节里，那种地方人是去不了的，因为我听说，不到结冰的时候，那样的沼泽是绝对走不进去的。总之，无论怎么说，我都不知道姬鹬是怎样繁殖的，在哪里繁殖的，因此，关于这方面我没什么可说的。

临近8月末，快秋天了，某些地方开始有姬鹬出现。人们已经很难把幼鸟跟成鸟区分开来，只是成鸟更大些，更快地在长肥。如果这时候你打中一只吃饱了的鸟，那一定是老鸟：凭那身上坚硬、平整的羽毛你可以确认这一点。因为幼鸟的羽毛不仅较软，而且有些充血，和所有其他幼鸟一样。到了秋末，老鸟和幼鸟就看不出区别来了。——我从来没有一下子在同一块沼泽地上发现许多姬鹬（说的已经是关于秋天射猎），从来没有看到两只在一起。可是，我从其他猎人那里听说，在其他省，即西伯利亚省和奔萨省，秋天有许许多多姬鹬，猎狗能突然碰上两三只姬鹬，一枪能打中两只姬鹬。然而，它们藏得很隐蔽，彼此挨在一起，连好猎狗有时也会从它们旁边错过。只有当你差不多踩到姬鹬身上时，它才会飞起来。用10号霰弹打就行了，因为不是远射，而小霰弹打出去，所呈形状好像一面大筛子，只要边上的铅子儿击中那飘飘忽忽飞着的鸟儿，就会把它打伤。越近深秋，姬鹬就越肥，到最后满肚子油脂。这时候，中沙锥鸟已经消失了，姬鹬还待着没走；田鹬也消失了，姬鹬依然不走……天气寒冷起来，沼泽上冻了；草墩子之间的水面上覆盖着一层像玻璃似的薄薄的冰，冰下面冷凝着一些白色气泡。无论姬鹬多么小巧，也还是没有一小块融化的泥泞地可供它栖身，到了这时候它还是坚持不走，不过，它们已经向沼泽地泉眼靠近了，在这里找个落脚地，再不离开。直到最后的关头，当严寒肆虐，把万物都毫无例外地冻得结结实实的时候，甚至在结冻时期，当大地被蒙上一层蓬松的初雪的时候，姬鹬才离开。让我万万没有想到的是，我发现在泉眼的源头竟然有一只藏在冻土上的姬鹬；叫我吃惊的还有我那条猎狗，在这似乎光秃秃的、什么都无法躲藏的地方，它竟能死死地伺伏在那儿。我发了多次命令，最后，厉声喊：“追！”猎狗扑了过去，可惜姬鹬振翅飞走了。并不是什么时候都能打中姬鹬的，因为有时候猎枪里装的不是小霰弹。但是一旦打中了，则太令人喜出望外了！猎人朋友们可以想象，我本已告别这个良种野禽，打算苦挨6个月的寂寞时光，如今遇到它们当中最后一只晚走的代表，我是多么地珍爱有加啊！

应该指出中沙锥鸟、田鹬、姬鹬，尤其是丘鹬的共同特点：它们和生活在岸边的普通的鹬一样，从来不直立，也不伸直脖子；腿和脖子总是弯曲着、缩在一起，使它们有一种特殊的姿态。它们的雌雄很难从羽毛分辨出来。

关于各种鹬肉的滋味及其烹饪

我前面所描绘的那些鸟属于同一个类型的三个不同品种，即：田鹬、中沙锥鸟和姬鹬，与丘鹬一起，以精妙绝伦的美味，而闻名于所有美食家之间。它们的美名流传普遍和久远，因此，关于这一点已经不必再做宣传。但是，应该实事求是地说，当它们消瘦或枯瘦后，它们的肉与一般的鹬肉没有太大差别。很多人吃鹬肉时赞不绝口，迷恋它的美味。不过，当这三种鹬鸟长得脂肪丰满的时候，无可置疑，它们的肉要超过所有其他种类的鹬，这与其他鹬肉是否处于丰满时期都无关。由于它们以植物根为食，所以，人们依据于此，在烹饪前不予开膛。这一荣誉是其他鹬类所不曾拥有的，此外还有鸫鸟，鸫鸟特别喜好坚硬果实，一年中有一段时间以此为食。

尽管我很遗憾，我可能要使上面这条见解的权威性大打折扣。可是，我还是得说，丘鹬、中沙锥鸟、田鹬、姬鹬并非仅以植物根为食，尤其是前两种鸟，它们并不一直栖息在潮湿的沼泽地里，不可能总是随心所欲地为自己找到足够数量的植物根。它们也会以蠕虫、各种瓢虫、蚊蝇类虫为食。至于在烹饪时，不用开膛，我建议把这一方法推广到所有鹬肉的烹饪准备工作上，因为这一方法将会使肉的味道鲜美得多。在此方面我的经验使我确信无疑。对于极为挑剔和有洁癖的人们，我提供一个特别方法，这个方法既可供已知的鹬类，也可供其他各种鸟类的烹饪，两者均宜；毫无疑问，扔掉鸟儿的内脏，就也扔掉了其中最肥、滋味最好的部分。因此，我们可以先小心地开孔掏出鸟儿的内脏，清除脏物，在冷水里轻轻洗净可留下食用的东西，再放回鸟的肚子里，把孔缝上，此时便可以任意烹饪了。甚至还可以依据个人的口味，把鸟儿的内脏切碎做熟，与烤熟的面包屑、蔬菜或调料搅拌调匀后吃。我敢说，田鹬肉味美的声誉多半应该归功于它总是在不开膛的情况下烤制，并总是被包裹在火腿沙拉里或在被火腿沙拉汁里浸润的纸里的结果。田鹬比丘鹬和中沙锥鸟嫩，而姬鹬比田鹬嫩，当然味道也更好。在这类美味鸟儿较多的地方，可以把它们腌制待用，用醋浸泡，或者稍稍腌一下，浇上溶解的新鲜牛油，像腌制鹌鹑一样。当霜冻来临时，应该把盛放鹬肉的器皿里放上冰块，这样可以把它们装运到任何地方去。

不久前，我从一个可敬的猎人波－夫处得知，中沙锥鸟、田鹬，乃至所有的野生鸟，甚至是6月份打到的鸟儿，其肉直到下一个春天还能保持新鲜如初。他的办法是把猎获的鸟肉做成一大块形状，就像做冰激凌一样，把它们四面紧紧地冻住，然后切小放在冰块里，使它不易融化。这样，小鸟保留得异常新鲜，就像刚猎获的那样。

沼地鹬

虽然沼地鸟这一名字更为出名，但猎人有时还是称之为蜗牛鹬，这个名称从何而来，是俄语还是德语里来的，我不得而知。奥伦堡省的农民则称之为塍鹬，其缘由是：在大多数塍鹬所待的沼泽地里，常常能听到它们发出一种很像是“塍鹬”“塍鹬”的叫声。不过，这种声音完全是随意发出来的。而且每一个沼地鹬的叫声也各自不同：当它离开自己的栖息地，追逐像喜鹊和乌鸦一类野生的、凶狠的鸟兽时，它就像雄鹰那样，从上空往下俯冲，这时它的叫声短促而又富有生气；当它在高空平静地飞行时，它的声音就拖长和清晰；而当猎人或者猎狗逼近它的巢穴时，它的声音就变成沙哑的哼哼声。即使是大的沼地鹬，其体形也不比俄国鸽子大，但它却有非常长的腿、脖子和喙，因此看起来像个相当大的鸟，它的嘴像蠼螋一样，上半部分呈椭圆形。沼地鹬的羽毛颜色呈黄红色。跟母鹬相比，公鹬体形更小，色彩更亮，脖子更是红得多。沼地鹬大约 4 月中迁飞来。尽管我看见它们大群大群地迁飞来，但是在池塘、沼泽和田洼里，它们大多以单只或者成双的形式出现，哪怕以小群体的形式出现也很少。飞来的时候，沼地鹬很肥胖。而到迁飞走时，它们消瘦得很厉害。它们迁飞来后，常常在潮湿的地方溜达。因为它们飞来不久，就变得很温顺，所以猎人们常常能射到处于静静的栖息状态下的沼地鹬。当春汛的河水开始暴涨时，沼地鹬就待在自己出生和常年栖息的沼泽地里。除非是一些特殊原因，它们才会被迫变换自己的栖息地。这些特殊的原因各有不同：有时沼泽由于其中的泉眼消失而干涸；有时是因为牲畜进入沼泽地；有时由于人为干预，沼泽干涸，沼泽地变成了耕地。不过沼地鹬并不挑剔。它们可以在各种沼泽地栖息：水洼多、肮脏的、凹凸不平的、干涸的沼泽地，甚至针茅草原上。总之，只要人们不去惊扰它们，它们就可以在任何一块长满灌木丛的潮湿低洼地或者谷地滞留。它们成双成对地很快搭好日常栖息的巢穴。公鹬帮助雌鹬在小草丘或干地上编织巢穴。雌鹬一般产下四只相对较大的蛋，比鸡蛋稍小，其色彩与中沙锥鸟的蛋一样，形状与所有鹬类的蛋都相同。公鹬承担全部劳作，并照顾母鹬；它是幼鸟们真正的父亲；当雌鹬离开时，公鹬守着鸟蛋。当雌鹬在穴内孵卵时，它在周围盘旋飞行，驱散各种可能的危险。唉！不过，它也常常给自己和后代们带来灭顶之灾，而原因恰恰是由于它警惕的监守，它的叫声和盘旋飞行向猎人们暴露了自己的栖息地和巢穴。经过三个星期的孵化，幼鸟被孵出来了，长着一层灰黄色的绒毛，它们立即就有行走和觅食的本领。出生的第二天，它们就离开巢穴了。它们的食物仅与田鹬不同，而与所有鹬类的一样，由各种昆虫构成。鸟儿的父母亲起先与它们一起待在沼泽地，然后把它们领到清洁的地方、草地或者耕地里，在那里，它们长到足够大后，便开始飞行。

回想起来使我很愧疚的是，我曾给鹬鸟带来了多么大的毁灭性打击。我和所有的猎人一样，在奥伦堡广阔的沼泽地里，曾经打死了多种野禽。尤其是沼地鹬，这是一种多么好的鸟类啊！它们与众不同，对自己的幼鸟总是关爱备至。如果惨剧发生在沼地鹬正在孵小鸟的时候，那么这种打击就更具毁灭性：整整一窝幼鸟突然一下就不见了。如果幼鸟已经孵出来了几天，那么它们会自己成长，可以不用它们的父母来喂养。只要猎人一走近或者经过沼地鹬占据的地方，就会有一两只立即迎着危险飞去，有时甚至会飞出去半公里还要多。我们戏称它们为“使者”。它们迎着猎人或者猎狗，甚至马、牛和所有的动物飞过去，——凭着模糊的本能无法判断哪一种靠近物更危险，哪一种则无害；沼地鹬直接扑向猎人，一直飞到跟前，在猎人头顶上摇晃，把两只脚向前伸出，好像要以脚来支撑空间。它们不停地下落，不断跑开，力图把猎人向巢穴相反方向领去。这个诀窍对猎狗很管用，但是猎人看见了它们从何而来，便打死了这只“使者”，并直接奔它们的巢穴而去。猎人越是靠近沼泽地，碰到迎面而来的鸟儿就越多。当枪声紧挨着鸟巢响起的时候，所有沼泽地里的鸟儿都腾空而起，围绕着猎人盘旋，空中充斥着各种噪声：鸟儿各种抱怨的尖叫声和飞行的扑腾声。只有一些守候在蛋旁孵卵的雌鸟和公鸟不待危险性达到极点，绝不动窝。这些飞鸟主要是沼地鹬，也有一部分是凤头麦鸡、普通麦鸡和红脚鹬。猎人进入沼泽地后，偶尔碰着某个鸟巢或者某只躲藏在草丛里的幼鸟，这时公鸟和母鸟哀鸣着，向猎人越来越近的方向扑过来，在猎人头顶盘旋，好像要攻击猎人，它们几乎就要触及枪口上。但是这种情况在有经验的猎人和神射手面前不会持续很久。只有打猎经历较短的新手，会极为紧张，手脚颤抖，不断把霰弹打飞。距离太近就更容易发生这样的事情，因为霰弹最初成堆飞出。

若要打正在飞行的沼地鹬，在有一定的技巧和冷静沉着的条件下，比起射击栖息不动的鸟儿来需要更多的灵活性：应把它们放入射程内，而不是在它们快速转动的情况下开枪。

大部分时候的结果都是这样的：经过几个小时后，喧闹的、叽叽喳喳的沼泽地里突然变得毫无声息，空空如也。只有受了轻伤，或者早已受到惊吓的沼地鹬，飞到稍远一点儿的地方，为了再能飞回生养自己的鸟巢里看看，在默默地等待着致命的敌人离开。可是猎人的脑子里却没有这样的打算，他愉快地收拣、清点自己的猎物，然后向别的沼泽地出发……

但是，也不是每一次、每一处有猎人光顾的沼泽地都会出现同样“空空如也”的情景：这种情况只会在从来都没有猎人光顾、没有受到过任何袭击的新狩猎地才会发生。无论是由于猎人射击技巧差，还是由于他沉不住气，只要有一次没有打死沼地鹬，下一次它们就变得小心得多。它们只在起飞时低一点儿，然后便飞得极高，以至于猎人用打鸭子的霰弹都无法打得到，而且，只有寥寥几只沼地鹬在猎人头上飞，其他所有沼地鹬都待在安全的地方。栖息的鸟和飞行的鸟间隔一段时间后就相互交换职责。这些有过教训（意思是受过教训）的沼地鹬，正如猎人们说的，已经很难打到，必须使用较大型号的霰弹，甚至6号霰弹来打。而通常仅用7号或8号霰弹。

当老沼地鹬带着刚孵出的幼鸟待在大草原或庄稼地里的时候，在猎狗的协助下，猎获幼鸟比较容易，就像打中沙锥鸟一样。这两种鸟类都飞不高，也飞不远，而且，迁移后，躲在草丛里，坐着一动不动，听凭猎狗靠得更近，甚至在被猎狗伺伏的情况下也伫立不动。这种情况一般都在6月最后几天或7月最初几天。而在7月中旬它们都以少量为单位，出现在陡峭的河塘湖泊岸边。然后准备沿着大河或到草原湖泊大群大群地迁飞走。到8月初，它们完全消失了。至少在我生活和打猎的奥伦堡边沿地带没有了。大概在较南一些的地方它们待得长久一些。

沼地鹬，这些每每被无情射杀的不幸的牺牲品，很少受到猎人们珍惜，毫无疑问，是因为它们遍布各地。在它们孵化和哺育幼鸟的时候，只有懒惰的人才不趁机去射猎它们，因为根本打不着飞行中的鸟的人也能打到栖息的鸟；但是当它们迁飞来或迁飞走的时候，任何一个猎人都不会轻视它们。沼地鹬的肉与所有鹬类的肉的味道都完全一样。它们瘦而脂肪少的时候，肉便又干又硬；而当它们肥而脂肪多时，肉便柔软、鲜嫩、味美；幼鸟虽然不太肥，但是却极为鲜美。在奥伦堡省，它们甚至都来不及完全发胖便已经早早地迁飞走了。但偶然我也会碰巧打到成年沼地鹬，它们耽搁了迁飞：大概曾经飞行过一段时间，但肥嘟嘟的身体影响了它们的行动。

黑腹滨鹬和红腹滨鹬

这两个名字大概是由于这类鸟的腹（嗉囊）部有点儿黑色或红色混杂的缘故。春天，在鸟儿迁飞来的两周时间里，黑腹滨鹬黑压压地覆盖在芬兰湾的两岸和岛屿上。这个名字就是在那里得来的。在彼得堡附近打猎的猎人把这个名字传到奥伦堡省，土著射手给它取了一个介于两者之间的名字：灰鹬。黑腹滨鹬个头中等、胖胖的、肉多、滋味好；它的腿和脖子不太长，嘴直而短，它身上布满黑黄斑点，与色彩斑斓的鸫鸟或田鸫鸟很像。腹部的毛呈黑或土灰色。奥伦堡省的黑腹滨鹬只在春天的 4 月中或 4 月末迁飞来。夏、秋时节我从来没有遇见过它，但是我听说 8 月份在奔萨州它们短期出现过，当然，它们这是在迁飞回去。可能，在别的地县和奥伦堡省地方也有这种情况。春天黑腹滨鹬总是大群大群地出现，分布在水塘、湖泊和河湾岸边。它们相当温顺。我曾经有过以一排子弹一下打到 8 只鸟的经历。它们通常吃得很饱。它们的肉味道鲜美肥嫩。黑腹滨鹬大多非常美丽，赏心悦目。远看像中等大小的沼泽流苏鹬，尽管个头要小得多。它一年仅出现一次，且延续时间很短，却总是唤起我极大的注意力。我记得，有几年黑腹滨鹬根本没有出现，我在邻近四周它们通常喜爱待的地方仔细寻找也一无所获。

我听说春天彼得堡附近飞来飞去的黑腹滨鹬多得不可胜数（像沼地鹬一样），有一个出名的猎人一排子弹打到 85 只鸟。尽管这些告诉我的人是非常可信的人，不过我还是难以想象一排子弹能打到如此之多的黑腹滨鹬。在奥伦堡省的很多猎人对这种鸟闻所未闻。

鹬　雀

毫无疑问，这是最小的鹬鸟。尽管由于它在羽毛和大小上与麻雀相似而被称为鹬雀，但是实质上它比通常的家雀还要小。除了本身的小巧玲珑，它们有着鹬类的体形，它们的各个部位是如此匀称，它们的羽毛（在较小的规格上）与秋天的小流苏鹬很相似。它们极其美丽，我还没有看见过比它们更可爱的鸟。过去我曾以为，可以把鹬雀看作第三种最小的沼泽地流苏鹬类（有关于此我就要讲到），这是因为它们的羽毛和体形与秋天的流苏鹬极为相似以及秋天时它们总是混在流苏鹬群里的缘故。但是，尽管有这些明显的原因，我还是不能坚决地把这种鹬雀称为第三种小流苏鹬，因为它们没有沼泽地流苏鹬的主要特点，即公鹬雀没有春天的硬毛，秋天也不改变自己的羽毛。至少我和猎人们都没有发现类似的情况。春天，鹬雀很晚也就是在 4 月的下半月才迁飞来。它们特别喜好在光秃秃的、平滑的、不长草的脏河塘岸边游荡，不过，有时也出现在春天的草场区域内。它们总是以小群落出现，行动起来很集中，春天迁飞来的时间延续不超过两个星期；然后在7月末和8月初迁飞走。鹬雀秋天飞返的时候以大数量为群体，大约还带着幼鸟一起，但是关于它们怎样养育幼鸟的情况，我说不出什么来。在8月底或在9月初它们与流苏鹬同时消失。在奥伦堡省候鸟里这种情况很明显。它们很温顺，打它们很容易。打鹬雀要使用特别小的霰弹：10号霰弹，甚至11号霰弹。自春天起，它们总是吃得很饱，在迁飞走前它们很肥。它们的肉味道极佳。但是它们的肉已经很少见了，因为都被当作作料和肉馅儿用了。

我总是特别喜欢这种极为少见的鹬类，以至于我都不忍心打它们。有时我偶然接近它们，它们没有看见我，继续毫无顾虑地跑动，在淤泥里寻找食物；有时它们待在一个地方一动不动地休息，我便久久地欣赏着它们，这时我既不开枪，也不离去。急功近利的猎人会说，这岂不是目的不明确？当鹬雀腾空从一个地方向另一个地方飞来飞去的时候，这种飞行欢快轻松，同时又毫不喧闹。耳畔听见的是轻微的、短促的、有些嘶哑的，同时又是特别悠扬和悦耳的吱吱声。我曾尝试过把翅膀受到轻伤的活鹬雀放在笼子里饲养，笼子的底部放有淤泥和小水草；我还向里面大量抛撒各种种子和昆虫，却毫无建树：鹬雀不久就呜呼哀哉了。

沼泽流苏鹬

被称为流苏鹬的鸟外形很像母鸡。野外的流苏鹬完全可以这么说，但是有一种被称为流苏鹬（本文所谈的）的鹬鸟，除了自己的鹬类外形外，在公鹬厚皮的细脖子上，有一层长长的羽毛，这种毛春天长出来，竖着，几乎就像鬃毛一样戳在那里。一句话，它们同时又像常见的公鸡一样。我注意到至少有两种流苏鹬：分别生活在沼泽地和野外。它们从来不相互混淆，各自分别待在不同的地方。沼泽流苏鹬又划分为以下两种类型，其区别仅仅在于它们的大小：大流苏鹬是小流苏鹬的两倍。沼泽流苏鹬的体形几乎与幼鸽子一样。长长的腿，呈小公鸡那样的鲜黄色和小母鸡那样的淡绿色；长长的脖子和嘴，不过，没有一般鹬类的那么长，在它们身上具有真正的鹬类特性。流苏鹬极其修长、美丽：大流苏鹬个头、身形与河鹬极为相像，而小流苏鹬只有匀称的体形与河鹬相似，个头则小得多。大小两种公流苏鹬在 4 月中旬的春天迁飞来，全身色彩斑斓，大黑点密布，硬毛和微微能看得清的绒毛相间。

流苏鹬有一个与所有鸟类都不同的特点，那就是在春天的小公鹬之间，无论是它们的羽毛色彩还是身体上的花斑绝大部分都不相像。如果对流苏鹬的自然特点做准确描写，尽管所描写的流苏鹬远没有其他鹬类那样漂亮，但是以其鬃毛的洁白程度而言相当稀有：其嘴长约半俄尺，呈普通的犄角颜色；眼睛不大，但颜色深；脑袋上浅黄与灰色混杂；紧挨后脑勺的一层羽毛上鬃毛直直地耸起，这些硬羽毛颜色洁白，长而硬，向身体两侧伸展，经过脖子下部，直至尾荐骨；在脖子的上半部到头顶约两指间，有普通的灰色短毛；整个尾荐骨部位都呈鲜黄色，带有大粒的黑色和杂色斑点；灰色的背部长有深咖啡色竖纹，尾部上方颜色深，两翼内侧呈白色；翅膀向下呈灰色，短短的尾羽上色彩缤纷：带斑点的白色、灰色与亮咖啡色相间。爪子则是金黄色。

大群的流苏鹬迁飞来后，过了三个星期，又同所有的候鸟一起飞走了。到了秋天，也就是8月份，小公流苏鹬变成为尘灰色与杂色相间的鹬鸟，没有僵硬的鬃毛，与母流苏鹬极其相像，这时它们回来了。而母鹬无论春秋都保持一种色彩，它的尾荐骨和腹部总是白的。公鸟的这种变化构成它们与公鸭褪色不同的特点。这一点我将在合适的时候再说。不过，流苏鹬秋天变成为更匀称、精致、美丽的鹬鸟，尽管它的缤纷色彩并不是独一无二的。春天它们大群地，甚至以巨大的群体出现在远离人烟的沼泽水洼地域、溢满河塘水的湖岸上。看着它们，人们觉得心情愉快：它们沿着开始泛绿的草场灵巧地蹦跳，在阳光的照耀下羽毛反射出金光闪闪、色彩斑斓的光泽。就像宽阔的彩虹架在大地之上，在大地上跳跃、欢腾，波澜起伏。在这时候，应该靠近它们开枪射击。尽管它们并不野性十足，也不很警觉，但还是不能一下子打到太多，因为它们并不总站在一个地方不动，它们分散开，不停地奔跑着，就像众多小溪之水，各奔东西。看着眼前数以百计的美丽鸟儿，你会不忍心开枪打任何一只鸟儿，同时它们很少聚集在一起跑动，所以你经常会错过适宜的时机。当然，你总是更愿意打一只已经长了硬毛的公鹬。但是，我却偶然遇到过一排子弹打到十来只鹬鸟的情况。那只是当它们在飞行的时候，大群的鸟儿偶尔向我飞过来，并挤成一堆。从春天到秋天，大小流苏鹬总是混杂在一起。它们在奥伦堡省客居时间不长，大概三周。它们消失到哪里去了，在哪里产卵，我都不清楚。在我的一生中有三次在一些寻常的沼泽地打到过三只小个头母流苏鹬，看来它们在孵卵或者哺育幼鸟。但是我在任何地方都始终没有找到它们的巢穴。这种情况与它们的习俗相矛盾，而且对我而言这是无法解开的谜。还有一个令人奇怪的事情是，在 8 月初我偶尔几次看见过大小不同的流苏鹬，它们每次都是独自待在割尽草、碾碎的或者生长着小草的沼泽地里。它们像中沙锥鸟一样，栖息着，一看见猎狗来，便立即消失得无影无踪。在这么短的时间内，它们怎样飞来沼泽地的，又从哪里飞来的，对我来说也是难以解开的疑团。然而很多猎人都发现了流苏鹬这个奇怪的现象。后来，大小流苏鹬已经依照通常的迁飞顺序，带着幼鸟一起，沿着河塘岸边和河流浅滩返飞，只是它们以小群落的方式迁飞：这种情形很奇怪，与其他鹬类候鸟在秋天返回时的情况恰好相反，其他鸟儿迁飞走总是比迁飞来的时候数量多得多。秋天，公鹬的脖子变粗了，腹部色彩变深、变得多姿多彩，因此，把公鹬从母鹬中辨认出来并不难。秋天流苏鹬逗留一个多月时间，在迁飞前，流苏鹬长得很肥。当然，即使是春天伊始，它们也比别的候鸟肥。

可以说，我对流苏鹬总是情有独钟，不仅是对春天红色的幼公鹬，而且对秋天灰色的流苏鹬也都一样。我尽我所能探索它们的奥秘。它们的肉一般都很鲜嫩多汁。在秋天迁飞时节它们的肉更是鲜美。此外，无可否认，春天公流苏鹬羽毛美丽、多姿多彩，千奇百怪的颜色争奇斗艳。一缕缕奇妙的鬃毛在阳光下金光闪烁，有各种色彩：黄色、浅红色、樱桃红，更多的是绿色交相辉映。吸引我的注意和激起我的好奇心的事情还有：我是否还会见到我从来没有见过的流苏鹬？我的好奇心常常得到肯定。

沼泽鸡

人们称它为鸡，而不是小鸡，并以此来区别于沼泽秧鸡或斑胸田鸡，斑胸田鸡有时也称为沼泽秧鸡。沼泽鸡的大小与俄国的小鸽子差不多。它与鸡的名称完全相称，因为它的所有特征都与鸡相像，尤其是嘴。总体上说，它是墨绿色的，但夹杂着红瓦灰色，特别是脖子的下部和腹部还有一些小白点儿掺杂其间；其背部和整个上半部的颜色要暗得多，下部的颜色则亮一些。公沼泽鸡极为美丽。它的羽毛与母沼泽鸡完全一样，而它的头顶有着更为鲜红色彩的厚厚鸡冠。在腿关节处有脚趾那么宽一道与虎蚰一样的色彩；腿的其他部分呈淡绿色。它们身上的这种冠和虎蚰色只有在春天的时候才能看见：到了秋天就分不出雌雄了。在一个著名的猎人（H.T. 阿克萨科夫，作者的弟弟）家里，专门为饲养沼泽鸡铺设了沼泽草地，一对沼泽鸡被放在里面养了两年。猎人用苍蝇、蠕虫和蟑螂来喂养。公沼泽鸡秋天时蜕去了鸡冠和虎蚰色。不过，既没有鸡冠，又没有虎蚰色的小沼泽鸡，没有缤纷色彩的羽毛，但是却姣好可爱。这种美妙的鸟儿少量成群地生长在充满水洼的沼泽地里，尤其是长满芦苇、白菖蒲、苔草的沼泽水洼和大小湖泊里。这里的水面夏天被一层浮萍或水草花覆盖着。沼泽鸡喜爱在这绿色渐浓的毯子上跑来跑去。它们跑起来行动如此轻巧敏捷，它们顺着水面的牛蒡草，就像在光滑的石头路面上那样，一滑而过，在它们经过的地方只留下了轻微的花样痕迹。不仅如此，尽管它们的脚爪子上并没有脚蹼，但它们却会游泳。在浮萍稀疏的水面上，沼泽鸡轻松自然地游来游去，不停地用嘴在水中搅动，吃一些总是栖息在腐烂的水域花朵上的昆虫。而当这些水草花还嫩绿时，也成了它们乐于吃的东西。它们特别灵活地在浓密的芦苇丛里窜来窜去（这些芦苇有时是四分之一、有时甚至更多部分生长在水下）。至于这些沼泽鸡什么时候、怎样迁飞来的，我确实一无所知。根据它们悄无声息地在低空上吃力地飞行的情况来看，我甚至怀疑它们能够在长途的飞行中支撑下来。沼泽鸡春天迁来得很晚，它们飞来时沼泽地和河湾都已经长满浓厚的绿草。我同样一无所知的是，它们怎样、何时、何地孵卵和哺育它们的后代。可能是在普通的并不太遥远的、但潮湿的、很难穿行的、气味刺鼻的沼泽地里孵化和哺育后代，因为我虽然从来没有找到它们的巢穴，但是我见过幼鸟，只是它们已经不是被孵的幼鸟群了，而是单只的鸟儿。此外，在整个夏天过程中，我曾经碰到沼泽老母鸡，有时甚至还打到过一些。由此，我得出结论，沼泽鸡在孵卵的时节，离自己的巢穴并不太远，就像沼泽地鹬类所做的那样。后来，那位值得信任的猎人为我证实了那个猜测：在西伯利亚，他们那个村子里，沼泽鸡连续数年在相同的湖泊附近地方养育幼鸟，这些湖泊周围长满芦苇、一些牛蒡草和睡莲。

沼泽鸡是一种珍贵的、难得的和稀有的野生鸟。很难打到它们：它们几乎总是待在一种猎人难以行走、猎狗也难以找到它们的地方。猎狗不仅要能抓住鸟儿的要害部位，还要会游泳。要是在可以行走的地方碰上它们，它们就会立即逃到难以行走的地方。要像打中沙锥鸟或长脚秧鸡那样打沼泽鸡，可能性微乎其微。较易于打到的情况是：当你偶尔碰上它们从芦苇或苔草中游出来，准备换到另一个沼泽湖、池塘岸边或河湾的时候。在这种情况下，可以让猎狗去逼迫它们，猎人则带着枪埋伏在渡口堵截它们。但是应当了解，沼泽鸡是会立即躲藏起来的。我无法就它们的声音明确地说些什么。有一次，我拿着鱼钩待在芦苇丛里的船上，听到像斑胸田鸡的唧啾声或者尖叫声，只是不太清晰，有点嘶哑。在这个声音之后不久，沼泽鸡从苔草丛后面游了出来。我想，这嘶哑的声音是沼泽鸡发出的。几年以后的一天，我在一个湖边的芦苇里听到的也是这种嘶哑的声音。我估计是沼泽鸡，就把猎狗指派过去。猎狗追着把斑胸田鸡赶到我跟前，我把斑胸田鸡打死了。这使我产生了一个疑问：可能，我此前听到的是斑胸田鸡的唧啾声音？而与此同时，沼泽鸡也与斑胸田鸡待在同一苔草丛里（没有什么会妨碍它们待在一起），沼泽鸡突然向我迎面游了过来。沼泽鸡在秋天时节变得很肥，吃起来味道很美。不过，它们总是吃得相当饱，它们的肉柔嫩多汁。9月上半月它们就迁徙了。至少，晚于这个时间我就再没有看见过它们。

我一生中打沼泽鸡不多于十只，原因只有一个，找到它们要花费相当多的时间。很多猎人不仅没有打过沼泽鸡，甚至都没有看见过它们！在被我打到的十只沼泽鸡里，有三只是正在游动中被打到的；另两只正在沿着浓密的浮萍跑动；还有一只立在一块漂在沼泽水面上的厚木板上；四只是在低飞时被猎狗咬死，其中两只还是以特别不寻常的方式被咬死的。5月末，我停止打猎回家了。沿着池塘岸边行走，我没有看见鸟儿，如果有鸟儿，我就可以把子弹用掉了。然而，枪杆必须要清洗，我已经想把枪对空中扫射了。突然，从猎狗蹦蹦跳跳的地方，即水塘岸边小的灌木丛和牛蒡草丛附近，两只沼泽鸡从一个灌木丛飞了出来。它们之间相隔距离不少于一沙绳。猎枪里装的是打野鸭的小号霰弹。我认为，飞出来的是两只小水鸭，打其中一只时，没有打中。枪里冒出浓烟，所以，我没法瞄准。但是，两只鸟儿都落了下来，猎狗扑了过去，帮我把一只沼泽鸡拖了过来。我很高兴，叫它去把另一只也弄来。它便把另一只长着红冠和虎蚰色的沼泽公鸡弄了过来。当然，只有猎人能够想象遥远的情况，想象与鸟儿之间相隔如此之远的距离，想象我那与鸟儿大小极不相称的霰弹，并不准确地射击，难以置信的幸运一击和如此稀罕的猎物……只有猎人能够想象我当时那难以抑制的欣喜。我祝愿每一个充满激情的猎人，都能这样回到家里，如愿以偿地拆卸自己的猎枪！

沼泽长脚秧鸡和长脚小秧鸡

人们还称沼泽长脚秧鸡和长脚小秧鸡为“斑胸田鸡”或“牧人”。这两个称呼都不无道理：它那清亮、断断续续、短促又不断重复的啾唧声很像牧人放牧时发出的口哨声。斑胸田鸡完全像沼泽鸡，或者更准确地说，它不是另一种鸟类，不过是小两倍到四倍的沼泽鸡，但是公沼泽长脚秧鸡没有沼泽鸡头上那样的红鸡冠和腿上的虎蚰色，因此也就很难分辨这类鸟的雌雄。从鸟儿小巧玲珑的体形来看，斑胸田鸡比长脚秧鸡更修长，更匀称、俊秀。沼泽长脚秧鸡的名字也是有来由的：它确如一般的水域秧鸡那样，时而尖叫，并由于尖利的喊叫而抽搐，而且，它们还不断重复地这样尖叫。斑胸田鸡总是待在相当潮湿的沼泽地里，它们尤其喜欢待在牛蒡草丛、芦苇丛里生活和哺育幼鸟，沿着水塘上游的沼泽水洼、湖泊和河湾边栖息；然而，与沼泽鸡所待的地方相比，长脚秧鸡待的地方对猎人和猎狗来说更易于找到。在通常的沼泽地很难找到斑胸田鸡。只有在晚秋，它才使猎狗有可能伺伏在周围，大概是因为它们长得太肥，疲于快速和频繁的移居了吧。在其他的时候，它们就像沼泽鸡和水洼长脚秧鸡那样，不停地跑来跑去，经常跑到猎狗无法找到和捉住它们的地方。此外，应该指出，所有这三种野生鸟，即沼泽鸡、斑胸田鸡，特别是水洼长脚秧鸡能有效地破坏猎狗的追踪，因为它们的性情非常顽强。猎狗看到自己每次伺伏后，鸟儿依然能远走高飞，便扑过去追击，但是却失去目标，急得在原地打转，并由此形成了糟糕的习性。

我从来没有见到过斑胸田鸡与它们的幼鸟在一起。但是有一次，我的猎狗捕住了一只伏在巢穴里的斑胸田鸡，并一点儿也没有伤害它。这只鸟儿甚至在我那儿待了两个星期。我看见它吃得很少，并不断瘦下来，我把它又放回那个沼泽地。在它的巢穴里有 16 个蛋，每一个的大小相当于家雀的一半。上面有模糊的、带有悦目的淡绿色和淡黄色的小斑点。要不是我本人亲自在鸟穴里，从猎狗嘴里抓到这只斑胸田鸡，那么我永远也不会相信，这么小而瘦的鸟儿能产这么多的蛋，再把这些蛋都孵化出来。鸟蛋排成一行，它们好像总是排列，没有例外。这么多鸟蛋不可能都待在母鸟的尾荐骨、腹部之下，只能像一堵围墙那样围在母鸟的两侧、尾部和腹部。我至今依旧弄不懂，那样的温度怎么能够维持它们的孵化过程，而没有一定的温度鸟儿怎么能够被孵出来呢？然而，所有的斑胸田鸡鸟蛋几乎都被孵出来了。与沼泽鸡一样，沼泽长脚秧鸡吃各种昆虫、浮萍、水草花和草种子。它们飞行时平静、低矮、呈直线型，并很吃力，有时也能飞很长一段时间后才歇下来。和其他鸟类一样，甚至更有甚之，秋季里，它们猛长膘。但是它们迁飞得很晚，至 9 月末严寒开始肆虐时，它们才消失。

农民们在水湾和沼泽湖泊附近割草时，镰刀经常划到小长脚秧鸡，有时甚至连老的也不例外。我看见过羽毛已经丰满的小鸟，同时，我还发现了它们落在地上的纯黑色的羽毛。毋庸置疑，刚孵出的雏鸟就是黑色的，就像水洼里的长脚秧鸡。斑胸田鸡一般比沼泽鸡要大得多，它们的呼啸声在整个沼泽地都能听见。但是要猎获到它们却很难，而且捕猎过程对很多人来说也很枯燥乏味。我曾经在一个夏季里打到过 30 只长脚秧鸡。1815 年 4 月 29 日那次，我打了一只斑胸田鸡，不是墨绿色的，而是深咖啡色：它非常美丽，遗憾的是，详细记录和描述它的日记被我撕下来，并丢了。我已经记不起当时的详细情况。在被打死的鸟儿情况记录里，我写道："我打死了一只特别的沼泽长脚秧鸡，却不清楚它的类型和特性。"我在这一页上所做的脚注实在不足以弄清问题。毫无疑问，这是一个特别的尤物，在此之前和之后，我都没能看见任何类似的东西。

与中沙锥鸟的发情叫声和和野生长脚秧鸡充满激情的叫声一样，沼泽长脚秧鸡清纯和旋律优美的歌声使 5 月的春日夜晚生机盎然，这是一种只能意会而很难言传的生机。

沼泽鸡和斑胸田鸡，与水洼长脚秧鸡一样，有自己的独特飞行方式：缓慢、笨重、不灵活。鸟的尾部牵制了整个身体，使它们看起来几乎就是在空中艰难行走，或者像是带伤飞行。

水 域

大自然里美景如画，而水更是大自然的至美。水充满生机，它闻风而起，随风而动；水浩浩渺渺，把生机和活力播撒给周围世界的万物。水域变幻莫测，奥秘无穷。从布满坚硬奇异岩石的苍松群山之巅，一股亮晶晶、清冽冽的水流在山涧石缝里穿越跳跃，奔腾而下。山岩陡峭，沿阶而下的水流也随之呈不同的瀑布形态：或涓涓细流，或一枝独秀，更多的是双双瀑布飞流而下。沿途若遇岩石夹击，水流就蜿蜒如一窄带；若遇一平石板，水流则如宽大的水帘直挂川前；若山坡平滑无石，水流就深深地嵌进土壤，形成规则的水槽溪流：溪流两旁生趣盎然，绿色葱茏，一派生机盎然的景象。一些在深山密林里本不常见的花草树木：灌木丛、勿忘我、野水仙、杜鹃珠、杞柳和小白桦树等不知从何而至，在此生根，不管附近一带并非它们的生长地。可见，尽管种子并不是以四海为家，风还是可以把种子播向天涯海角。

在这条从天而降的山涧溪流边，奥伦堡地区的农夫们常常搭建一些结构简单的、被称作小磨坊的水磨，这些溪流边的磨坊如诗如画，惟妙惟肖地贴在峭壁上，就像燕子把小巢贴在石壁上一样。一条细细的水流被凿空的木槽全部连接起来，紧挨着山腰向下流。水流从水槽里直接冲向小磨坊的水轮，一切就这样变得轻而易举起来：无须堤坝、无须蓄水池、无须水闸、无须人力……水磨自行转动研磨，日夜不息。如果没有等待研磨的粮食，就把水槽挪开，那时，水又沿着山岩陡坡，飞流直下。众多瀑布落下的声音聚拢在一起，汇成浑厚的咆哮声。在歪歪扭扭、凹凸不平的长木架上，垒起了高高的磨坊小粮仓。一切看上去都破旧不堪，摇摇欲坠。没有任何人工雕琢的痕迹，没有一点儿与大自然相悖逆的地方。确实，这里的一切正是与大自然和睦相处，互为补充……但是，什么样的蒸汽机能够把水流送上高山之巅？而水又是如何按照自己的特性占据最低的地表面？即使是现代科学也无法对这些现象做出令人满意的解释。有的山泉从山腰流出，而更多的时候是从山脚下流出来的。但是，还有一种泉水是从低洼的沼泽地里流出来的。接着，这些水流很快在自己周围形成大大小小的水坑或池子，再根据不同的地势，从那里流出不同水量的溪流。如果水坑很深，那么，只能在很深的坑底看到水波翻涌：水从地层的泉眼中喷出，随之而出的还有一些沙子和细小的泥土粒；但是，这些附带物跳跃着，翻转着，还来不及到达水面，就又落下去，在水池底铺上光滑平整的一层沙粒。要是水坑很浅，那么，泉水的涌动就显得有力一些，所有的水流，连同沙子、泥土，甚至小石头一起，从水底向上翻转，就像架在火焰上的油锅，沸腾翻滚。无论山泉，还是低矮的沼泽地泉水，都形成一条条溪流，悄悄地向前奔涌：它们或深藏地下，或隐入草丛和灌木丛中，真是只闻其声，不见其形。当你循声而去，伸出双手拨开茂密的灌木丛和相互缠绕的青草时，一股清新的气味迎着你那晒黑的脸庞扑来，在阴影和清凉中，你终于看见了跳跃向前的纯净凉爽的溪流。对于身心疲惫的猎人而言，在烈日炎炎的夏季里，发现了溪流，可真是意味无穷啊！有的溪水在开阔的地方，在沙粒和小石头中间流动，在平整的草场和谷地里穿行。在这里水已经没有那么纯净和透明了：风把尘埃和各种垃圾撒向水面，它还失去了那种清冽和凉爽：太阳的光线烤透了它那浅浅的水层。接下来的情况是：溪流“低首下心”，亦即潜入地下，流过一里半里路，有时更多一点儿，然后再跃出地面，经过土壤的过滤和冷却，它又变得纯洁和清冽，尽管这种情形不会保留太久。

许多这样的溪流汇集成为小河流。其中一条河沿着幽深的森林峡谷向前方流去，把沿途的坑坑洼洼都注满了水，形成一些大大小小的水坑。一些被暴风雨击倒后又多次遭受春汛雨水冲刷的树木，横隔在小河流经过的地方。就像被水坝阻隔那样，小河流被拦截成数个小水塘，当水流积聚到一定的时候，便从水塘侧面流淌出来；大股的水则漫过树干，溢出树坝，并不断地积聚着水流，潺潺的流水声划破了森林旷野的寂静。各种鸟儿都待在水边，只有花尾榛鸡，正像猎人们所说的那样，喜欢待在树上，一边听着小河流水潺潺之声，一边打盹儿。兔尾鼠和白腹翁鸟也已经开始在小河里忙碌起来，在晚霞笼罩的时候，它们在水面上跳来跳去，捕捉在水面上飞舞的蚊虫和昼伏夜出的蝴蝶为食。我碰巧来到了这样的密林旷野之中，这里使我流连忘返：正值山顶树上酷热难耐，炎炎夏日正在向西倾斜，山上的树木还半数笼罩在明亮的太阳下，山风吹得树枝呜呜作响，而山涧谷底却是大树成荫，一片幽暗、凉爽和寂静。

另一条河则沿着平整的谷地和宽阔的草场流淌。蜿蜒的河岸边，时而是一些柳条树丛和赤杨树，时而又是青青的苔草及一些岸边类草。河底平整光滑，整条河深几乎没有差别。在这条小河边，由于地方特性和土质关系，常常能遇到大片带有泉眼、长满芦苇、灌木丛和小树木的沼泽地。在这样的河边，如果恰巧河岸较高，那么人们就建造单一磨盘的简单磨坊，建造两个磨盘的磨坊较为少见。而那些大的池塘，在周围扩展开一些潮湿地，这些潮湿地不仅是一些旧沼泽地的水源，而且，还会衍生出新的沼泽地和泥潭。它们成为各种野生水禽新的栖息地和开阔地。有关水塘的情况，我留待以后的章节里再专门谈。

有一种河流的形状很特别，按它们的水流量应该归于小河流，然而，乍一看，它们显得比实际流量大得多：这就是草原河流。它们由一连串的泥潭（莫斯科人称之为深水洼）或一些小湖泊衔接起来，这些虽然很小但却很深的水潭，清澈见底，它们被一些浅滩、亦即小河流、有时就是小溪流连接了起来。这些水潭周围总是长满特别柔软的芦苇和水生牛蒡草。这些植物生长在幽深的地方，在那里开花结果。在浅滩处水流湍急，而在深水坑的地方则几乎都看不出水在流动。在河岸边，极少能见到小灌木丛。当你从高处向草原上弯弯曲曲的小河流看去——这种机会极为难得，你就想象一下这样的景色吧：你似乎看到一根长长的项链，玲珑剔透地缠绕着这些宝贝：绿圈上镶嵌的蓝宝石，其间还不时夹有银色的管状玻璃球；流动的水银光闪闪；而静态的浅滩在绿色葱郁的岸边树木中发出蓝宝石一样的光。

一些大小不一的小河在流动中渐渐与另一些河流相交叉。其中水流量最大的一条河，无论是由于其特权，或是虽然并无任何特权，但却特别幸运，它不仅保留了自己本身的蓄水量，还截留了别的河流的水，这样就形成了如下情况：小河流的水流变得越来越强劲有力了。在这河流的两岸，几乎一年四季都生长着茂密的、各种各样的宽叶树林带。

根据地势的高低不同，河流周围的环境因此而分别显得干燥或潮湿。在后一种性质的环境里，一望无际、无边无沿的芦苇丛，还有长满灌木丛和树木的环境，以及深浅不一的湖泊，对于各种鸟儿，尤其是对水禽孵化和哺育幼鸟而言，是最坚实、自在、可靠的地方。

有时，小河在流经大片人迹罕至的密林的时候，景色变得极其幽静、原始，而且还显得庄重肃穆。河岸两边没有受到任何干扰；猎人即使偶尔进入这个地方，也不会留下长久的痕迹：由于水量充足，植物强大的生命力会很快使遭到践踏和揉皱的花草树木重新竖立起来。两岸自由自在地、旺盛地生长着各种叶子：宽窄不同的苔藓、菖蒲、幼树树林和巨大的勿忘我；而在静寂无声之中，特别肥大的、墨绿色的、长茎的圆牛蒡草随着河水的流动向前漂浮。当水生鸟和鸭子来到密林深处的时候，水生鸟似乎害怕孤独，不愿意再在这里栖居，便跟随鸭子一起游走了。鱼和水陆两栖野兽成为这些河流的主宰。在幽暗无光的地方，水流浩浩荡荡地、自由自在地流淌着，百年老树那低垂和落下的叶子抚动水面，发出了永不休止的、低低的沙沙声。巨大的狗鱼拍击着水面，水獭横游过河面，麝鼹在水里扎着猛子——它们使出了各自的看家本领。这些微弱的声音很快就被大自然的无声无息所淹没。椴树、山杨、白桦树和橡树，诸如此类的阔叶树刚一映入水中，就忽而往左，忽而往右，按照太阳光照射的角度，或笔直，或弯曲的影子都落在水面上。

由无数水流量充足的小河流汇集成了“中等大小”的水域，比如，就像众所周知的奥卡河、奥伦堡省的别拉亚河和许多其他的河流一样。这些中等大小的河流汇集成“最大规模”的水域，比如，像伏尔加湖和卡玛湖。在这两个湖中，后一个比前一个——它的征服者略小一点儿。尽管，在水流量和力量方面存在着巨大的差别，这些河流还是有一个共同的特点：河床含沙量通常很大，很深；夏天退潮后，水草露出水面，遍布着黄沙的河流波浪翻滚，拍击着五彩缤纷的鹅卵石浅沙滩。因而，真正的河岸光光滑滑，寸草不生。而这一点据我看来，不可能在人类视觉里成为赏心悦目的景色。当然，在山涧，而且几乎总是河流的右面不乏雄伟壮丽的风景。但是，就像欣赏油布和纸上的画一样，它们只是从远处看姣好。人各有志。我的特点是：我不喜欢大河，我不喜欢庞大陡峭的河岸，也不喜欢引人忧思的浅沙滩和水草露出的水面。看到一望无际的滔滔河水，我甚至感到害怕，它是那样专横地把我与河对岸分隔开，以至于我难以安全到达对岸。风暴一来，即使是伏尔加湖或卡玛湖，也是一幅令人恐惧的画面！我不止一次在雷雨大作的时候看到过它们的样子：暴怒的黄褐色波浪涌起白色的浪尖；被击成碎片一样的船只沉没了——这一场景至今记忆犹新。然而，我并不想与那些惊涛骇浪的爱好者争论，我承认我对恢宏的场面缺乏承受力。

至于狩猎，我以为大河并无优势：春汛使低矮地段笼罩在长久的灾难之中，几十俄里草地淹没殆尽，各种各样的水禽都躲藏在巢穴中，等待汛期过去。春季，只有在潮汛退去的地方，才能看到一些野鸭和鹬鸟；而秋季，正要继续向前方迁徙的野禽，虽然会在光秃秃的大河岸边稍作停留，但这也是极其短暂的一瞬。这些情况对狩猎射击都极为不利。春季野禽迁飞来的时候，伏尔加湖和卡玛湖湖面还冰封着，枯槁中的冰层泛着蓝光，被挤压出累累折痕。然而，冰面依旧坚硬如初。

现在来谈谈湖泊。湖水虽然不向外流动，但是，却有其本身的特点。湖泊通常有四种类型：一、春汛湖泊，或者当春汛来到的时候，河滩边那些被春汛完全淹没的低洼处，而一经夏季炎热的长时间炙烤，这些低洼处就完全干涸了。二、水容量大的湖泊。它们不仅吸纳了流入的春汛之水，而且还有自身湖底和岸边泉眼源源不断流出的水来补充。这类大湖里常常有水渗出，它们或成涓涓细流或形成长长的湿土带。虽然，这种湖水水温并不太低，却常年保持清新洁净。然而，夏季的酷热和干燥会使水位降低，但却不会因此而出现腐烂的现象。当然，夏季所有的水域通常都会出现绿藻，包括湖泊在内的所有河流，甚至是凛冽湍急的水流都毫无例外。在这些不断向四周蔓延水分的湖泊两岸，植物繁茂：赤杨和白柳等，绿树成荫，有的地方还长出了芦苇丛。三、森林湖泊。当森林湖泊沿岸不是沼泽地带，而是干燥的土质；或当浓密的森林像墙一样从四面围绕着水域，湖泊的外观阴郁、颜色灰暗；而当较大范围内都是泥泞多洼抑或只有少量树木生长、微波起伏的沼泽地的时候，湖泊水色并无异常。森林湖泊水色灰暗，看来似乎是由于四周高大的森林墙遮蔽所致，而实质上是由于湖底年复一年积累的烂树叶造成的：每逢深秋，便有落叶漂在湖面上，然后，沉底，变得像煤炭和黑土一样黑。很多人都认为，是这些树叶经过浸泡、腐烂后使得湖泊水色灰暗沉着的。四、草原湖泊。这种湖泊面积极大，水质清澈、透亮，这类湖是所有湖泊中最赏心悦目的。无疑，这种湖泊底部均有水源丰富的泉眼，能及时补充炎热和干旱时水量减少后的需求，因此很难看出它们有水位降低的迹象。湖泊里若有泉眼，其低洼处的水温通常都相当凉。

在奥伦堡省这种湖泊很多。这里我简单地向大家介绍一下别列别耶夫县里两个这样的湖：它们相距不远，其中一湖叫作“堪得雷”，另一个湖叫作“卡拉塔本”，两个湖的方圆都有几十俄里。草原湖泊的特点是水的透明度极高，其透明度甚至超过草原溪流的水底深坑；后者的水如此清澈，以至于4—5俄尺深的实际距离，目测距离不超过2俄尺，而“堪得雷”和“卡拉塔本”水深近3俄丈，目测距离似乎只有3俄尺至4俄尺；若再深些，湖里就泛起蓝色，湖底已经看不见了；在6—7俄丈深的湖里，则完全是一片漆黑了！这些湖泊中水的折射也常使人产生错觉，拿下水的感觉来说，当你从岸边渐渐向湖中走去时，水底似乎凸起，就像登山一样，以至于每走一步，你都不得不高高抬起脚。“堪得雷”水域宽、水源充足，滋润着湖畔风景画般的草原牧场；在水深达10俄丈处，湖底渐渐靠近微凸的一侧；湖中央好像漂来一个多林的绿色小岛：无数品种各异的水鸟在这里栖息和繁衍后代。湖泊的两个侧面是平坦的草原，而第四个侧面则是芦苇丛，那里还有标记（那种在小谷地中常见的长条状泉眼）能够说明这里曾经是河汊口。巴什基尔人告诉我说，他们的长辈还记得“堪得雷”和“卡拉塔本”曾经就是通过这个河汊口互相连接的。不过，现在春天来到的时候，这个连接处已经不见了。巴什基尔人有一个神话，说将来这两个湖泊还会连接在一起，但是，我却没能亲耳听到这个传说。然而，春汛并没有给这些草原湖泊带来多大利益。这里沼泽地和水生野禽数量并不多。只是在晚秋时节，迁徙的候鸟才成群地在此做短暂逗留，似乎是特意来此作别。但是，草原湖泊中，除了没有红鲟鱼之外，却生长着极其丰富的各种白鲟鱼，其肉味美之极。

说到湖泊，就不能不想到人工湖——池塘，关于池塘，我只是顺便谈过一些，但是，在描述水生野禽时却经常要涉及这一水域。池塘分为两种：活水池塘和蓄水池塘。前者是拦截河水和溪流建成的；后者主要是在潮湿低洼地里挖出来的。不过，由于莫斯科附近多是黏土层土质，到处适合挖坑，甚至在山上都可以。雪水和雨水融化在这种土坑里以后，就像在瓷碗里一样，可以储存一年；此外还有给池塘储水的特别方法，它可以把春天川流不息于山川河谷之间，而夏天滴水不见的汛水截进池塘：在夏天的时候，建筑一个坚固的堤坝来横截山川河谷，坝底根据需要挖得深一些，并在坝壁上砌上一道结实的斜坡（不砌也行），以便蓄积春汛之水。春天里汛水灌满山川和挖的沟渠，多余的水则从旁侧溢出，或从坝顶流过，或流进斜坡上打开着的闸门里，而春汛刚开始的时候，闸门是紧闭着的。这种池塘有的很深，我们不能把它们称作纯粹的死水池塘，或非溢流坝池塘：尽管一年只有一次流动，但其中的水却是变换的。

至于鸟类与池塘的关系，这里却没有什么特别值得谈论的事情。

对于各种水生鸟类而言，下面的池塘才是它们广阔的生存空间：在许多间隔设有4台至8台磨盘的磨坊的河面上，分布有活水池塘，那里分出许多芦苇丛生的宽阔支流；池塘上，特别是浅水区域，生长着郁郁葱葱的各种水草和花木，这种状态有时能够绵延几俄里之长——各种水鸟从四面八方集聚到这样的水塘附近来。

不同品种的水鸭和红骨顶、白骨顶等水鸡的幼崽在这里的芦苇丛中既食之有物，又毫无危险：野鸭崽不会遭遇贪婪的狗鱼的吞食，水鸡崽也不必担忧食鱼的水鹰的侵袭。猛禽需要阳光和开阔地带，它们不会到既狭窄又黑暗的芦苇丛里来。鱼鹰、巴拉班（鹰）和老鹰、海雀一起，常常接连数小时地在天空盘旋，或者一动不动地滞留在池塘上空。它们虽然听得到某些水禽母子的吱吱咕咕的叫声，听得到芦苇的瑟瑟响动，甚至能够看到芦苇梢由于一群群野鸭仔的游动而摇曳，但却毫无任何猎物到手，真是“可望而不可即”！猛禽从不钻入深草和灌木丛获取猎物：大概是它们惧怕碰上坚硬和锐利的东西，或者担心它们的导向羽受损。但是，如果哪只刚刚脱离孵化和母亲的糊涂鸭崽、鸡崽，禁不住远处呼叫声的诱惑，试图离开那块孵化地，游到那没有水草生长的河湾时，那么无论是水上还是水下都会有死亡的危险在等待着它们：水里是大嘴狗鱼和鲇鱼，水面上是猛禽的长长利爪。

尽管有关水域的各种类型和详细情况我没有描述得面面俱

到，但是水域复杂多样的面貌已经基本涉及了。而水禽正是在这些水域里游动、出入、生存。下面，我就来谈谈水禽。

天　鹅

天鹅以其个头、力量和仪态的庄重等，很久以前就已经无愧于水禽之王的称号了。它浑身雪白，长着一双不大但晶莹透亮的眼睛，黑色的嘴，黑色的脚掌，柔软而优美的长脖子，转动灵活。当它在绿色的芦苇丛中、深蓝色的平滑水面上从容地游动时，那种优美的姿态真是难以言表。天鹅的一举一动都充满了魅力：当它喝水时，它把水汲进嘴里以后，便抬起头来，伸长脖子往下咽；当它洗澡时，它扎猛子，强壮的翅膀拍得水面啪啪响，水珠从它那毛茸茸的身躯纷纷滚落并远远地飞溅开去；然后它又轻盈自如地把那雪白的脖子弯向背后成弓形，用嘴清理背部、两侧和尾部皱巴巴的、弄脏了的羽毛，来一番梳妆打扮；当它迎风展开那宛如长长的三角帆的翅膀时，它用嘴梳理翅膀上的每一根羽毛，让它们在阳光下晒干。在做这些事情时，天鹅真是仪态万方，如诗如画，优雅之极，尽善尽美。

天鹅几乎总是成双成对地飞来；春天，它们迁飞来得相当早：还是4月初，当大部分地方还冰雪覆盖时，它们就出现了。我未曾见过天鹅成群结队。在我平常打猎的奥伦堡省的那些地方，天鹅只是在迁飞时节才路过，它们并不常驻下来，孵卵育雏。除了迁飞时节以外，我很少看见它们。偶尔，有些落单了的、在池塘和湖里闲游的天鹅，也许是喜欢我家邻近的某个开阔地带，如果没有受到惊扰，它们会待上两周或更多一些时日，我至今还记得我少年时遇到的一件奇怪的事情：那时正值夏日酷暑季节，有七对天鹅每天都要飞到我们那儿的一个大苇塘来。它们一般都是落日后飞来，在此过夜。翌日清晨，当人们早上起来后熙熙攘攘，在堤坝上来来往往，在池塘边的路上匆忙赶车时，天鹅便飞走了。至于这些天鹅是从哪里来，到哪里去，我都不得而知。这种状况一直持续两周左右。后来，来了一位老猎人，他有一支破烂不堪、用细绳子缠着的火枪，由于没有铅砂弹，便装上了一些小铁蛋儿，就是把铁条砸碎的小铁子儿。那天，他趁天鹅没有飞来之前，就悄悄钻进芦苇之中，站在齐腰深的水中，等到天鹅向他这边游来只剩下数米远时，他突然开枪，一下子就打死了其中一只天鹅。自然，其余的天鹅立即腾空飞去。然而，到了第二天，它们又按时飞来，落在池塘中央，游来游去，再也不靠近那危险的芦苇丛。它们彼此咕咕地叫着，聚成一堆。后来，它们飞走了，从此再也没有回来过。

我从来没有遇见过天鹅秋天的迁飞。许多猎人告诉我，说在奥伦堡省别的一些县里，尤其从察里津到阿斯特拉罕，在伏尔加沿岸汛期漫水的湖里，天鹅不仅居住，而且还繁殖后代。它们在茂密的芦苇丛中筑巢，雌雄天鹅分担抚育幼雏的责任；一对天鹅通常只生两只小天鹅（也有人说是三到四只）。还有的人说，在伏尔加河的支流，在河水入海处，栖息着不计其数的天鹅。他们的这些说法我无法肯定，人云亦云而已。至于我本人，每年确实能看见它们几次。它们成群结队地从我头顶上高高飞过；我还见到过它们在湖里闲游，但每一次都是不期而遇，而且距离太远，不仅用打雁的小霰弹难以打到，就是用大霰弹也无济于事；有时即使开了一枪那也与其说是向敌人发出的袭击，还不如说是鸣枪致敬的礼炮。不过，我生平里有一次成功的经历：当时正值布古鲁斯兰河水泛滥，我在深及膝盖的河水中，在稠密的芦苇丛之间蹚水而行，突然有一只天鹅朝我这边飞来，越来越近，我用打野鸭常用的那种霰弹朝它射击，只见它晃了晃，低了下来，飞不见了。第二天，邻村的一个摩尔多瓦人在距我射击处1俄里远的地方找到了那只已经死了的天鹅。天鹅的肉吃起来真硬，尽管事先已经浸泡了两天，可是嚼起来还是相当费劲。它的味道跟雁肉差不多，但后者远比它柔软、鲜嫩和可口得多。这只天鹅的嗉囊里没有鱼，也几乎没有任何其他食物。所以，天鹅究竟以什么为食，我一点儿也说不上来，不过，大概总是同所有水禽吃的是一样的东西吧。

我实在弄不懂，为什么我们的古代大公，甚至沙皇都将天鹅当作餐桌上的美味佳肴或招待贵宾的上乘食品，大概当时曾有一套能把天鹅肉做嫩的烹调手艺。有人说餐桌上摆放天鹅肉只是为了点缀，这一说法不能令人信服。天鹅一词常常出现在我们的古代歌谣里，显然，这些歌谣大多发源于俄国南部。天鹅至今仍活跃在民间话语里，尽管在如今的俄罗斯腹地天鹅已经不可能再被编入歌曲或日常用语中，因为那里的人们很少了解或见到天鹅。在南方，在基辅，民歌中唱的有天鹅，大公们的宴席上吃的也少不了天鹅；通常是由大公夫人亲自操刀切开天鹅肉，然后递给贵宾品尝。按照民间传说和古老风俗，可能正是由此开始，天鹅便被搬上了莫斯科大公和沙皇的餐桌上，并进入现代民间话语中，在这种话语中，把母天鹅比喻为美女，并和小天鹅一起被用来表达温存和关怀的意思。

关于天鹅的臂力之大，历来流传甚广：据说，如果一只身负轻伤的天鹅，或者当它的幼崽受到猎犬的攻击，天鹅会用一只翅膀将猎犬活活拍死。有人跟我说过：一个猎人也是被天鹅挥动翅膀把一只手臂拍打成了骨折。从天鹅的个头、肌肉的强度和力度、骨骼、翅膀的厚度和硬度来判断，这个传闻是可信的。虽然，从来没有人听到过天鹅啼鸣，但所有猎人们（包括我在内）都听到过它们发出刺耳的尖叫声，都认为它绝不同于雁鸣那低沉的咯咯声。从我上述有关天鹅臂力的叙述中，可以得出结论：天鹅应该是禁得住一般火枪的打击的。所以人们用大号霰弹或特大号霰弹，而且还尽量悄悄地靠近后再进行射击。人们猎取天鹅主要不是为了食其肉，而是在于用其羽毛，天鹅绒之珍贵已是众所周知的了。

天鹅很容易被驯熟。我曾一连数年观察过人工饲养的天鹅：夏天，它们被养在专门的池塘中，冬天则被关进温暖的农舍中。不过，我说不准，它们被捕来的时候是天鹅崽呢还是成年天鹅。我听说过，驯顺的天鹅同一般家鹅一样，也能在农舍中或畜栏里繁殖后代，但要事先弄到新鲜的天鹅蛋，并先让家鹅孵化一段时间。孵化出的雏天鹅同家鹅一起饲养（第一年将它们的翅膀剪短），会变得跟家鹅一样好驯服。

大　雁

俄罗斯古代歌谣称大雁为“灰雁”，确实有一定道理。公雁的确是灰色的，而母雁则不同，它的背部毛色暗一些，胸和嗉囊覆盖着浅黑色的斑点，个头也略微小些。俄罗斯的家鹅大都是白色或花斑色的，有些家鹅的羽毛与雁毫无二致，也就是说它们本来同出一门。它们之间的不同是：俄罗斯家鹅的嘴和脚掌一般都显得更红一些，体态更肥厚一些；而雁体态则更挺拔俊秀，更英姿勃勃，其嘴和脚掌呈黄绿色。春季迁徙时节，大雁早早地出现了：当大地尚被冰雪覆盖，池塘尚未开始融化，成群的大雁已经沿着河流高高飞翔，直奔北方而来了。结队的大雁群总是飞得很高，成双的或落单的大雁则飞得相当低。我每天在我们家附近的池塘边和河岸旁漫步，在这里，冰雪融化较早，我背着一支装满猎雁霰弹的猎枪，不止一次把飞过的雁客打下地来。当天气开始变暖，大地冰雪消融，春汛之水四溢，雁群飞得便降低了，并落在空旷的地方：它们在那里歇息，觅食，游水。

雁的食物一般为嫩小的青草、植物种子和谷粒。大雁很贪婪：每当食物充足，它们便死命地吃个饱，以致嗉囊把身子撑得严严实实，走动不得，甚至都无法飞动。春天，大雁极为谨慎，很少让猎人乘车船靠近它们，更不用说走近它们了。因此，必须事先物色一个适宜的地方，以便能够悄悄地靠近它们。这种适宜的地方就是：森林、灌木丛、小丘、沟壑、陡峭的河岸边，池塘和湖泊中未割的芦苇丛。而且，想要击中它们，必须使用最大型号和特大号的霰弹；而要打成群飞来的大雁，储备几梭子砂弹炮也不错，因为对成群的大雁而言，你无论如何都无法靠近，也不可能事先潜藏在那里等候。令人非常快乐的事情是：当你远远地开一枪，一群飞雁中一只羽毛洁净、体态憨实的大雁被打了下来的时候。大雁在零星散布着秋收时节的谷粒的庄稼地里游荡；在河流、湖泊、池塘的汛水中畅游，接下来大雁就开始成双成对地筑起巢来。

雁巢总是筑在大河两岸大片最坚实、最稠密的芦苇丛里和沼泽地里被杨柳缠绕的赤杨和白桦树丛里。在这里我说的是流经黑土地带的河流。我不止一次地发现过大雁的巢，而每次又都是在难以通行的地方，我对我怎么能够到达那里自己也感到奇怪。雁巢通常筑在干燥的地方，或是筑在高高的塔头墩子上，大雁衔来干草编结而成，巢体呈圆形，内部宽敞，里面铺着羽毛，雁用尾骶骨把里面铺得平平整整。猎人们说，雁蛋一次可下 12 个，但我亲眼所见的最多也不过 9 个。雁蛋跟俄罗斯家鹅的蛋几乎完全相同，只是体积略小一些，颜色也没有家鹅蛋那么白，但有种难以形容的奇异光泽。在母雁孵卵时期，公雁也分担它的劳动。我曾经多次把巢窝里的公雁惊扰了出去，而且亲眼看到巢内有一对“老雁夫妇”和年轻大雁刚孵出的几只雏雁在一起。大雁孵卵的过程跟其他鸟类一样，每年一次，结束于5月底或6月初。如果第一批雁卵不幸遇害，那就是另一回事情了。在广阔的地域，即与芦苇丛生的大湖连在一起的美丽河流，在此时节可遇到相当多不成对的雁群：它们通常在某一处湖泊度过白昼，晚上却在另一处湖泊住宿。有经验的猎人对此都很了解，他们也许是必须弄清楚这一点，所以，他们总是能够潜伏到雁群跟前，而这些雁或在水上浮游；或在叼运草场上的绿草；或是准备靠岸过夜。他们还伺机偷袭在每天固定时间从一个湖向另一个湖迁飞的大雁。雏雁从带有灰黄色羽毛的卵中破壳而出后不久，很快便具有了游水、扎猛子的能力，因此老雁及时地把雏雁的抚育地点转移到水流平静的湖泊、河汊等水域，周围一定须有深草丛、灌木丛、芦苇丛生，以供必要时躲藏。很多人告诉过我，如果水距离巢窝较远，或者通向水域的道路不利于雏雁通过，母雁会把雏雁挨个叼到水里去。我虽然对这一说法并不怀疑，但应该说，即使是最小的雏雁也十分矫健、机灵，常常就在我的眼前，迅疾跑入那些颇费气力才能挤钻出去的深草丛和灌木丛中。而且，需要提请注意的是，这种转移往往就在幼雏破壳之后不久，它们还处于极为虚弱的时候。当雏雁初长成形，或刚刚开始羽毛丰满，尚不能飞行时——飞行通常要到5月底或6月初，猎人们就开始捕猎这些雏雁和那些正在换毛的成雁，亦即所谓的“因正在换毛而不会飞的雁”。我从来都没有去参与这种猎事，因为猎获这样的雁不必使用猎枪，只需要训练有素的猎狗就足够了。那些被猎狗追到河湖中央的大大小小的雁倒是需要猎人开枪才能捕到。而这种情况并不常有：因为无论听到什么响动，或有看到任何危险征兆，换毛期的雁和雏雁便立即躲藏进草丛、灌木丛和芦苇丛中，它们在那里久久地待着，一动不动。只有在大祸临头时，即当猎犬大张着嘴扑过去时，才逼得那些羽翼虽然差不多已经丰满，但翅膀上还没有长出导向羽的雁雏跳到水面上来。天哪，它们是如何摆动着那骨节暴出、充血的双翼和臃肿的躯体，它们叫唤着，噼啪作响地拍打水面！它们的这些动作又是多么笨拙啊！甚至连猛子都扎得很笨拙，看，它们的尾部还常常撅在水面上！当然，此时开枪打它们相当容易，而且还用不着大号霰弹：它们此时非常虚弱，五号霰弹是再合适不过的了。而且，一些训练有素的猎犬，甚至普通的家犬，都无须借助猎枪，就能一下扑住目标。老雁体弱多病，消瘦之极，肉干巴巴的，没有味道；而雏雁则相反，肉质虽然还算不上肥，却已十分柔嫩，许多人都觉得它的肉鲜美可口。

最后，雏雁长成了：它们发育良好，变得年轻力壮起来；老雁则换完了羽毛，体质更强壮，它们孵出了一批又一批雏雁，雏雁又组成雁群。天黑时分——准确地说是早早晚晚，它们开始勘察地形，寻找黑麦和春播的农作物都已经成熟的庄稼地。日出前一个小时，成群的幼雁在老雁的引导下，从水面上岸朝庄稼地飞去。它们先在广阔的大地上空盘旋，查看哪里适宜下落，选择一个离车道或者在田间劳作的人群都较远的地方，在那里谷粒也更饱满一些。最后，它们降落在某块庄稼地里。雁更喜食无茎庄稼，如荞麦、燕麦和豌豆。但是，在无可选择的情况之下，它们就只好饥不择食啦。它们费时很长的晚餐往往一直要持续到天完全黑下来才算完；分散在四面八方的庄稼地里的雁，在贪婪地大嚼一饱之后，听到老雁传来的响亮的咯咯声，便匆匆忙忙凑往一堆。它们晃动着与躯体不成比例的、沉重的大嗉囊，互相招呼着；急急忙忙地聚在一起后，整个雁群响亮地鸣叫着，拖着沉重的躯体慢吞吞地向上飞。它们悄无声息地低飞着，径直朝着一个方向——它们通常夜宿的湖泊或河岸，或僻静的池塘上游飞去。到达目的地后，群雁便吵吵嚷嚷地降落到水面上。它们向两边张开翅膀，舒展胸脯，贪婪地饮了一通水，然后很快就到宿营地准备入眠。宿营地通常选在平整光滑的河岸，在没有灌木丛或芦苇丛的地方，这样便可以避免因潜伏敌人而带来杀身之祸。由于它们连续数夜的光临，河岸上的草被碾压得横倒竖歪，雁群发热的粪便熏得青草发红，干枯。群雁将头蜷缩进翅膀，趴在那里，说得更确切点，是撑在尾骨和腹部上睡的。而老雁或进行夜间值哨，轮流休息；或一边打着盹儿，一边还警觉地听着，以至于任何声音都难以逃脱它们警惕的监听。稍有响动，值哨的雁便警觉地咯咯尖叫起来，其他雁都会发出回音，立起身来，伸长脖颈，做好姿势，准备飞走；但是，只要喧闹声一停，值哨的老雁又会发出完全不同的咯咯声，音调沉稳平和，雁群也以同样的音调予以回应，然后重新趴下，接着睡觉。夜里，特别是在9月的长夜里，这种情况常常一夜不止发生一次。如果警报确实，确实有人或野兽向雁群靠近，老雁会迅速飞起，幼雁也会立即跟上，群雁边飞边发出尖厉刺耳的鸣叫，这种叫声的穿透力如此之强，以至于一俄里开外，甚至更远的地方都能听到这种叫声……整件惊慌事情往往是由艾鼬，有时甚至是由白鼬引起的，它们常常肆无忌惮地袭击睡雁。当一夜终于平安无事地过去，东方的霞光开始微微发亮，值哨雁用响亮的鸣叫声唤醒群雁，整个雁群就跟随着老雁，向已经熟悉的庄稼地飞去，那是它们在不久前的晚餐时候就已经瞄好了的庄稼地，群雁又一如既往地开始它们的早餐。当空空如也的嗉囊重新填满食物后，群雁又应着老雁的呼唤声，在早已升起的明亮的太阳光照射下，汇拢在一起飞行，但是飞行的目标已经换成另一处湖泊、河汊或池塘湾，在那里度过一个白天。

当主人终于知道雁群光顾过自己的庄稼地后，很难过：因为群雁吃掉了庄稼，又把整片高高的禾苗全踏倒，把庄稼地糟蹋得像是刚被一群家畜光顾过的大牧场。主人要是能及时发现这一情况，那么他无论如何也会吓走这批不速之客的。

我利用各种时机伺伏、射猎过大雁：在大雁来田间飞经的途中伺伏过；藏身在还未被它们践踏的庄稼地里；在它们来往飞行于田垄之间时；有时还提前在它们的宿营地里伺伏到黑暗降临，趁雁看不见猎人，直冲宿营地而来；最后，我还乘船靠近歇在岸边的雁，因为在水中可以静悄悄地航行，值哨的老雁听不到夜幕中驶近的船只。当然，在上述的各种情况下都不可能一次打到很多大雁，因为必须在它们飞行的时候才能开枪，所以即使是用双筒猎枪打准了，每次至多也就能够打下三四只来。当雁群在已经收割过庄稼的地里或已经割过的草地里，以及收割完豌豆和荞麦的地里，到处寻觅撒落的谷粒，甚至不得不啄食秋翻地和再生草的时候，猎人就可以根据地形，乘车驶近雁群，或躲藏在某个物体后面伺机出击。如事先能够了解到雁群度过白天时光的地方，那么就可以相当有把握地在中午时分袭击成功。因为中午时分，雁也睡午觉，此时它们趴在岸边，放松了警惕性；此外，白天各种昆虫发出的声响也往往妨碍值哨的老雁听清猎人靠近时发出的声音。当然，如果有条件的话，还是乘船靠近更为妥当。在整个秋季打雁的猎事期间，都应该使用最大型号的霰弹，有时甚至须使用特号霰弹；秋季的雁与其换羽毛的时候已经完全不可同日而语：它们现在身强力壮，对一般的霰弹都能够抵挡得住。它们在搏斗的时候会用翅膀狠狠地拍打对方，我碰巧见到过，有一只翅膀受伤的雁，用它另一只健康的翅膀拍打一条猎狗，打得那只猎狗只会尖声大叫，以至于这条猎狗后来久久都不敢去碰活着的大雁。9月末，也就是大雁要迁飞的时候，它们的肉都变得很肥了，特别是那些老雁更是如此。不过，据猎人们的看法和描述：只有到了冰天雪地的时候，雁肉味道才达到最佳程度；然而我们这里9月末的气候却常常是：每天早晨的寒气使河面结上一层薄冰，也给池塘和河湾的靠岸边的平静水流蒙上一圈冰层。无论是由于一层薄冰，还是因为别的什么，总之越到晚秋，雁肉味道就越香，这是一个不容置疑的事实。然而，应该指出的是，此时能使雁饱餐一顿的食物已经变得寥寥无几了。

应该承认一个事实，射猎大雁与其他狩猎活动相比猎物更为丰盛，但是在沼泽地枪猎珍禽的猎手却对猎雁不以为意。要打雁群大都需要伺伏，有时甚至要靠爬行来靠近大雁或在它们飞行过程中跟踪监视——这些都是真正的猎人不屑一顾的。这里需要的不是射击技巧，而是更多的耐心和抗疲倦的耐力。我本人也射猎过大雁，但只是在少年时代，那时老猎人们在教我射击，而对他们来说，他们看重的是禽鸟的重量，田鹬因分量轻而不被老猎人放在眼里。真正的猎人从来不特意去打雁，当然，要是雁恰好撞到他们枪口上的话，他们又何乐而不为呢。

我说到过，雁飞行来往于庄稼地和返回的空中通道是一样的，即穿越同一个森林小区、同一条峡谷小道，等等。人们根据这一特点，制作“捕鸟大网”，用它来大量捕猎大雁。这是一种用结实的粗线编成的方形大网，网眼间距宽大，大雁能钻进去，却无法爬出来。这张网支在两根长杆上，并设置在雁群夜晚从庄稼地返回宿营地的通常必经的途中。在两根长杆的上端各拧上一个铁环，用两根绳子分别将网的上部两端系住。然后把网高高扯起；两根长绳的另一端则被引到猎人埋伏的窝棚或灌木丛中，大方网悬在空中，并不拉紧，而是由着其下摆两端松松垮垮地系在长杆上。当雁落入网中时，就把网撑紧了，此时猎人立即将手中的绳抛开，误入网中的雁连同网一起坠到地上。这种方法也被用来捕猎野鸭。值得注意的是，那些撞上网，但并没有落入网中的雁与网一起落地后，吓得尖叫着，扑腾着翅膀，却就是不飞起来：毫无疑问，一定是黑夜加剧了它们的恐惧感。有时猎人还在大方网附近并排设置两三张网，相互之间距离很近，以便偶尔偏离方向的雁群也尽数落网。

有一种雁名叫“卡扎尔卡”的黑雁，是特殊品种。它的个头比通常的雁小得多，它的嘴也小，嘴的两边生有两个矛形小点，而翅膀几乎是全黑色的。在奥伦堡省的一些南方县城里，猎人们常常在候鸟南迁时遇到它们，有时还打下来过；但我却未能有幸见到过。我常常莫名其妙地把它们的名字与卡扎尔的姓氏弄混淆。

野　鸭

野鸭品种繁多，形态各异。我在这里只讲我多少有所了解的那些野鸭。由于奥伦堡省的特殊地理位置和环境，各处的气候和自然条件差异很大，有时甚至截然相反：北部与维亚特卡省和彼尔姆省相邻，那里每逢冬季水银都能冻结起来；同时，在南部紧挨着里海和阿斯特拉罕省的地方，众所周知，露天种植园里却正生长着最为细嫩的葡萄品种。大自然王国里的万事万物，尽其所能展示出丰富多变的景象，野鸭也同样如此，尤其是在它们的迁徙时节，不同品种，竞相展露。然而，我并不打算专门谈那些迁徙而过的野鸭，那样会使我离题太远，并因此使得读者对野鸭概念模糊不清。迁徙而来的野鸭不同于迁徙而来的鹬鸟：鹬鸟春季在我们这里待两周多，秋季待一至两个月；而野鸭只有春季才能看到，秋季从来见不到，而且它们从来都不在一个地方停留一天以上。对猎人们而言打野鸭的机会极其难得。因此，我认为没有必要谈论我偶尔看到的野鸭或转述猎人们讲的故事。我现在只讲当我还是一个刚出道的年轻猎人时猎杀的一只良种野鸭，因为大约十年后，我的一个打猎伙伴也猎杀了一只几乎一模一样的野鸭，所以我有机会仔细认真地观察了这种野鸭。它比最大的家鸭还要稍微大一些；它有淡褐色的羽毛，其中还夹杂一些黑色斑点；眼珠和爪子呈朱砂红色；嘴的上半部也嵌进一条朱红色的窄边；导向羽上有一道灰蓝色的条纹横过翅膀；它的绒毛与大、小鸨那样呈粉红色；脂肪和皮肤均为橙黄色；野鸭的肉味道极好，远比普通家鸭鲜美；有一种野鸭长有像锥尾公鸭一样尖的尾巴，可它恰恰不是公鸭，而是母鸭。——在讲述野鸭之前，我认为有必要先说说它区别于其他禽鸟的独特性以及该禽类特有的共同特征。

众所周知：在发情期和众禽聚集时发生的交配，无论是公禽或母禽都不能尽享一对一之间的相互爱恋：交配的双方互相都不熟悉；今天公禽与这一母禽交配，而明天它又与另一母禽交配，这种配对纯属偶然，并随其自然；母禽也是如此。因此，不可避免的是：它们永远也不会有固定的配偶，而且母禽总是在没有公禽帮助的情况之下，被迫自己操持筑巢、孵卵和保护子女的事宜，因为既然没有配偶关系，当然也就没有父亲可言。与此相反，在几乎所有成双成对的禽类中，雄雌两性禽类都像丈夫和妻子，共同承担养育和保护子嗣的责任，并同样给予子女温情。显然，这些禽类都积极地、严格地遵守这个法则。野禽中唯有野鸭的做法与此形成鲜明的对立。所有野鸭的配对都比其他野禽早；公鸭对母鸭表现出的爱极其真诚、热烈，甚至达到了忘我的程度，但是，对母鸭筑的巢、孵的卵和子嗣而言，这种爱却又同时含有着不可容忍和敌视的成分！母鸭只能背着公鸭，悄悄地去完成作为母亲的一切职责。一旦公鸭发现了母鸭在巢里孵卵或同刚出壳的幼雏在一起时，它会立即啄碎或撕破鸭巢，喝掉蛋液（据说），或者至少要打碎正在孵的鸭卵，把雏鸭都憋死。我并未亲眼看到公鸭如何实施这种疯狂行为，其他猎人多次见到过。母鸭背着公鸭孵卵育雏，公鸭跟踪追击、恼怒地惩戒母鸭的出逃，而母鸭拒绝与它一起另飞他地交配，最后被啄碎和撕破的鸭巢、巢边被打碎的鸭蛋、憋死的鸭雏——这些景象我都不止一次地亲眼看见过。我想，这些情况也就足以使我将其他那些虽然不是亲眼所见、仅仅耳闻的事情当作不容置疑的事实了。据我看来，公鸭违反自然的行径倒是可以理解的：这正说明它们具有难以令人置信的热烈情感；正因为如此，公鸭才对把母鸭从它们身边吸引走的一切都深恶痛绝。在各类野禽中，所有与母禽成双成对生活的公禽总是对自己的配偶表现出依恋之情，而雌雄鸽子间则更相互表现出温柔和体贴；然而，它们却根本缺乏公鸭所特有的那种疯狂的性欲本能。不过，其他禽类雄雌双方对自己的后代都很慈爱。有些猎人怀疑，在发情期极其疯狂的黑琴鸡也会毁巢灭子，但我却根本没有发现黑琴鸡有类似恶行。公中沙锥鸟发起情来也相当热烈，可是怎么就没有人猜测它们也有这样的行为呢？我认为，这种怀疑本身就毫无道理，因为黑琴鸡并不成双配对，因而其雄性并无损毁禽巢的诱因。雌性也不是对方的固定配偶，因而也不必围绕在它们的身边而不离去。公鸭则相反，它摧毁自己配偶的巢窝，重新使得母鸭完全归于控制之中；而母鸭就会分秒不离地守候在公鸭身边，除非母鸭有可能再次背着公鸭去筑巢、孵卵。甚至可以做如下设想：有的母鸭在整个夏季都无法孵出一窝鸭崽来。因此，每一个猎人都有可能在6月，甚至在7月初，到最后迁徙时期，还遇到成对的野鸭。

1. 绿头鸭

我们通常把“绿头鸭”说成“公叫鸭”“母叫鸭”，这个称号很适合它，因为它比其他品种的鸭叫得都要响。还有人称之为“绿头”或“小绿头”…… 显然，这三种名字都来自此鸭善叫的特点。在乌克兰语里它还被称为“晃鸭”。这一名字也很形象：它在陆地走动时，不停地左右摇摆；在水上游动时，一有风吹来，它也会像小船一般随波逐浪地晃荡。从十分相似的体态和甚至部分羽毛极其相像的情况来看，家鸭极有可能是由这种野鸭转化而来；在大量夹杂着各种花色的俄罗斯麻鸭和白鸭这两种鸭群里，常常可以看到羽毛与公（母）叫鸭完全相同的品种，其不同之处仅在于大部分家鸭都在功能上略有退化而已；相比之下，在个头大小和羽毛色彩方面，俄罗斯家鸭与其他品种野鸭的相似之处就少得多。这种现象相当奇怪。看来，没有理由说野鸭不能转化成驯服的家鸭吧？绿头鸭比其他野鸭个头都大。公鸭特别美丽，它的头和上脖颈部上有像绿色天鹅绒一样闪闪发亮的羽毛，下脖颈部上长着一圈窄细的白毛，从这一白圈下面起，胸部或称嗉囊部呈深红色，灰白的腹部夹杂着一些美丽的花纹线条，在鸭尾下面，有白色的羽翎，它短小而又坚硬，尾尖呈绿色且卷成环状，鸭爪呈淡红色，嘴为黄绿色。在深黑色的翅膀上有一条青中透红的纹路，泛着金光，背部是深灰色，略带些红色，一撮深绿色的柔毛立在尾部的正上方。母鸭全身羽毛色彩斑斓，浅褐色的底色上点缀着细长的黑点，在导向翎上闪烁着一条绿色同金黄色相间的纹路，尾部羽毛挺直，爪子也与公鸭相同，是淡红色，嘴却是普通的角质灰色。春天里（3 月末），绿头鸭便已成群迁飞来，除潜鸭外，比其他野鸭都更早。此时，当覆盖着厚厚的大堆积雪刚刚开始融化，这些野鸭就已大群大群地在大地的上空高高飞翔，它们飞得平稳而有力。一般在它们飞到一周之后，好客的春天就很快一扫冬日的忧郁景象，绽出欢快的春日笑容；到处溪流涌动，形成一个个水洼和湖泊，河水溢出河岸，成群的绿头鸭便开始低飞，并在它们中意的地方降落，此时枪猎它们非常困难，因为它们充满野性又很警觉，不容猎人骑马或徒步靠近。只有在飞翔时，尤其是天黑时分，它们飞得特别低，或是当它们从一处水洼飞往另一处时，或有可能击中。这种射击称为“当场伏击”。这里的“场”指的是野禽通常飞过来往的地方。不过，这一飞行过程持续很短时间：很快野鸭就分成了许多小群体，对周围的一切开始熟悉、习惯，并变得驯顺了。此时猎人便可以驾驶普通马车或猎人专用的轻便马车小心地接近它们了。这种专用马车没有什么特别之处，它就是庄稼汉们制作的短小结实的“连杆拖车”。此外还可乘坐楚瓦什人的不带车篷的四轮马车。枪弹要使用专门射猎野鸭的 2 号霰弹和 3 号霰弹。如果它们野性太足，可以使用猎雁霰弹来打。由于它们在这个时节一般都是成群地待在开阔地带，所以不宜采取靠近射击的办法。

春天一天比一天暖和起来，春汛也退了。尤其是当青草长到足够可以藏身那么深时，大群的绿头鸭终于开始出双入对、进入交配期了，并变得驯顺了。性欲特别强烈的公鸭寸步不离母鸭，时刻与母鸭形影相随，无论如何也不肯先于母鸭而飞离原地。有时，母鸭在水洼里汲水或在稀泥里啄食，公鸭就像哨兵一样站在岸边或塔头墩子上守护着。如果这时恰巧猎人靠近，而母鸭并未看见或根本没有察觉时，公鸭便会急忙晃动身子，转着圈，嘎嘎叫着，像是在向它发出危险信号：如果母鸭仍然毫不知晓，公鸭自己也不单独飞走，宁愿让打过来的子弹一枪击毙自己。此时母鸭闻声飞起，但对被打死的公鸭却无任何关切的表示。要是猎人将母鸭打死（虽然他大多是选择公鸭），情况就完全不同了：公鸭不仅要在猎人身旁不断盘旋飞行，当然不会太靠近，却一连数日在失去配偶的地方不住地用鸭嘴啄地。在这段时间，要接近精神不振的公、母鸭已不那么困难，从一些可供遮挡的物体：灌木丛、岸边、小土丘的后面偷袭就更容易得手。此时，正考虑着筑巢孵卵的母鸭不会同公鸭一起待在开阔地上，而常常选择灌木丛、沼泽地、芦苇或未割的蒿草旁的小洼地：它要骗过那个十分机警的公鸭；有时须东躲西藏，悄悄爬行到半里之外，再飞出去，以便在那里无所干扰地开始那所有生物都追求的目标。为了实现这一目标，母鸭真是费尽心机。母鸭逐渐感觉到自己腹内已有瓜熟蒂落的沉重，小小的蛋黄已开始膨胀，其中最大的甚至已敷上了湿润的蛋白，包裹上一层柔软但却有韧力的薄壳时，便给自己寻找了一处隐身之处。当它听到有的卵壳已经发硬并已逼近出口时，便选择易于逃跑的水洼或湖泊近旁，倚在岸边，将头埋在翅膀里作假寐状。公鸭来到母鸭身边蹲着，随后它倒真睡着了。当母鸭用藏在翅膀底下的另一只睁着的眼睛看到公鸭睡着后，立即隐身于草丛或芦苇中；根据地形不同，或爬行十几俄丈远，有时或更远些，然后在低空盘旋，盘旋一段距离后落下，爬向自己早已准备好的巢窝。这种窝通常是用干草筑在坚实和不潮湿灌木丛生的沼泽地里；母鸭用自己的羽毛铺平巢底，生下第一个蛋，小心翼翼地用草和羽翎盖好；然后朝另一方向爬出一段距离，腾空绕着圈子低飞一会儿，再从相反的方向飞回原来的地方，落下来后，悄悄爬到等待着自己的公鸭身旁。此时母鸭很少能遇见还睡着的公鸭；公鸭在母鸭偷跑的这段时间，也就是一个多小时里，大部分都会睡一个好觉。但一旦醒过来，便慌忙开始呼叫自己的伴侣：它们匆匆忙忙地四处张望，在湖水或水洼中不停地游走；然后又会扑到岸边，在四周寻找，但它不会走得很远，而是不断地打量四周：母鸭是否已回来了，是否正向自己这边游过来…… 通常也会有这种情况发生。公鸭百寻而不见之后已经筋疲力尽，不再像以前那样寻找；它来到水面上，前后漂浮，一边用眼睛不停地四处张望，身体左右摇摆着，一直到突然之间，那只母鸭天晓得是怎样、又是从什么地方钻出来为止。此时，公鸭会恼怒地扑向那个叛逃者，用嘴咬住它的脖颈，然后跳到它的背上，就在水面上当场同它交尾起来……当被爱抚折磨得疲惫不堪的母鸭刚刚喘过气来，抖落掉身上的水珠，爬上岸来，公鸭的性欲很快又升腾起来，便再次与母鸭交配。这种情况在一个小时内要重复几次。当与母鸭在一起的公鸭发现有其他公鸭朝它们飞来时，就会立即扑过去，坚决地赶走它，似乎这样奋勇向前是它义不容辞的责任。如果一只还没有找到异性伙伴的单身公鸭靠近并纠缠正在飞行的野鸭伴侣时，那么在合法丈夫同第三者之间的空中较量就势必发生。较量中，它们会发出一种特别短促而有力的鸣叫声，猎人们已经十分熟悉这种叫声。较量场面十分悲壮：两只野鸭垂直地挂在空中，互相咬住对方的脖颈；为了不致从空中掉落，它们急促而又有力地扇动着翅膀；但是，不管怎么努力，它们还是会不住地朝下方跌落。据我观察，胜利最终总是属于“合法”的一方。有时母鸭为了把公鸭早点哄入睡，会用一套特殊的爱抚方法：用嘴不停地轻轻叩击公鸭的脖颈和后背。这引得人们根据自己的推测认为：“公鸭喜欢母鸭替它捉虱子”呢，猎人们也同意这些说法。有时母鸭还能在公鸭没有睡觉的情况下脱身而去：乘公鸭胃口大开而忙于吞食的时候或者在对着什么东西发呆的时候，母鸭就赶紧悄悄地潜逃了。然而，并非每次都能潜逃成功的！公鸭有时也会看出或猜出母鸭企图，当它溜走时，便跟在它的后面，在它刚要钻进草丛或芦苇时，扑过去用嘴咬住它的脖颈，把它拖进水里，扯着咬着，弄得鸭毛漫天飞舞。不过，在给母鸭一顿狠揍之后，公鸭旋即又会与母鸭尽演一场热烈的夫妻亲昵戏。不过，功夫不负有心鸭，母鸭终于将一窝蛋全部下完，彻底躲开公鸭，开始孵卵。野鸭蛋每窝达 12 个，除了白中略透黄绿的表皮外，其余同俄罗斯家鸭蛋几乎完全相同。在孵卵期间，母鸭几乎一步不挪地伏在巢中，只有白昼时出去一趟，在附近找些食物充饥，三周的孵化使得母鸭消瘦许多。最后，破壳了，从中钻出来一只只身披灰黄绒毛的雏崽。如果鸭蛋较多，那么几乎每一次都会有一两只“坏蛋”——就是那种孵不出雏崽、一摇乱晃荡的、半空的蛋。这种空壳蛋的出现主要是由于一次被孵的蛋过多，母鸭身体的热量不能均匀地传到每只蛋。如果每次孵化都不超过8个至9个，就不会有空壳蛋出现了。鸭雏出壳后几个小时，巢里很快便空空如也了，在母鸭引导下它们来到芦苇丛生、安静的池塘、湖泊或河汊的水面上。在难以行走的地方，母鸭就谨慎地用嘴把鸭雏一只一只叼运过去。包括我在内的许多猎人都亲眼见过这种情景。在此期间，被母鸭撇下的公鸭整天在丢失伴侣的、原来的水洼和小湖泊旁游荡。猎人们大量猎杀这些公鸭，这倒有助于母鸭自由自在地孵卵。只要一发现公鸭或听到它那低沉的呼唤声，猎人可以肯定猎物已经成了他们的囊中之物了：它们常常轻易就让射手进入最佳射程，有时它们会朝猎人直扑过来，要不就在某个固定地点打转。最后，公鸭的换毛期到了，它们也藏到芦苇丛生的池塘和湖泊深处，从6月中旬几乎一直待到7月末。在此期间，猎人们偶尔一见的是那些还没有进入换毛期的单只公鸭，如果不把那些因忙于孵卵和育雏而遭不测的母鸭算在内，几乎就谈不上有野鸭猎事了。不过，此时好在还可以捕猎到许多鸭雏和正在换毛而不能飞的成鸭，而对于这样的猎事猎犬就能应付，它甚至还会把野鸭赶进普通的捕网里。

母鸭是感情最丰富的野禽之母。当猎犬或人向巢窝靠近时，它常会装出受伤或飞不动的样子，在原地抖动着身子，做出一副跌跌撞撞的样子，好像只要猎人追赶它，就能抓住它。但训练有素的猎犬是不会上当去追赶它的。母鸭为了诱骗猎犬追赶它，有时会飞个一俄里开外。猎人们常常能看穿母鸭的诡计，于是，他们既不在意野鸭多么留恋自己的巢窝，也不顾虑在失去母鸭的情况下，那窝幼雏将何以为生，而是狠狠心把它杀掉。当然，猎人必须当心野鸭后面有没有正在追击的猎犬，以免误伤。因为猎犬此时就像俗话说的“命悬一线”。通常的情况是：母鸭将猎犬引开后，会立即返回来，扑向猎人；当然，它的孤注一掷引来的也只能是灭顶之灾。显而易见，母鸭对自己雏崽的慈爱有多么强烈：当它同自己的雏崽们一起在开阔的水面上畅游时，一旦发现有人接近，鸭雏们惊慌地嘎嘎叫起来，好像要在水面上腾起身子，更确切地说，它们在水面上奔跑起来：它们急急忙忙地朝附近的芦苇塘里奔去，藏到里面，如果有条件的话，甚至会潜入水中。而母鸭则一边用翅膀拍打水面，一边发出惊恐的尖叫声，随后又会扑向来人，围绕着人打转，意在把对方的注意力引到自己身上，把人领着朝自己的鸭雏隐藏处相反的方向。如果母鸭与鸭雏藏在不同的芦苇或岸草丛中，而猎人已经带着猎犬来到跟前，母鸭已经无处可藏，它就会根据距离情况，或钻出来，或飞到开阔水面上，重复着上述的做法，又扑腾又叫。当然，结束这一切慌乱的只能是致命的猎枪子弹了。每一个猎人都会无情地下手这么干的，因为活泼的小鸭即使失去了母亲，不管它多么稚嫩，它也总会有办法喂饱自己、成长长大的：这些孤儿常常会加入另一窝雏崽中去。我就曾经见到过一只母鸭领着二十多只雏崽在水中游动，那群鸭雏大小不一，显然不是一窝所生。另一情形虽然较为罕见：母鸭在树洞里，在乌鸦或喜鹊遗弃的旧巢窝里孵卵育雏，但间或也能看到。究竟什么原因使得母鸭打破它们通常的法则，做出这种异乎寻常的事来，不得而知。上述一些事情都是我从一个可靠的猎户那里听说而来，而下面这件事却是我本人亲眼看见的。我至今记忆犹新，有一次一只叫鸭，或者说是一只绿头鸭，竟然把蛋下在了打谷场的庄稼垛里。

一般说来，野鸭是极其贪食的野禽。它从早到晚不停地吃，碰见什么吃什么：撕咬岸边细嫩的莲花草，大口吞食水生苔藓、青稞植物的花及其他水生植物，贪婪地嚼食小鱼、小虾、小青蛙以及各种水里生的、空中飞的、陆上爬的昆虫类动物；这些还不足以饱食，它还要用水藻和稀泥把嗉囊填满。这样的过程一日数次。不同的是，野鸭还喜食各种肉类。野鸭旺盛的食欲得益于它消化机能的可靠保障：它的嗉囊能使所有食物都以令人匪夷所思的速度溶解和消化。显然，它的消化液一定要比其他禽类的消化液功能强大。野鸭排泄频繁，其粪便的温度也比雁的粪便更热。

时值 8 月。所有绿头鸭，甚至最后换毛的孵卵母鸭也都换上了新毛，只是公鸭并没有完全换过，它的毛色要到 9 月初才能焕然一新，但这并不妨碍它的灵巧和远飞；所有的新生仔鸭都能独立活动了；它们比老鸭略小，羽毛色泽明亮；但颜色与母鸭差不多，几乎全都是灰色；只有走近观看，才能分辨出哪只是公鸭：在它们的脖颈和头部的羽毛下面已经钻出了亮闪闪的绿色，其柔和如天鹅绒，嗉囊上也露出了深红色的绒毛；尾巴上面也有如链子般硬挺的一撮羽翎，依稀能看到，尚未卷曲。到了9月中旬，幼鸭和老鸭都露出了本色，羽毛鲜艳夺目。整个8月是枪猎的最佳收获期：幼鸭还很温顺，用猎人们的话说，呆头呆脑的，车来到它们跟前都不飞走。趁它们腾飞时射击更易击中目标。此时，猎人们常常沿着小河两岸走动，仔细搜索蜿蜒曲折的河湾，看前方是否有野鸭的踪迹。在这种情况下，猎人应该藏在灌木丛中或离河岸远一点儿，以免它们看到人来而飞得太高。猎人应该事先跑到前面等候它们朝自己游过来；如果河岸陡峭，同时它们被突然出现的猎人所惊吓，便会嘎嘎叫着一齐朝上飞去，这时猎人们就会轻松地举枪将它们从空中一只只地打下来了。这时训练有素的、会潜水的猎犬或鬈毛犬正好派上用场：它不会放过一只野鸭，甚至连翅膀受轻伤的、受伤飞离原地后跌落到对岸茂密的灌木丛中的野鸭也会尽收囊中。9月，这一猎事还是很令人惬意的，因为此时母鸭已长得很肥，公鸭的毛色也愈加夺目；乍看起来，公、母鸭似乎没有多大区别，但您若向任何一名猎人询问，他都会告诉您：射猎毛色鲜艳的野禽，尤其是在它的发情期和丰腴期——这是最令人高兴的事情了。

尽管野鸭再寻常不过——因而它也是不太令人欣赏的野禽，

但我记得，秋天的这种猎事却还是给我带来了很大乐趣。此外，它还是我开始枪猎后接触的第一种野禽，作为一名热衷于狩猎的新手怎么能够按捺得住激动的心情，少年时的印象终生难忘。野鸭品种繁多，个头大小和羽毛色彩各异，某些公鸭外表美丽，到了秋天的时候又肉肥体胖，当我还很幼小的时候，便喜欢上了清晨沿着河边追猎野鸭。那时，顶着迎面扑来的寒冷空气，从池塘混浊的岸边和小河湾里把大群的野鸭轰开，然后再迫使它们三五成群地停落在布古鲁斯兰河的河湾处。在那里我得以多次满载而归；且每次都有十五六只野鸭进账，而我那装猎物的袋子最多只能装上三只。据猎人们说，被射伤的野鸭十分狡猾，此话得到证实：它甚至能在无遮无掩的开阔水面上巧妙地藏匿自己：只要还有一丝力气，它就会立即潜入水中，在水下游 15 俄丈左右（有时可达 20 俄丈），水面上只露出一张嘴和一部分脑袋，一直游到岸边，很难看得清它的去向。如果岸边草丛茂密，没有训练有素的猎犬，想要捉住受伤的野禽几乎是不可能的：它一爬上岸便消失得无影无踪。如果岸边光秃秃的或陡峭，它就会顺水流方向朝前游去，除了留一张鸭嘴在外以便能自由呼吸外，其余部分身子全都泡在水里，外面根本看不见。不过，老到的猎犬是不会让它爬上岸来的；而经验丰富的猎人也会根据水流判定鸭头露出的位置，然后瞄准它的嘴，迅速扣动扳机，打碎它的脑袋。

尽管野鸭十分贪食（这我在前面已经讲过），但它们只有在

8月份才最长膘，因为此时不论成鸭还是老鸭都像大病初愈一样，需要补充更多的饮食以恢复体力。8月里，在它们的通常食料中又增添了最有营养又最美味可口的食物——庄稼。如果庄稼地离成鸭发育和老鸭换毛的地方较近，就会受到它们的不断光顾：它们先是蹚出一条宽道，随后成群结队的野鸭自天而降。那时，这些地里种植的荞麦、稗黍、豌豆、燕麦的主人们可就遭殃了！野鸭同大雁一样，喜食不带茎秆的籽粒，但当没有现成的籽粒时，带茎秆的庄稼它们也不拒绝食用，它们甚至会撕开刚割完的黑麦的麦垛；禾捆运走后，它们仍一如既往地飞到庄稼地来，觅食撒落的谷粒和麦穗，一直要持续到迁飞为止（一般要到11月）。在这段时间，除了使用已有的方法对付它们外，还可在它们往返于庄稼地的中途进行阻击。

10月，野鸭开始成群结队，此时已经很难猎获它们了。白昼它们聚集在池塘和湖泊里。水面覆盖着一层灰压压的野鸭。这使我想起一个年轻猎人给我寄来的一首诗，其中生动地描写了这种场景：

池中湖面野鸭满，
水面尽罩鸭羽颜。
摆身涌起重重浪，
水下波谷阵阵显。

这时无论是乘车还是徒步，想要悄悄地潜到这大群的野鸭跟前都非常困难，因为它们总是停歇在开阔的水面上或光秃的缓坡堤岸上。由于野鸭群太大，数量极多，它们此时很难像从前那样自在地蹲在那里。我便以此为有利条件，几乎是在整个10月里，都采用如下方法来打野鸭：我不断地从宽阔的池塘一方朝鸭群放枪，不让它们落下脚来，它们兜了几个圈子后，重又歇在池塘中央。野鸭忽上忽下，沿着河面盘旋，但是由于习惯了自己惯常落脚的地方，所以无论如何也不愿意离开那里，现在它们在枪击之下只能分作几个小群，沿着河面分散排开。我安排一个猎手在池塘边不停地朝返回的鸭群射击。当然，这种射击并不会对鸭群有什么杀伤性，目的是让鸭群落在河湾处。我趁此机会沿着河岸，连丝毫走步的声响都不发出来，直奔那歇有鸭群的河湾处。就这样，我常常能枪猎到十几只又大又肥的绿头鸭，而且大部分是公鸭，因为如果有选择余地的话，我都是尽量打公鸭。不过，我想提示的是，在这种情形中，切勿匆忙行事，就是说，不要去射击那些在远处飞行的野鸭。被驱散的鸭群沿着河道分离开，而且即使飞起来也不会离原处太远，通常向先前飞到的一批野鸭跟前去，离猎人稍远一些的地方。根据其飞行高度的远近不同来采用3号至5号霰弹；飞得越远的野鸭就越需要使用更大型号的霰弹来打。我常用的是较小型的猎鸭4号霰弹。然而，是否奏效，还取决于地势特点：一、附近应该没有大的池塘和湖泊，使鸭群没有很大的转移空间，而无法分散开来；二、河水最好不是在慢坡岸边流动，岸上应是长着灌木丛，以便猎人可以藏匿其中而不致在很远的地方就被发现，否则，野鸭是绝不会把猎人放入射击圈内的。

人们也常常使用“诱饵”来枪猎绿头鸭，尤其是枪猎公鸭的时候。当母鸭开始躲避公鸭的时候，公鸭会被猎人伪装的母鸭叫声引得急不可耐地飞过来。还有一种可以枪猎到野公鸭的做法是：在春季迁徙时期，弄来一只野母鸭或一只经过训练的、毛色与其相似的家母鸭，将一个小箍套在它的脖颈上，拴上一根绳，系在一根插在水洼中央的小木桩上，绳扣同木桩保持一段距离，以便诱鸭在四周活动；猎人躲在不远处特意搭建的窝棚里：诱鸭由于寂寞和天性，不停地扯直了嗓子大声叫，野公鸭，甚至野母鸭都被引过来，待在它身边的水面上，而恰恰落到了猎人的枪口下。对于这种方法我有些不忍心。有时猎人们还在这种诱鸭旁安置小套子，更确切地说，是用绳把小套子系在木桩上，以此来捕捉野鸭。在奥伦堡省，现在，或者至少以前曾经使用过挂网捕捉野鸭的方法——就像对付大雁那样，因为野鸭也同样有一条往返田间的固定空中通路。鹰和隼也常常被用来捕捉野鸭：前者常常不是空手而返，就是收获甚微，用隼的方法却是比其他方法都要收获可观的狩猎方式，只是好像这种方法在俄罗斯如今已经完全绝迹了。只有奥伦堡省的巴什基尔人至今仍在饲养猎隼，但训练得已经没有那么娴熟，没有以往那样“冲高”冲得人们甚至都目不暇接，也没有以往那闪电般的扑击猎物的速度了。巴什基尔人的猎隼几乎养成了只能在追逐中逮捕野鸭的习惯。

在6月和7月里，野鸭很瘦，肉质相当干硬，但却很有营养。成鸭肉质柔嫩，很多人都觉得它味道鲜美，特别是用酸奶浸透在油锅里煎炸更佳；但我却不喜欢吃野鸭肉。秋季的绿头鸭长得又肥又大，尤其是去年孵出的那种，其肉具有一种特殊的香味：既柔软脆嫩，又水灵多汁，真可谓野味十足，家养的鸭肉永远也赶不上它的味道。应该承认，无论是什么品种的野鸭都会不时地散发着鱼腥味，这种味道来自河里的各种小鱼，而野鸭则常常以吞食它们为生；野鸭是在其他饲料不足时才不得已以小鱼为食的，但绿头鸭的肉却几乎从来都没有鱼腥味。

关于绿头鸭我叙述得已经十分详尽了。下面我在描述其他的野鸭时，将只讲那些不同的特征。但是由于这种不以食鱼为主的野鸭互相之间在天然习性、生活方式和饮食等各方面几乎都相同，所以我不得不有所重复。

2. 针尾鸭

针尾鸭比绿头鸭小，体形也与绿头鸭完全不同。它身体更细而狭长；脖颈也细长得多，鸭尾则长得更特别了，特别是公鸭的鸭尾。母鸭全身呈浅灰色，上面覆盖着一层细小的斑点；翅膀上、沿着导向翎方向除了几条灰绿色的闪着光泽的条纹；它的腹部为乳白色。公鸭相当美丽：一张不大的嘴，几乎是全黑色；整个头部，甚至在枕骨下一指处，都是咖啡色；自头部向下，在脖颈上方有一长条异色毛，开始是黑色，然后是花纹色，灰蓝色，在它正对着翅膀的地方与背部的同样颜色相交。脖颈的其余部分，嗉囊和尾骶骨——全都是洁白色。从脖颈的下部，顺着两颊，沿着咖啡色毛的底边有两道弯曲的条纹直达耳边；背部呈浅灰色或灰色中夹杂花色；翅膀上横过几道浅绿和咖啡色的金色条纹，上边则是一圈明亮的咖啡色，下边是一圈白色细丝状的羽毛。从背部至尾部是长长的黑色羽翎，边上缀有浅白色的长绒毛；其中有些羽翎生有竖白条纹：总之，黑白色相间，非常美丽。翅膀的上半部分呈深灰色，下半部分为浅灰色；尾翎的上半部分也是这种颜色；其中有两根颜色更深，约 4 俄寸长，它们一根叠在另一根上面，坚硬，就像编织针或锥子一样直直地向上翘着。毫无疑问，针尾鸭因此而得名。尾部下面的羽毛接近黑色，爪子也是黑色，但比鸭嘴颜色浅。春季，针尾鸭比绿头鸭飞来得迟一些，刚飞到时都成群结队出行。它们飞得比绿头鸭敏捷；翅膀扇动时常会带出呼啸声，这是由于它们的翅膀构造特殊：虽不很宽，但却相当长。在野鸭开始配对的时节，针尾鸭比其他鸭都更难得遇见；也很难了解它们筑巢和育雏的情况，因而猎人们大都把针尾鸭看得比绿头鸭更珍贵。秋天我从未能接近观察大群针尾鸭，但有时可以根据它们高飞的样子和扇动翅膀的呼啸声以及它们有时发出的类似野雁那低沉的叫声来准确地判断它们的位置。针尾鸭总是在高空中飞行。我很少见到它们在河边分散地停留。可以大致地说：猎人所能枪猎到的针尾鸭不及整个绿头鸭数目的十分之一。这未免有些费解，因为春季迁徙时它们可是大群飞来的啊！此外，针尾鸭除了蛋形比绿头鸭的略狭和略长些，其余所有特征几乎与其他野鸭无异，因此枪猎它们的方法也可以如法炮制。

尽管我猎到的针尾鸭比其他野鸭要少得多，但我却经历过一件特别值得一提的怪事：有一次，我让车夫赶车跟在我后面，我自己则沿着别尔里河朝下游走去，从一个小池塘奔向比它低3俄里左右的另一个更宽大的池塘。这时，只见7只大针尾鸭高高飞到我的头顶上空，我急忙举起双筒猎枪射出一排子弹，但没有一只鸭对此有所反应。几分钟后，车夫朝我喊道：那群野鸭又飞回来啦！果真如此：一定有什么情况使它们无法在我身后那个小池塘着落，它们才朝这个大池塘飞来。它们飞得很高，用枪打实在难以够得上。我目送着它们，一边继续沿着河岸往下走。突然，车夫又大声地告诉我，那7只野鸭在向我飞过来，他还补充说："看来，它们在大池塘那边也落不下脚。"我俩抬头望去，只见那些野鸭比刚才飞得更高。突然，其中一只在空中直打转，然后飞快地坠落了下来，就跌在离我不远的地方。这是一只公针尾鸭，右侧肩骨已断成两截……这确实令人惊讶，但这却是千真万确的事情。一只野鸭若是在其他部位受伤，还能飞行一段，而翅膀被击断后能飞行这么久，这却是难以想象的事情。这毫无疑问就是我开枪打过的那群野鸭：我的眼疾手快的车夫一直在关注着它们。对这件怪事的成因只能做如下解释：子弹击中了公鸭翅膀的第二关节，穿过肩骨，也就是在翅膀骨里穿出了一条缝，后来在该鸭不断用力扇动翅膀的作用下，又横着发生了骨折，无法再飞，终于坠落下来。我知道，一定有很多人不满意这种说法，可是又不可能有其他推论。此外，这也可以说是令人难以预料的巧合：这群野鸭在两次来回飞行后，到第三次飞临我的头顶上空时，那只伤鸭才坠落下来，几乎就掉在我的脚边。

3. 灰鸭

这个名称看起来缺乏个性，因为几乎所有雌性野鸭的毛色都是灰的，或者更确切地说，都是灰花色的。不过，作为一个种类来说，灰鸭还是名副其实的，因为它的确比所有母鸭的颜色都更灰，甚至连公鸭也没有什么杂色毛。作为一种极具特色的颜色，灰色甚至在俄罗斯歌谣中也有其一席位置，你听：

我漫步在大街上，
在那条灰蒙蒙的大街上……

灰鸭的最大特点是，公鸭身上的杂色斑点稀少，色泽稍浅。而且，无论公鸭还是母鸭，在一侧翅膀上都有一条白色横纹，不过公鸭的那条横纹中与一道狭长的金光闪烁的红褐色花边交叉。人们有时也把灰鸭叫作半拉绿头鸭，但这一名称并不完全合理，因为它们的个头并不比绿头鸭小一半，而只是稍微小一点儿。灰鸭同其他种类的野鸭相比，除了我刚才所说的之外，并无独特之处，就是说，公鸭和母鸭几乎没什么区别，其他野鸭的色泽都要比灰鸭的鲜亮。总之，灰鸭平常之极，猎人们遇见它的次数要比针尾鸭多得多。不过，就我个人来说，春季迁徙期间没有看见过它们成群结队，秋季飞返时也见得不多。这种矛盾现象很难一下说清楚。尽管这种鸭外形不漂亮，更确切地说，羽毛色泽平淡，灰不溜秋的，不引人注目，但猎人们却只把它放在绿头鸭和针尾鸭之后，而放在其他所有野鸭之上，因为它个头相当大，肉多且肥，而且身上的鱼腥味较少。

许多猎人告诉过我说，灰鸭有色彩相近但个头大小不同的两个品种，起先我同意这一说法，因为我的确在这一点上发现了这个显著的差别。但后来我发现，这个问题主要是由它们的年龄大小不同而起。然而，依旧有一些令人疑惑不解之处，我建议还是把它留给经验更丰富的猎人来解决吧。

4. 赤颈鸭

猎人们为什么常常这样叫，我不得而知。老百姓把它叫作红头鸭或白肚皮鸭，因为公鸭的头和半个脖颈呈红褐色，公鸭和母鸭的尾骨或小腹部分都很白，并在阳光下发出白光。此鸭比绿头鸭和针尾鸭稍微小一些，比灰鸭短一些，体形圆而坚实。它的飞行速度很快，翅膀频繁而又剧烈地扇动，这都显示出它体质的强健状态。公鸭很漂亮：它的羽毛色彩斑斓；在它的头部，紧挨眼睛的上方，有一道白线；头的其余部分和半个脖颈呈红褐色；接着是灰色条纹，这些条纹会倏忽间消失，变成鲜艳的灰红色，罩着整个嗉囊；腹部呈白色，背部横过一道又一道的美丽条纹；翅膀上，有一条又宽又长的洁白的横道穿过肩部，末端镶嵌着黑天鹅绒般的毛边，下面还有一道闪着绿光的条纹，环绕在黑天鹅绒般的羽毛色条之中；尾羽短，呈锥状，相当坚挺；黑色的嘴和腿都不大。导向翎为亮咖啡色。母鸭与其相反，除腹部为白色外，全身其余部分均为黑色，乍看起来很像潜鸭。人们不必怀疑它怎么竟会与长相迥然有别、英俊潇洒的公鸭为伴侣的。早春时节，赤颈鸭结大群飞来。可以根据以下特点来判断它们的到来：它们飞得高又快，同时还发出一种特殊的嗞嗞叫声，它们的“嗞嗞鸭”名称也就是因此而来的。呼啸声也就是由于它们那飞快的速度和那嗞嗞的叫声相混合而造成的。前面讲到的那三种野鸭到田间觅食都是成群结伙的，而我却从未见到过其中有赤颈鸭。在这里我要补充一句：除了潜鸭之外，赤颈鸭也常常散发出鱼腥味。可以推论，这是由于赤颈鸭不像绿头鸭、针尾鸭和灰鸭那样以吃粮食为生，而是经常捕捉小鱼为主食的缘故。每逢秋日临近，所有水域地带里繁殖出来的鱼子都逐渐长大，如燕麦一般漂游在水中。此外，赤颈鸭同其他许多品种的野鸭一样，尽管不以粮食为主食，而且也比不上绿头鸭那么肥硕，但到了秋日，赤颈鸭也会长得很肥美。除了春季迁徙时结大群而来的这一特点之外，赤颈鸭并无其他特别之处，一年当中猎人们难得遇见几回。也许正是难得一见，又由于该公鸭毛色异常鲜艳、滚圆多肉、体质矫健，猎人们因此就比对那三种野鸭更珍惜。我承认，每当我有幸将红脑袋瓜、白肚皮的赤颈鸭往猎物袋塞的时候，我总是欣喜不已。

5. 琵嘴鸭

琵嘴鸭又叫骗子鸭。毫无疑问，第一个名字的确很符合这个野鸭品种的特性：它的嘴末端特别宽扁，就像一根圆头桨；而第二个名字却不知来自何处。这种野鸭羽毛浓厚，但同上述几个品种相比，其羽毛还是相对较少，体形亦较为瘦小。而且该野鸭皮肉松软、干瘦，乍看上去还似乎像一只野鸭，可拿到手里一掂，简直就是皮包骨头。我和其他一些猎人都经常能看到这种野鸭，可是却从未看到身宽体胖的。母鸭全身呈灰花色，浅黄色的底边上洒满了一层褐色大斑点。导向翎上一道蓝色条纹闪着幽光。可以说，公鸭生得相当好看：全身色彩斑斓，上腹部呈深红色，脖颈上有一道白圈，背部和翅膀为暗蓝色，下腹部为浅灰色；不过，其他部分比公赤颈鸭就逊色多了。无论是春季还是夏季，琵嘴鸭无论是飞来还是飞走，都见不到它们成群结队，所能遇见的也不过是成双或单只的：这种奇怪的现象在灰鸭中也存在。猎人们大多不太喜欢它们。

一般说来，野鸭都经不起枪击，琵嘴鸭就更是如此。尽管如此，我却碰到过一件怪事。在离我住处 10 俄里左右有一个池塘，在渐渐变浅的湖底上常常聚集着很多野禽，但人要在那里行走却相当困难。但是，这却没有挡住我，我照常前往。有一次，在高高的芦苇丛中，肩负着满满一猎物袋的小野禽，我蹚着没膝的泥浆前进，突然看见一对琵嘴鸭朝我径直低飞过来，它们飞行的高度几乎与我的身高差不多。我用猎鹬小霰弹迎头射过去，一举射中这两只鸭：一公一母。我不想让它们压坏了里面的田鹬和姬鸭等小野禽，于是就把它们掖在腰外边的皮带上，为了不致摔下，我还把皮带束得更紧一些。然后，我又蹚了一个多小时。最后，我回到马车旁，把所有的野禽都扔进了车上的大皮箱里，最先抛进去的就是那两只琵嘴鸭。我没有很快返家：途中，在行驶的车上又枪猎了许多其他野禽，把那只大皮箱塞得满满的。回家后，从车里把各种猎物都往门阶上放，到了箱底时，那只琵嘴鸭突然飞了出去，好像根本没受伤，很快便飞得影踪全无！……本来，因脑袋受震、昏迷而跌落后被擒的野禽，歇过气来又飞走，这本不少见，但令人惊讶的是，这只鸭的脑袋被我紧紧地掖在腰带里那么久，竟然没有被勒死？……它又如何能在箱底被一群死禽重压着而不窒息？

震伤与其他伤害不同，或者更准确地说，因为是内伤，有致命的影响，但这种伤禽，所谓一鼓作气之下，有时或许也能飞行很长一段时间，然后才会猝死；我多次遇到过类似的事例，现在我就来讲其中的一件。当时，有两只水鸭正从平坦的河岸边朝猎枪打不到的宽阔的池塘中央游去，那里原本就有一大群水鸭在游动着。我从马车上对着它俩开了一枪，并打中了其中的一只。猎犬从水中把猎物叼过来给了我。应声飞起的鸭群在空中兜了一圈，又返回到湖中央。我装上子弹，站在岸边，等待着鹬鸟或野鸭再朝着我飞过来。突然，整个潜鸭群像是受到什么惊吓了似的，呼的一下腾空飞了起来，很快飞走了。这时，我见有一只水鸭在水面挣扎不已，已濒于死亡。我放出猎犬，它很快把那只已经死了的水鸭叼了过来。只见这只死鸭浑身是血，血是从正对着心的伤口一侧流出来的。这足以说明，受到致命伤的禽鸟还能够飞行。可是，这种令人奇怪的事有多少啊！这只鸭受伤的地点离我至少有 90 到 100 步远，是被从水上反弹的 4 号霰弹击伤的（我射那两只水鸭要比这只近一倍）。它如同一只未受伤的野鸭一样，跟其他野鸭一起飞走，飞了很远一段路后又转了回来，重新落在原来的水面上，最后在我的眼前死去。由此可以得出结论：有多少受伤的野禽因没有被猎人发现而白白丢失了啊！

6. 潜鸭

潜鸭是一种个头不大，但结实、匀称、多肉的野鸭。这个名称可以说是恰如其分，虽然，老实说，潜鸟并不比它逊色，而鹊鸭在潜水达到技巧和能力上要超过它。潜鸭羽毛是杂花的，更确切地说，是花斑色；花斑色颜色单调，带有丧服特点——黑加白。公鸭比母鸭花哨一些，因而好看一些。它们飞行速度快，翅膀不停地扇动，发出一种特别声响，这种声音不是单一的呼啸声，而是某种难以用语言来描绘的带颤音的呼啸声。在小鸨的飞行中有时也会听到这种声音。猎人们很熟悉这种声音。潜鸭看到人时，并不立即从水面上飞起，而是飞快地潜入宽阔的水面下，躲到猎枪能射击到的距离之外。否则，潜鸭就不得不顺流而下，在水下更加迅疾地潜行，猎人如果想要抓住它，就必须开足马力，穷追猛打才行。要是最后猎人首先跑到河湾处，突然出现在刚钻出水面的潜鸭跟前，潜鸭就会立即腾空飞起。当然，它要飞离并不容易：先是得用翅膀中部拍打水面向前滑行，然后才能飞起来。一旦离开水面，它才能飞得既快又高。潜鸭春季来得比其他野鸭都要早。每年3月末，奥伦堡省常常还是隆冬景象：除了积雪上面亮着一层耀眼的冰层外，没有一丝春天到来的迹象！……突然间，猎人们听到从高空中，从云层下面传来一种独特的带有颤音的咝咝声。猎人听了一会儿后就能辨别出：这是大群潜鸭因剧烈扇动翅膀而发出的音响。仔细眺望，视力敏捷的人会看到这群飞禽如同白云或灰云一般飞快地游动着。这混乱的声响意味着野禽的迁徙已经开始，春天即将来临。经过令人感到厌倦的漫长冬日，如今得闻潜鸭飞临的鸣叫，猎人心中的喜悦心情实在难以用语言来表达……但在奥伦堡省，冬季有时会延续很长时间，比如说，1807年4月1日这天，日出前的气温就达摄氏零下20度！简直无可辩驳，不必赘述了。虽然已是4月，但这种情况确实无疑，在我的狩猎日记中有案可查。我不知道其他猎人是什么情况，反正我每次发现潜鸭时，心情都极其兴奋；为了感激它们的到来，并表达自己当时的欣喜心情，我总是怀着一种珍爱的心情去捕猎这些野禽的…… 感激也好，珍爱也好，这些话本不该由猎人来说的。不过，我们这里有自己的道理：越是珍爱某种禽鸟，就越是要设法捕猎到它。

最初，大群潜鸭飞来时，并不在我们这里落下，事实上也无处可以落下；它们飞走后不久，在河湾或池塘中化冻的小土墩上才出现成双成对的潜鸭，而在大的河流上，它们会停留在已融化的水面上；到夏季到来之前，潜鸭或成双成对，或形单影只地一直沿着河流和池塘栖居。整个夏季期间，都很少能碰到潜鸭，偶尔一见的也只是公鸭；到了秋季，它们又聚成大群，准备飞返了。我从未看到过潜鸭的巢窝，但却能常常遇到它们的幼崽。然而，可以肯定地说，潜鸭不像我在前面讲的另外几种野鸭，它们不在陆地上筑巢，而像其他以食鱼为生的野鸭那样，巧妙地将巢筑在芦苇丛里或高高的苔草里面、水面上。我曾发现过两个这样的鸭巢，我将在下面适当的时候加以描述。潜鸭是最早丧失在陆地上行走能力的野鸭品种之一。它的两只脚爪生长的位置紧靠尾部、从臀部伸出，如同两只船桨一般，可以自由自在地划水。潜鸭的这种能力还不是特别突出的，它还只能算是过渡品种。它的嘴构造平淡无奇，呈浅黑色，不算太窄，也不像其他食鱼鸭那样具白色角质状，这里不包括凤头潜鸭在内。所有野生水禽的绒毛都厚密而又细长，这样它就使得一滴水也浸湿不到皮肤上，而那些注定一生都要在水上生活的食鱼野鸭，从潜鸭到鹊鸭，它们的绒毛都特别厚密（尤其是鹊鸭）。潜鸭总是待在水面上：它从早到晚捕捉着各种小鱼，甚至把各种水生蛆虫也照单尽收囊中。

母鸭和那些动作乖巧的雏鸭已经习惯在芦苇丛里栖息，很难再把它们赶到开阔的水面上去。潜鸭总是吃得大腹便便，到了秋天它们会变得很肥；它的肉本来就多汁、柔软和可口，只是散发着强烈的鱼腥味。不过，有不少人倒不厌恶这种气味，他们认为潜鸭依然可以算作一种佳肴：只要剥掉潜鸭皮，去尽内脏，涮洗干净，用盐水浸泡两小时左右，然后用油煎炸，其鱼腥味就会大大减少，食欲旺盛的人吃起来肯定津津有味。潜鸭毛厚皮坚，枪猎要使用大型霰弹——不能小于4号。

有一种潜鸭比水鸭还要小，而另一种潜鸭则个头较大；红脑袋，浅灰色的宽嘴巴，杏色宽脚爪。然而，这两种类型的潜鸭我都无缘一睹风采。

7. 鹊鸭

无论是从表面特征来说，还是以其内在特征而言，“鹊鸭”这一名称本身都常常在民间被引用。当说某人：嘿，这个鹊鸭！……或者说：看哪，鹊鸭发表演说了……无论哪一个俄罗斯人都会立即明白其含义，尽管这种野禽几乎连路都不会走，更不用说做什么演说了。这个比喻是从鹊鸭（潜鸟也一样）总是挺直脖颈和高昂着头的特征而来的，用来形容具有与鹊鸭相似习性的人，他们举止豪放、精明强干甚至态度自负。稍具一点儿眼力的人就可以发现鹊鸭的踪迹：在湖泊和池塘游动的大群野鸭当中，那像棒子一样高耸着脖颈的便是潜鸟和鹊鸭。而后者更显眼，因为它进水的身子部分比其他野鸭要深，脖颈好像是直接从水里面伸出来的一样。作为具有最突出特征的最后一种食鱼野鸭，鹊鸭的饲料就只有小鱼一种：鹊鸭比潜鸟小，相当于中型野鸭（如琵嘴鸭或白肚皮鸭），但躯干略长，形状如一叶精致的独木扁舟：羽毛为瓦蓝色，接近蔚蓝色，泛着金光；双脚从臀部向外伸出，爪子是浅绿色，趾蹼特别扁平。鹊鸭几乎失去了行走的能力，从水中腾飞也较为吃力：比潜鸟更懒于动弹。我几乎在自己的一生中都无缘得见飞行中的鹊鸭。它的嘴窄而圆，与普通野鸭几乎没有什么相同之处：它的上部末端向下弯曲；头不大，但还匀称；脖颈长，但没有潜鸟的长，而且也不总是呈挺直状；相反，当感觉有人接近时，它会灵活地来回转动寻找，直到看见来者为止；一旦发现有什么不祥之兆，就会急忙使出自己的本能：潜入水中，只露一小条脊背和小棒一般的脖颈以及那紧盯着危险目标的极其锐利的红色眼睛在水面上。鹊鸭的这种警惕状态实在令人惊讶！无论你怎么小心地盯着它看，你还是发现不了它在什么时候、在什么地方逃脱的！同样，也难以估算出它钻出水面的时间和地点……它的潜藏速度就是这样迅疾。甚至“潜水”这个动词都很难以表达鹊鸭的潜水功夫——那简直就是转瞬即逝！有这么一件事情足以说明潜鸭惊人的逃跑本领：当你用燧石猎枪向它射击，几乎没有一次能够中的。当燧石撞击火镰，迸出钢火花，燃起药池里的火药，也就是在一秒钟之内的事情，可是水面上鹊鸭的脖颈和脊背已经无影无踪了，霰弹打空了，只打到一个由鹊鸭钻进水中翻腾起来的一个小水圈。唯有神速的潜逃本领使得我们当年的年轻猎人们感到鹊鸭与众不同（也许现在依然会是这样），因为鹊鸭肉是最难吃的一种野鸭肉；虽然它有一身好绒毛，但是猎人也不愿仅为此而劳心费力。以下一些事情总是能够激发猎人的自尊心：当发现野鸭闯入射击圈，眼见着就会被射中，相信自己动作敏捷、射击准确，以及深信心爱的猎枪不会落空，希望自己能在同行们面前露一手，或者出师不利、难以获得什么成果，等等，——上述的一切都是把猎手们聚集在鹊鸭游动的小池塘或湖泊旁的原因。直至今日，我们都还记得自己年轻时的那些场面：大喊大叫、嘻嘻哈哈、急躁不安、来回奔跑、胡乱开枪却一无所获！在很多情况下，我们都是弹尽粮绝，却连一只鹊鸭也没有打到，在返回的路上我们便互相嘲笑对方的一无所获。但是有时也会铁杵磨成针，当然也只是在一种情况之下，那就是当它们每一只都上上下下不停地出没的时候，才有可能在水面上弄到一只鹊鸭，有时候还是两只。可怜的鹊鸭因拼命潜水，最后精疲力竭，无力支撑下沉的身体，只得更多地钻出水面，再慢慢地下沉，于是某个猎人便有幸能一举中的了。综上所述，似乎应该做个结论了，那就是，鹊鸭已丧失飞行能力了。但据某些可靠的猎人告诉我，说他们曾经亲眼见到在高空中飞行的鹊鸭。不过，它们春季是怎么迁来这里的呢？尽管我们并没有能看见过它们迁徙的情景，但是它们当然是从别处飞过来的：每年 5 月初它们都会突然出现在池塘和湖泊里，并总是少量出现的。至于为什么被猎人们包围的鹊鸭听到射击声却不腾飞，那毫无疑问，是因为它本能地觉得腾身而起具有更大的危险性。事实上也的确如此：一旦它从水面起飞，立即就被数发枪弹齐射而必遭厄运。如果猎人从某个掩蔽物后面偷偷挪近，就会很容易打到鹊鸭。因为没有发觉猎人的时候，鹊鸭在水面上自由自在地游水，脖颈弯曲着，眼睛在水下搜寻小鱼，这时射击它就像对付普通鸭子那么容易了。

我曾尝试用对付在浅水处直立的鱼的方法来射击鹊鸭。首先应该设想好霰弹的入射角，不是直接瞄准鱼，不是略高一些就是略低一些。必须根据猎人所在岸边的高度及其射击目标的距离来测定同霰弹的入射角相等的反射角角度。如果岸面平坦，距离不太近，当入射角为锐角，那么霰弹就会朝上反弹。显而易见，在这种情况下，应该就低或就近瞄准目标——站立的鱼；如果岸高，霰弹的入射角为钝角，那么霰弹在水中会朝着目标下方而去，所以应该稍高于目标或在稍远处瞄准目标。我发现，鹊鸭先是直接往深处潜，而不是像其他野鸭那样往旁侧或向前游，然后鹊鸭又朝它想逃跑的方向转过去游。我便瞄准朝着深处潜下去的鹊鸭射去，结果却打空了。它由于动作快捷而得救了。鹊鸭锐利的视力和灵敏的听力是惊人的：它可以在背向猎人的情况之下，无须环顾就能看到猎人的动作并能清晰地听到燧石撞击火镰的声音。我多次想过这个问题：鹊鸭的眼睛是否构造特殊呢？但从外表看不出任何异常的构造之处。我曾想，如果使用有火帽的猎枪一定会更有效，因为它打火时不会产生火星，没有火药的爆破闪光，而且射击速度也比较快。我没有能够运用实际操作来验证这种想法，但后来听人说，我的想法在别人的实际运用中得到了完全的证实。

我没有看见过鹊鸭巢，但毫无疑问的是，像潜鸟、白骨顶以及其他一些食鱼野鸭一样，鹊鸭肯定也是把巢建在水上的芦苇丛里的，因为鹊鸭比其他野鸭更缺乏行走的能力。鹊鸭雏我经常能遇到，有一次我还看见过一只母鹊鸭背上驮着好几只全身灰蓝色的鸭雏，而且还游得非常快。此前我也曾经多次听到猎人们说起这类事，但我一直不完全相信。我不禁要问：别的野鸭为什么就不这么做呢？为什么只有鹊鸭必须具备这一能力，而其雏崽又怎么会比其他野鸭雏更灵巧的呢？

有必要给以上所说的内容补充几句：人们所看到的鹊鸭不仅数目不多，而且也不是到处都能看到的，它只存在于相当深的水域以及有鱼的地方，此外我也没有发现公、母鹊鸭在毛色上有什么不同之处。秋季它们很早就消失了。鹊鸭肉散发着令人难以忍受的鱼腥味，吃起来苦涩而又令人腻烦。我从未见到过肥胖的鹊鸭。

最后我想重复说明的是：我这里所描绘的鹊鸭是具有独特性的真正的鹊鸭，而通常被称作各种大小不一的鹊鸭品种，实际上却是潜鸟。

白骨顶或骨顶鸡（水鸡）

野鸭部分就以鹊鸭为结束。白骨顶，或称骨顶鸡，其躯体结构（特别是脖颈和头部）殊异，生有微白色的尖尖的鸡嘴，游水姿势不平稳，潜水笨拙，所以尽管它也经常在浅水中栖息，但还是不同于野鸭，因此称它为水鸡更合理。它的白骨顶名字来由，是因为它的额上好像牢牢地贴上了一块光滑的白壳，好像一粒巨大的剥了皮的扁桃仁，头部从远处望去像是个秃顶。这个类似骨质的白壳实际上是被一块坚硬的贝壳状的皮肤覆盖着的肉疣。白骨顶无论雄性或雌性，都毫无例外，都生有这种在阳光下闪闪发光的白壳（我没有发现雌雄二者在这方面有何差别）。从外表看，白骨顶连同羽毛一起，个头大小相当于中等野鸭，但实际上它的体重仅稍稍比水鸭大一点儿：从远处看，羽毛为黑色，而凑近看则为浅黑与灰蓝相间或烟灰色；双脚虽然也从臀部伸出（近似水鸭），但与潜鸟和鹊鸭完全不同——它的脚比其他食鱼水禽的都更有力，可用来支撑身子，甚至还能行走。白骨顶的双脚第一弯折处，在柔软的瓦蓝色羽毛下面，各有一道半指宽的黄绿色彩条；在最后一个弯折处直至爪部为浅绿色；这种颜色在所有白骨顶脚部的铅灰色中忽隐忽现；它们的脚爪如同脏贝母似的在阳光下泛出光泽。趾间的蹼较肥大，边上带有锯齿形花纹，因此，它们不能像其他野鸭那样自在地游泳。它们的整个脚面上纵横交错着规则的白色细道道（呈小方块状的和锯齿形的）；爪的底部为深铅灰色；尾羽短，呈黑色。应该指出的是，只有脚的构造使白骨顶有幸跻身于食鱼野鸭行列，除了也经常在水中逗留外，在其他方面，它与野鸭几乎没有相似之处。白骨顶的飞行能力较差，只在不得已的情况下才腾空而起：当发现危险时，它们一边发出一种特别的叫声，一边急急地藏到芦苇丛里，有时甚至还奔跑着，但并不离开水域，跑动时像鸭雏一样用翅膀拍打着水；当它们打算腾身飞起，也是这样先拍打水，直到最后离开水面展翅飞走。此野禽春天来得相当晚，而秋天又消失得很早，但我未曾亲眼看见过它们的迁徙和飞返。白骨顶的经常栖息处是静水、芦苇丛生的池塘和湖泊；它们喜欢停留在浅水水域，甚至紧靠岸边，因为它们的食物主要是昆虫、水草以及水藻之类，而且必须立足水底才能觅食这些东西。此外，它们也食鱼。一旦吞食了小鱼，身上就会散发出鱼腥味，只是比其他食鱼野鸭要少得多。秋季将至之际，白骨顶开始长膘，要是没有鱼腥味的话，它的肉味道还是不错的；然而，如能剥掉皮，再煎炸一下的话，就可以大大减少鱼腥味。

我曾经谈到过，有一次我找到了一个潜鸟的漂浮巢，我发现白骨顶巢也是这种构造。这种巢筑建在水面上相当高的部位，很少会有水入侵。白骨顶围绕着巢游来转去。巢是用干燥的苔草和一种特殊的又软又厚，同时也是干燥的芦苇编织而成的。巢的一边是白骨顶经常出入的地方，被压得比别处要低些。巢底和巢的四壁从下至上涂上了一层白骨顶自身的粪便，抹得十分光滑、别致而又牢固，如同刷上了砂浆一般[①]：巢底是母禽从自己尾部叼下来的黑色羽毛和浅黑色的绒毛铺成的，上面排布着9个蛋（略小于家鸡蛋），表皮呈深灰蓝略带浅绿色，闪闪发光，上面缀着星星点点的白斑，煞是好看。显然，这巢也是被用那种粪便粘在芦苇上的，因为有两根折断秆的芦苇梢和一根支离出来的（或是根部腐烂了的）芦苇仍然牢牢附在巢边，随着巢在水上摇动不已。由此可见，只要巢不从芦苇上脱落下来，水是绝对渗不进去的。当时我把那些禽蛋收罗一空，并为自己这意外的收获而兴奋不已。然后我又谨慎地拿下那个巢，放进小船里，急忙乘船回家了：那只白骨顶叫着，更确切地说，如泣如诉地叫着，随同我穿过整个池塘，几乎一直跟到了磨坊的大门口。

白骨顶雏崽几乎通身覆盖着一层黑色绒毛。母白骨顶并不像非食鱼类的、善良的野鸭那样强烈、那样不顾一切地袒护自己的子嗣：当它把雏崽藏好后，并不迎着猎人奔去，舍身将猎人从附近引开，而是同子雏们一同藏起来，并认为这样做很明智。

在没有特殊原因的情况下，猎人很少枪猎白骨顶，因而它们还是很容易驯服的；其肉并不味美，羽绒也不如其他食鱼类野鸭那般长而密。不过，它们也不那么需要羽毛，因为它们长时间坐着，甚至沿着池塘或湖泊的平坦岸边走动，并非不停地在

---

① 这种涂料或称砂浆正是白骨顶的粪便——只要把它同落在巢顶上的新鲜禽粪相互对照一下，是不难分辨清楚的。——原注

水中游动。楚瓦什、莫尔多瓦和鞑靼人喜食白骨顶，每次他们打到这种野禽，我也常会有幸尝到他们送来的美味。在我住过的奥伦堡省的一些地方，白骨顶繁衍频繁，它们几乎成了池塘不可缺少的附属物。若是走进或乘车接近芦苇塘，看不到那里有急遽地朝各个方向摆动的黑塔头墩子（白骨顶从远处看上就是这个样子），听不到它们忧郁的低声哼叫，那倒是一件怪事：那会被认为有煞风景。

草 原

在谈草原上的野禽之前，我认为有必要先向各位介绍一下我所了解的草原。

“草原”这个词在我们这里有特别的意义。一说到草原，人们就会自然地联想到平坦、开阔、干旱的场景。的确，很多草原就是这个样子。但是，在奥伦堡省的乌费姆县、斯捷尔里塔玛县、别列别耶夫县、布古里尼县、布古鲁斯兰县和布祖鲁县的草原却完全不是您所想象的那个样子。这里的地形大多高低起伏，有的地方还长有相当多的树木，甚至还有河流、湖泊和沟谷相互交错的丘陵。这里到处都是没有开垦过的荒芜土地，这些土地时而连绵几百俄里，时而又很小——这就是我们这儿的草原。这些荒芜的土地，在春天到来的时候，应该是非常美丽的，因为这时各种各样的植物都吐出嫩芽，显露出勃勃生机。鲜嫩、厚软的青草覆盖住黑土地，特别是在小树林之间的谷地和平原上，更是芳草萋萋，景色旖旎。在风调雨顺的年头，草原上的草比河湾边的草长得还要壮实。但是在大山脉的山坡上小草却比较稀疏，有矮小而稀疏的特种羽茅，灰白色的山地鼠尾草，矮小的白蒿，香薄荷和欧百里香。这里的空气弥漫着野草独特的香味，没有到过这儿的人，没有在山坡上亲身感受过这儿夏夜的人，是根本不能理解这比森林里的空气还要清爽、温和、令人愉快的气味的。草原上的青草和空气的药用价值显而易见。每年春天以游牧为生的巴什基人，都要走出家门，来到草原上，由于整个冬天无处觅食，他们看起来骨瘦如柴，疲惫不堪，这时只要他们呼吸到草原上那清爽怡人的野草气息，他们的体力就会惊人地得到恢复，甚至许多被医生断言无法医救的病人也奇迹般地康复了。当然，其中，巴什基人自己酿制的马乳酒的功劳也是不可磨灭的，但是，如果母马没有吃到草原上鲜嫩的野草，没有呼吸到草原上清爽的空气和感受到草原上勃勃的生机，那马乳酒也会大大逊色的。

早春时节，草原上的冰雪还没有开始融化，随处可见的是上一年留下来的乱糟糟的枯草。这个时期，正是草原上野火蔓延的时期。这一点是符合自然规律的：只有将上一年的枯草烧光，才会长出更新鲜的青草来，但有时也有可怕的事情发生。草原上的野火发生得越早，危险也就越少，因为早些时候，林子边上还很潮湿，地势低的地方还会有水洼，林子里还有被风吹起的雪堆。等再晚些时候，草原已经干枯了，那么大火常常会导致毁灭性的灾难。野火燃烧了，只见风借火势，火借风势，很快就以惊人的速度燃尽了所到之处所有能燃烧的东西：草原上存了一冬的干草垛，小树林，甚至堆放着粮食的打谷场，有时连整个村子都烧光了。为了防止类似的悲剧发生，四五十年前，人们就想出了一个办法：事先人为地将草垛、树林、打谷场和村子周围的野草烧尽，这样就可以避免大火的发生了。我本人就曾亲眼见过村子里的男男女女手拿火把，点燃村子附近的野草。只见火焰像小溪一样雀跃着，奔跑着，蔓延开来，人们在“火路”两侧扑灭多余的火苗，让火势按人们预计的方向燃烧。春天的风本来就大，并且地上的草又非常干燥，所以要想安全地燃尽野草—— 这可是一件相当困难的事情。火苗常常无法控制，火焰蹿到田里，于是，本来是要防止火灾，可结果却导致了一场大火的发生，全村人不得不全力去灭火了。人们就是这样年复一年地烧尽熟荒地上的野草和上一年留在地里的谷茬。这样做不但给土地施了肥，而且还更方便春耕了。因为上一年留下来的谷茬密密麻麻的，比膝盖还高，耕种起来很不方便。这里我不想枉自评说村民们烧野草和谷茬的行为是否正确，我只是想向各位描述一下草原上的野火，漆黑的夜里，野火烧起来了，那场面真是壮观极了：火焰一会儿像一堵堵围墙包抄过来，一会儿又像一条条大河奔泻而来，一会儿又像一条条小溪爬向陡峭的山峦，之后跌入低谷，汇集成火海在平坦的大平原上奔流不止。伴随着这美丽、壮观的场面还有刺耳的喧嚣声、爆裂声和野鸟惊慌不安的尖叫声。好在草原从来就不曾被全部烧光过，否则就见不到野鸟了。“火水”所到之处——打谷场、小树林和积雪未完全融化的林子边上都“湿”了，连车轮轧过之处也是“湿”的，终于，“河流”停止了，火焰中断了，要是附近没有干爽的地面，真不知道这些流动的火焰要流到哪里才是尽头，也许它还要跳跃着流得很远吧！这些蹿动着的火焰在黑夜里显得非常生动活跃。火焰像奔流不息的大河，还放射着明亮的光芒。火光映射在黑暗的夜空中，天空也变得明亮了。突然，那一条条“小溪”四散开来，这就意味着火烧到土地上了，烧到潮湿的地表上了。火焰烧光了干枯的野草之后，渐渐变暗了，最后几乎快熄灭了，只是偶尔有一点点儿火星闪动。终于，黑暗又包围了整个草原…… 突然，又一个火星落到干燥的熟荒地上，于是，一瞬间，火焰又燃烧起来，又一下子将四周照得通亮，深红色的火光又映照在黑暗的天空上。

大火之后，草原和田地遍体鳞伤，一眼望去，令人感到忧伤和痛惜，但很快一片片嫩绿色的叶尖儿像小刷子一样冲破黑暗的地表露了出来。这些小叶尖破土而出后，便以极快的速度生长，只过了一个星期，地表就已经是嫩嫩的一片绿色了，再过一个星期，猛看起来，你根本想象不出这里曾经是一片火海呢！草原上的灌木丛林损失不大，因为灌木丛周围的土壤一般都是潮湿的，火焰无法触及。在这个季节，樱桃树、野生桃树和洋槐树都已经开花，散发出令人愉快的气息。野生桃树更是花团锦簇、芳香怡人：常常在徐缓的小山坡上会有大片的野生桃树生长，那粉红色的花朵连成一片，而盛开的洋槐夹杂在这粉红色的桃花中，看上去像是一条条黄色的缎带和圆环，非常好看。在更加斜缓的山坡上一大片、一大片地开满了更多的花朵，这些花朵并不鲜艳，像是一团团乳白色的雾气一样——那是野生的樱桃花。这时被大火惊飞了的鸟儿们又回到了草原上，在这一片绿色的海洋里、灿烂的花丛中和盛开的灌木丛中安下家来。鸟儿们的叫声此起彼伏：草原鸨的那种无法用语言来形容的“嚓嚓”声，长脚秧鸡的“唧唧”声，麻鹬响亮而婉转的叫声，而鹌鹑们热热闹闹的吵嘴声更是随处可见。太阳升起来了，夜露汇成甘露降临到草原上，花草的气息也更加浓烈，更加芬芳——清晨的草原呈现出一片难以言表的迷人、美丽的景致…… 万物充满生机，草原是多么新鲜、明亮、充满朝气和快乐！奥伦堡省 5 月的草原就是这个样子的。

如果夏天雨水多的话，这里的植物会一直到 7 月份还能保持着鲜嫩、翠绿的颜色，而且还非常茂盛。但是，如果 6 月份雨水少的话，那么到 6 月底的时候草就开始枯黄了。而针茅那长长的毛茸茸的叶子则渐渐地伸长了。6 月底，快到彼得节时，早春种的田间草莓就要成熟了，而到 7 月 8 日左右草莓才真正到了它的成熟期。这种外形漂亮、气味芳香、口感很好、有益健康的野果子在一些地方产量极为丰富，但在长满针茅的广阔的草原上产量却很低，而在小树林附近或是熟荒地上，只需三四年的工夫，它们就会生根发芽，连成一大片，待到草莓成熟的季节，远远望去，就像一大块红呢子，铺了整整的一地。7 月份，田间的樱桃熟了。通常人们把长樱桃树的地方叫作“樱桃园”。有时会见到好大的一片樱桃园。起初，樱桃比草莓还要鲜红，但等到樱桃成熟了，其果实的颜色会变暗，变成樱桃独有的那种暗红色。当地的俄罗斯人将草莓晒干拿出去卖或者留着斋戒的时候吃，而亚洲地区的民族则用它做成一种软果糕。如果是精选的草莓做的软果糕，那味道还会更鲜美，其中以“鞑靼草莓糕”最为有名。当地人也晒樱桃，但是大部分樱桃园还是让那些骑马来的外地人发了财：他们雇来很多人，采摘整整几十车的樱桃，榨成果汁，然后运走。他们用这种果汁酿出了上等的伏特加。但是，在人类侵吞这些果子之前，草原上的大鸨、黑琴鸡及其幼崽则早就品尝了这一美味，而且黑琴鸡会一直贪吃到果子吃光为止。这时小黑琴鸡的肉是最鲜美的。

秋天，草原发生了很大的变化，呈现出另一幅美丽的画面：毛茸茸的针茅纤维已经全部展开，阳光下跳动着晶莹的蓝灰色，一阵微风过后，针茅轻轻摆动，泛起一层层银白色的涟漪。但是，一阵大风吹过来，遍及整个草原，脆弱的针茅丛被强风吹弯了腰，露出黄色的根部。大风扯弄着、鞭打着针茅丛，针茅丛左右摇摆着，扑倒在干枯的土地上。当大风将针茅丛吹向一边的时候，放眼望去，草原变得激动不安，分让出广阔的空间，仿佛整个草原都在朝着一个方向跑动着。对于从未见过这种场面的人来说，眼前的景色最初给人的印象是新鲜而好奇的，因为任何流动的水流都不曾像眼前这针茅汇成的河流这样生动感人；但很快，这单调乏味的一切又会使人疲倦，有的人甚至还会感到头晕目眩，心里产生某种沮丧的感情。当然，草原上有的地方没有这么多的针茅丛，那么，到了晚秋时节，就会更加显得单调、死气沉沉，让人忧伤不止，但那些割过的草场除外，那里堆放着一个个圆圆的干草垛，由于雨水的浸泡，干草垛有些发黑了，就在草垛的周围会长出一棵棵幼嫩的再生草，大鸨喜欢带着小鸨成群结队地在这里飞来飞去，啄地上的嫩草吃，甚至连过路的大雁群也会停下来，津津有味地吃上一阵鲜美的嫩草。

从春到秋，巴什基尔人的游牧点成了奥伦堡省草原上独特的风景。那里总是有许多牲口和马群。牧场上的青草刚一露头，巴什基尔人就赶着自家的牲口——无论是健壮的还是体弱多病的，带上所有的家当来到草原上定居。他们会选一个宽敞的离河边和林子不太远且牧草茂盛的地方支起毡制的帐篷，然后用树枝、树条编搭成许多窝棚，最后搬进去住下。于是，荒凉的草原上有了人烟，这给草原蒙上了一层原始的意境，而这种意境却在一年年黯然失色。散放的羊群隐没在这儿的草丛里，而且山羊和绵羊也将幼崽产在草地上。远远地就可以听到羊群“咩咩”的高低起伏的叫声。牛群走来走去，“哞哞”地叫着。马群被放到牧场上，“嘶嘶”地叫着。就在这时，远处的地平线上出现了一个个小黑点儿，而且还在不停地移动着，等你一转身，在另一个方向又会出现一些小黑点——这些小黑点正是巴什基尔人头上戴的尖尖的帽子。小黑点时而在远处的地平线上闪动一阵——之后消失不见了，时而又从草丛里钻出来，而且图像越来越大，渐渐地便会清晰地看出那些骑在马上的人的整个轮廓：这些人将两条弯曲的腿紧紧地贴在尽管瘦小但却结实的善走远路的溜蹄马的肚子上——这就是巴什基尔人，他们总是悠闲地骑在马上，在熟悉的草原上逛来逛去。他们从四面八方赶来，要么悠闲地溜达着，要么到邻近的牧场做客，有时要走上一百俄里的路。他们大口大口地吃肥羊肉，直到吃得撑破肚皮，他们大碗大碗地喝马乳酒，一直喝到烂醉如泥。巴什基尔人在选定的第一个放牧点一直要待到畜群将周围的牧草全部吃光为止，然后再搬到另一处牧场去，过一阵子甚至还要换一个牧场。在选择第一个放牧点时，巴什基尔人一般习惯先找那种牧草很快就被太阳晒枯的地方，也就是找地势较高、开阔、干燥的地方住下；之后，他们会搬到谷地、小树林里去（如果有的话），到有泉水的小河沟边去，总之，是到那种地势较低、潮湿的地方去。早春时节，牧人们将产奶的母马留下，将其余的母马全都放入由种马带领的马群中，带到草原上去。种马对身边的母马非常严格，如果有哪一匹母马掉了队——种马会随时将它赶回马群里来。种马带领马群从一个牧场来到另一个牧场，找最好的牧草吃，它还带领马群去饮水，去宿营地歇脚，总之，一句话，它严格地管理着自己的马群，无论白天还是夜晚，它都不允许任何人接近马群。种马伸开马鬃和尾巴，向着草原深处高声嘶叫，它围着马群不断地奔跑，时而对接近马群的人或野兽迎面冲击，如果它臆想的那个敌人不走开的话，它便会大怒地冲上前去，用牙咬，用身子顶，用后蹄踢。它这种狂怒的情绪是无法抑制的。有一次，一头公马竟向三匹拉车的马冲去，当时我正在车上打算去打猎呢！公马咬伤了头马的脖子，闹到后来，我不得不鸣枪将它赶开……难熬的秋天来了，草原上的牧场在冷风中显得荒凉而萧条，马群没什么可吃的了。于是，种马就会带着已经怀孕的、对它忠心耿耿的母马们回到自己主人家的院子里。

但是，并不是所有的马匹冬天都关在院子里喂养，大部分巴什基尔人的马群是在草原上过冬的。村子里只留下那些出色且珍稀的、用来拉车的马匹，留下当年春天出生的小马驹和一些怀孕的母马，但这些母马也并不是整个冬天都待在家里，而只是在深冬的时候才会被赶回家里来。其余的马匹则会被放到草原上去，用蹄子扒开地上的积雪，啃食下面有些腐烂的茅草。在草原上的开阔地带和山坡上，积雪通常很少，因为那里没有树木和地势的阻挡，风很快就把雪从平坦的地面吹起来，堆积到沟谷和林子边上，在那里形成厚厚的积雪，尽管如此，这些地方的牧草也是少得可怜，可怜的马群经过一个冬天的折磨，已经变得骨瘦如柴了，只能勉强移动着脚步，很多马匹奄奄一息。如果是在冬天降雪之前，突然来了寒流，地面上结了一层薄冰的话，那么，一场雪之后，积雪盖住了地表的冰面，冰很难再融化（这种事情常常会发生），这时，马可以用蹄子扒开积雪，但却不能捣碎冰层，于是，马群就找不到吃的，就会饿死在草原上。巴什基尔人比较懒惰，常常都没有为马备足过冬的干草，不过，说真的，以前巴什基尔人养的牲口和马群的数量的确很可观，而要为这么多的牲口和马群备足干草过冬是不可能的。现在，巴什基尔人准备的干草要比从前多一倍，而牲口和马群的数量却不及从前的一半了。

终于，冬天来了。地面上落满了雪，而新雪又不断地堆积上去，草原上随处可见兔子、狐狸、狼和一些小动物的足迹——该是捕捉灰兔的时候了。如果这时突然落了一场大雪——有半俄丈那么深的话，那么野兽的爪子就会陷进松软的雪地里，这时，巴什基尔人就会动用猎狗和马匹来捕捉野兽。这样做是有原因的：对于马匹和长腿狗来说，深达半俄丈甚至更深的雪地，奔跑起来，轻而易举；而对于野兽来说，则恰恰相反，厚厚的积雪使它们半个身子几乎都陷进去，只露出耳朵，跑不了多久就会疲倦，力气渐渐耗尽，因此用马匹和猎狗追赶野兽并不是一件难事。但是，好景不长，天气稍一转暖，积雪就会因潮湿而下沉，而此时天气一旦骤冷，融化而下沉的积雪表面会立刻结成一层薄薄的冰层。大自然安排一切都是非常合理和不可抗拒的，没有这些变化又怎能称得上是冬天呢！自然界在经过这种变化之后，草原上追捕野兽的活动也就停下来了，因为地上的积雪变得硬实，能禁得住野兽在上面跑，但却禁不住人和马匹。就在这时，暴风雪来了。奥伦堡地区地势平坦，到处是平原，因此这里的暴风雪非常厉害：它从四面八方赶来席卷整个草原，肆无忌惮地发泄着，在天与地之间到处弥漫着雪的颗粒，纷纷扬扬，整个世界被笼罩在白色的黑暗里……啊，仁慈的上帝！可千万别让人类遭遇到这样的暴风雪，它是那样的残酷、可怕！

除了我们已经知道的大鸨、杓鹬、小鸨和其他一些野生动物外，草原上还生活着各种野兽和小动物，例如毛色微白的草原狐，它与森林里的红毛火狐相比，个头要小，毛质要差；还有野兔、灰兔和被猎人称为草原野兔的杂种兔，艾鼬、白鼬、伶鼬和黄鼠。在一些山岭的支脉上会看见狼群，有些地方甚至还有貛出没，而山坡上也有很多旱獭生活过的痕迹。我还记得，在村子附近，能看见许多旱獭后蹄着地，前蹄抬起，像小熊一样端坐在它们的洞穴旁，嘴里发出很响亮的呼哨声，并且彼此呼应着。后来，随着村子居民的增多，旱獭不得不给那些迁来的外地人挪地方了。于是，它们渐渐地往更偏僻的地方转移，最后，在一些县区，旱獭几乎已经绝迹了。但是，许许多多的空荡荡的洞穴足以向人们证明：这里曾经有许多旱獭生活过。这些被遗弃的洞穴常常会有狐狸光顾，并在此生出小狐狸来；草原野兔也喜欢躲到里边去，躲避阴雨天。夏末是旱獭长得最肥的时候，它结实的獭皮和柔软的脂肪对于家庭日常生活是再合适不过的了。但用猎枪击中它们却很难，因为旱獭一般都蹲在洞边上，即使受了致命伤，它还是会头朝下掉进洞里去。旱獭洞很深，用手根本够不到它，而要挖开洞穴，是很麻烦的。当地人捕捉旱獭很有经验：他们把准备好的绳套放在旱獭必经的路上，另外，还将捕兽夹子放在旱獭经常走动的洞穴之间的小路上。用这种办法捕捉旱獭很少失手。因为旱獭喜欢举家出行到邻家做客或是招待前来拜访的客人：它们后蹄着地坐在一起，“呼哨呼哨”地说上一阵子，然后才散去。在它们正亲密地谈话时，如果有人接近的话，主人会一下子钻进洞里，而客人们则会手忙脚乱、连滚带爬地往自己家里跑，那样子实在可笑。早秋的时候，旱獭就已经躲进洞里，还用干草从里面堵住洞口，然后一直睡到春天——大自然从冬眠中醒来时为止。

日子一天天过去，在奥伦堡地区未被开垦的草原几乎见不到了。与地质测量员的说法和土地测量小册子里的描述相反，这儿的土地是非常好的，本来就应该有人居住。看来，我上面所描述的这片神奇的草原，正日渐成为神话，成为一段古老的故事。

大　鸨

“大鸨”这个名字我也不知道是怎么叫起来的。在奥伦堡省，这种动物被叫作“杜达克”或是“堵达克”（鞑靼语“鸨”的意思）。这样的叫法我在邻近的几个县里也曾听到过，但是，在库尔斯克省人们管鸨叫作“得拉赫瓦”。我坚信这个词也并非是从俄语中来的。

大鸨体形高大，尤其身体沉（肥大的老鸨体重可达35普特），而且特别肥的幼鸨肉味鲜美。大鸨是非常凶猛的飞禽，无论是人还是别的动物在遇到大鸨时，都不能掉以轻心。介于上述的原因，大鸨在草原野禽中毫无疑问地占有绝对的霸主地位。从鸨的外形——头、嘴和腿的形状上看，它与家养的那种大块头的火鸡非常相像。幼鸨在第一年时，羽毛是灰褐色的，渐渐地羽毛开始褪色，直到变成白色为止。鸨的头和脖子呈浅灰色或灰色；嘴又粗又大，向下弯曲，深灰色，不光滑；黄色的眼睛；耳孔特别大，而且露在外面，但像其他飞禽一样，鸨的耳朵也被许多绒毛遮住，从外面是看不见的；鸨的喉咙下面长有一个皮囊，能储存许多水；鸨的两条腿很粗壮，表面长有一层灰色的鳞片，但与其他飞禽不同的是：鸨的每只脚上有三个脚指头。雄鸨除了身高体壮外，头的两侧还有竖立的或蓬松的羽毛，颌下有一些二俄寸半长的羽毛，看上去像是马鬃或者项圈什么的。雌鸨没有上述这些特点，它的头、脖子是灰色的，背上有红褐色的斑点和黑色的波纹。大鸨身上细小的绒毛很少，如果有也是粉灰色的，甚至腹部和背上一些小羽毛的根部也是粉红色的。鸨的内部结构与其他飞禽也不相同，即使小鸨也是如此。鸨长有胃，食物是在胃里消化的。鸨一般喜欢在没有耕作过的原始草原上栖息，并且繁衍后代，但它们总要到各处去找东西吃，比如：熟荒地、秋播地和庄稼地，都能见到鸨的影子。我没有见到过鸨的巢穴，但是小鸨与大鸨相比较，除身材大小不一样外，其他方面几乎都是一样的。猎人们告诉我：一只鸨一般生九枚蛋（也有的猎人认为最多不过三枚），蛋的外形像火鸡蛋，区别就是比火鸡蛋稍大一点儿，圆一点儿，颜色深一点儿，有浅黄色的斑点。鸨一般以青草为食，偶尔也吃谷粒，所有的昆虫它都吃，甚至连蜥蜴、没长出羽毛的小鸟、老鼠、田蛙及鹤喜欢吃的小蛇它也吃。春天的时候，你见到的鸨还是一小群，而到了秋天，就已经变成一大群了：这时打猎鸨要比春天还要困难，因为秋天的鸨群非常警觉，根本不会飞到你的射程内，即使用大砂弹也不行。有的猎人在马车上放上绿树枝、青草或干草做伪装，但要接近鸨还是很困难。大鸨单独或是结对觅食的时候，性情要温和得多，这时比较容易驱车接近它们，在射程内，用射大雁的霰弹或是特号霰弹就可以射中它们了，只是用特号霰弹更有把握一些，因为，首先射程不能太近，其次鸨体形太大，一般的霰弹发挥不了作用。步行接近鸨几乎是不可能的，但是如果地形允许的话，也是可以摸上前去的。例如，沿着冲谷小心地爬过去，从小山丘、庄稼地或是干草垛后面悄悄走近鸨都是有可能的。一只鸨或是一对鸨单独在一起的时候，还可以采用围猎的方法：当一只鸨或是一对鸨在远处闲逛，猎人们就可以慢慢地从四面包抄过去，将包围圈越来越缩小。这时鸨当然不会傻等着人凑上前来，它也会机警地躲到一边去，但无论往哪儿躲，都会遇上包抄过来的猎人——鸨一会儿向前，一会儿向后，撞来撞去，最后跳进了一个小土坑里。尽管土坑很浅，连它的头也遮不住，但它此时已经顾不上这些了。鸨尴尬地探出头来，它那巨大的身体也暴露出来——供人观赏。这时候猎人已经走上前来，鸨就成了囊中之物了。当然，并不是所有的地形都可以用这么简单的办法围猎。

这里我讲到的鸨的故事，都是我从猎人朋友那儿听来的。尽管我在这个省住了很久，这儿的一些县里又有许多鸨栖息，但我本人却根本不了解这种草原野禽的习性，而且也不知道怎样捕捉这种鸟儿，这一点令我非常痛苦，也非常茫然。怎么会这样呢？原因是奥伦堡省地域非常辽阔，而我所生活过的那些地方，却偏偏很少有鸨飞来，即便有，也只是一两只。以前，鸨到处都可以见到，但现在却不同了，鸨只有在人迹罕至、茅草茂盛的辽阔的大草原上才能见到。有几次我确实见到过一两只鸨，甚至还从眼前飞过，但还没等我端起枪来，鸨就飞远了，而且即便来得及开枪，用打鸭子用的霰弹来射击飞行中的鸨也不合适。在我的猎人生涯中，没有更多的机会见到鸨，这实在是太不幸了。写到这儿，我的读者们想必已经厌烦了，我也就不再写下去了。但是，别的猎人捕到的各种大小的鸨，我却经常见到，因此，也就有机会仔仔细细地研究大鸨。由于这种鸟身体庞大，本不适于飞行，它很少扇动翅膀，但身体却轻易就可以翻转过来，而且，它飞得又快捷又强劲。早春的时候一般见不到鸨，随着天气转暖，小草渐渐地长高，鸨才会出现。据说，鸨秋天飞走时，队伍庞大得很，而且一直徘徊很久，才渐渐地向南方飞去。巴什基尔人还告诉我：鸨很喜欢在他们遗弃的牧场或游牧区里闲逛，喜欢在窝棚或者“卡尔梅克帐篷”附近和有人类和动物垃圾的地方翻来刨去。

很遗憾，有关这种鸟儿的习性和捕捉方法我不能再详细地讲了，我可不喜欢在一件事情上啰唆个没完。

仙　鹤

与大鸨比起来，仙鹤显得略长一些，但体形却比大鸨小，跟鹅差不多大，但是，它背部两侧的羽毛很长，翅膀也很大，这使它看起来倒像是一只大鸟儿。仙鹤站立时，身材非常高大，脖子也很长，如果鹤嘴也像鹬一样与身体的其他部分长得相称的话，那鹤嘴应该有半俄尺长就够了，但事实并非如此，实际上鹤嘴有三俄尺长，且又尖又硬，呈深绿色；仙鹤的头不大，全身是浅灰和灰绿色；头的前边长满黑色的羽毛，后边一根羽毛也没长，光秃秃的，上面有许多深红色的瘤瘤，像一个个深红色的斑点；仙鹤的眼睛不大，灰棕色，很明亮；短短的尾巴向上撅起，上面弯曲的羽毛柔软而浓密，非常漂亮；腿上和蹼上长着非常坚硬的、紧绷得像要裂开了似的黑皮。

可以说，仙鹤是最被人们所熟悉的、常见的鸟儿了，它从不躲躲藏藏，是真正“列队”飞来飞去的候鸟。在民间传说和谚语里总有仙鹤的影子，比如，人们管脖子长、腿长的人叫作“仙鹤”，这个外号实在太形象、太贴切了；还比如，在比喻宁要能直接拿到手的小东西，也不指望拿到没有把握的大东西时，人们就说：“不要你答应给我天上的仙鹤，只要你把一只山雀给我弄到手”，可见仙鹤飞得有多高了。有谁没有听到过仙鹤的叫声呢？那声音就像是从人眼所不及的高空中落到地面上，又像是从远处传来的圆号和小号的奏鸣声……这是雄鹤发出来的叫声。雄鹤的气管内部有着特殊的结构，所以才会发出这样的声音来。春天，尽管天气还很冷，但一旦听到这样的叫声时，农民就会高兴地说：“仙鹤来了，天气该暖和了。”而8月末、9月初的时候，若是空中传来仙鹤的叫声，即使天气还很热，但农民却忧心忡忡：“仙鹤要远行了，也许今年冬天要来得早了。”这样的预言总是很准的。仙鹤的飞行和叫声有着某种吸引人的魅力。鹤群常常久久地在一个地方盘旋，每转一圈升高一点儿，渐渐地越来越高了，终于，消失了，只能听见它的叫声了。起初，这叫声非常响亮、刺耳，之后，声音变得柔和，若有若无，令人驻足神往。一般说来，春天仙鹤比其他的候鸟要晚一些时候飞来，而且飞来以后，马上会成双成对地生活。秋天，它们会合成一大群飞走，而且时间也非常不固定：有的时候在8月初，有的时候在9月末，并且总是在白天飞行。仙鹤总是列成三角形的队伍飞行，而且是钝角三角形。在俄国南部人们把仙鹤飞行时的这种三角形的阵势形象地称作“鹤钥匙”，因为这种三角形的样子与我们平时用的德国产的钥匙完全不同，而与那种农民自制的普通木钥匙很相似。在农村，农民的储藏室和仓库里面一般是用这种木制的钥匙别门或是插门的。

从严格意义上说，仙鹤不是草原鸟，而是田野鸟。在真正的草原上，很少见到仙鹤。仙鹤喜欢在庄稼地和已经开垦过的土地上落脚，喜欢吃粮食、谷物，最喜欢吃的是豌豆。仙鹤非常贪吃，要是人们给它们准备的口粮不够吃的话，它们就会贪婪地吞食一切能搞到手的东西，例如草籽、野果子、小昆虫和土里的软体虫，甚至蜥蜴、蛤蟆、老鼠、黄鼠、仓鼠、没长出羽毛的小鸟儿和大大小小的蛇也吃，尤其是蛇，仙鹤格外青睐。如果偶然碰到了像缺肢蜥这样特别长的蛇，它就先用嘴把它啄成几块，再吞下吃掉；要是碰到的不是很大的蛇或是一般游蛇的话，仙鹤就将猎物向高处抛几次，再一口吞下；对待蜥蜴和蛤蟆，仙鹤也是用同样的办法——也许是出于本能想先杀死敌人，然后再吃吧。有些猎人认为，仙鹤向上抛猎物的动作是在玩耍，我却不这样看，但无论如何，显然，这样做对于它的胃消化吸收食物是有利的。

仙鹤喜欢在离庄稼地不远的没有耕种过的土地上筑巢，它们往往会选定一块干燥的高地或是一个旱獭丢下的洞穴，洞穴周围必定要有骨担草、矮扁桃或者樱桃树。这个工作并不复杂：如果地上只是一个圆坑，稍稍铺上一些干草就行了。仙鹤蛋是长形的，呈浅灰绿色，上面还有许多深褐色的小斑点。仙鹤蛋总是毫无遮拦地放在窝里。雄鹤和雌鹤或者说是鹤妈妈（人们常这样亲切地叫雌鹤）共同孵蛋：一个趴在蛋上，另一个在离窝稍远一点儿的地方巡视，一边找东西吃，一边警惕地听着周围的动静。一旦放哨的仙鹤发出尖利的叫声，就意味着有某种危险临近了，于是，那个在孵蛋的仙鹤会立即放弃孵蛋，蜷缩着身体逃到一边，召唤着自己的同伴，而它的同伴也会立即赶来与它会合。它们会合到一处后，就一起逃走了。显然，仙鹤对巢穴和鹤蛋并没有太大的热情，但它们对待自己的孩子的情况却稍稍有些好转。小鹤出生了，父母会带着孩子们到还没收割的庄稼地或者到有灌木丛和深草的草场去玩耍。如果草场被割光了，仙鹤就会带着小鹤到小树林、灌木丛或芦苇荡中去，有时候也到林子边上去。要是地形允许的话，仙鹤有时也会将小鹤生在草场上，甚至沼泽地里的芦苇荡里。刚生下来的小鹤样子总是呆头呆脑的，走起路来摇摇晃晃，而且，身体很虚弱，不断地发出“吱吱”的凄惨的叫声。小鹤刚出生时，身上的绒毛是瓦灰色的，并且一直要很久才会长出新的羽毛。如果你捉来几只小鹤，与家禽放在一起饲养的话，你就会发现，小鹤很快就会习惯吃各种食物，渐渐地完全被人所驯服。不过，只要它的翅膀一长出来，小鹤就要飞走了，即便当年没有飞走，那过一年还是要飞走的。如果你不希望它飞走，就把它的翅膀剪短一些，这样小鹤就会彻彻底底地变成家养的鹤了。

总而言之，鹤的性格非常小心谨慎。无论你是骑在马上、坐在车上，还是步行，要想接近鹤群都是很困难的。但是，如果遇上的是一只或两只结伴的鹤，特别是遇上正在筑巢的仙鹤时，那可就另当别论了。这个时候的仙鹤非常平和、温顺，你可以乘着普通的马车在打猎常走的小路上，甚至在猎枪子弹的射程内就可以接近它们，当然得用最大的特号霰弹才行，但秋天的时候对付鹤群则必须备有小号霰弹，以防万一。捕猎仙鹤是一件很不容易的事情，必须花费许多心思才行。比如：躲在灌木丛、粮垛、干草垛等障碍物的后面，然后悄悄地接近它们；也可以这样：事先弄清楚仙鹤在哪里觅食，在哪里午睡、过夜或者过夜要经过哪些地方，然后早早地到那里埋伏好，等待仙鹤的到来。仙鹤一般会选择开阔的地方过夜，有时就在路边过夜。夜里，整群的仙鹤排成一排或者两排，头都藏在翅膀下面，只选派出一两只仙鹤在两边放哨。放哨的仙鹤也常打盹儿，但却从不把头放到翅膀下面。“哨兵”睡得不沉，一有危险，它们就会发出不安的尖叫声，叫醒同伴，一起飞走。

仙鹤是一种非常强悍的鸟儿，大自然给了它一个强壮的体魄：仙鹤的骨骼非常结实，翅膀大而有力，两条腿很长，结实的脚趾上长有坚硬的趾甲，而且它的嘴也特别的长和坚硬。因此受了轻伤的仙鹤对于猎人和猎狗来说是非常危险的敌人。往往仙鹤受了伤以后，冒失的猎人就会跑上前去捉，而仙鹤会飞快地跑开，它奔跑速度之快，没有猎狗是很难追上的，因为仙鹤在奔跑时扇动两个翅膀或一个翅膀（如果有一个翅膀受伤了的话）来增加其奔跑的速度。跑了一会之后，如果发现猎人还没走开，它就会愤怒地向后转，直奔猎人的后背扑去，它一边用腿踢，一边用嘴啄，三下五除二就能打败对手。我就曾见到过这样倒霉的猎人和猎狗：当时猎人和猎狗都去冒冒失失地捉一只受伤的仙鹤，结果却都被仙鹤啄伤了一只眼睛，成了独眼猎人和独眼狗了。仙鹤傲慢、专注地在田里一边踱步，一边觅食，样子并没有什么可笑的；但是，这样文静的举止持续不了多久，就见它开始奔跑，戏耍了：它一会儿蹲下，一会儿张开翅膀向上跳跃，一会儿追逐它的女伴亲热…… 当你看到仙鹤的这些把戏时，就不能不觉得滑稽可笑了：仙鹤活泼、贪玩的性格与高大强壮的外形是多么不相称啊！它们彼此展示着优美的舞姿，最让人忍俊不禁的是那些仙鹤夫妇们相互追逐求爱的场面。当然，要见到这些场面要么从远处看，要么就小心地接近它们，而不能被发现。

猎捕仙鹤自然是很困难的，这一点我已经讲过，而且在一块田里打到许多仙鹤是根本不可能的，更不会有“一箭双雕”的事情发生。而真要是一发子弹打中两三只仙鹤，那可真的算是运气了。我有过两次这样的经历。第一次是发生在晚上，有几个上工回来的农民告诉我说，在他们回来的路上有一大群熟睡的仙鹤。那一夜月光很亮，我听到这个消息后，拿起猎枪就奔马车跑去吩咐农人带我去刚才的路上看看。车走得很快，已经离鹤群很近了，尽管放哨的鹤还没有睡着，但是对于我的到来，“哨兵”并没有表示出不安。我让车停下来，然后瞄准一排熟睡的仙鹤，那一排大约有二十来只吧：我对准第三只鹤，枪响了——竟打中了四只仙鹤。当时正值 8 月份，天气还非常热呢。另外一次是发生在一个非常温暖的秋天，具体地说是 9 月 24 日，当然也是一大群仙鹤，它们在迁徙的途中停下来落到刚收割过的庄稼地里找食吃。这块庄稼地已经收割干净了，没有庄稼遮挡驾车接近甚至步行靠近鹤群都是不可能的。于是我跳下了车，爬到一个长着矮扁桃树和樱桃树的田埂里，然后好长时间不敢动弹，与此同时，我让马车夫将马车向相反的方向赶去。这时，鹤群慢慢地向我这边走来，而那边马车还在走走停停地逗引鹤群，直到鹤群离我很近时才停下来。我终于开枪了：有 3 只鹤当场倒地，还有一只受了重伤，勉强飞了一会儿，大约有 1.5 俄里远吧，落到一块偏僻的沼泽地上的灌木丛里了。这里是勃克拉河与纳夏噶伊河汇合的地方，我一直找到天黑，才终于在猎狗的帮助下，找到了它，但是它已经死了。

仙鹤不能在原地突然起飞。它需要大约两三俄丈的距离助跑，才能飞起来。为了证明这一点，我讲一个我亲眼所见的有趣的事情给您听：一个猎人带着两条善跑的猎狗往家里赶，恰好这时遇上我，于是我们就一起结伴赶路。途中我们见到两只仙鹤在一块割过的草地上徘徊，旁边有一大堆干草垛。这时猎人突然来了兴趣，吩咐猎狗去捉仙鹤。猎狗先是望了望猎物，然后悄悄地跑到草垛后面，打算从那儿接近仙鹤。这时骑在马上的猎人跟猎狗开了一个玩笑：只见他策马直奔猎狗而去。您猜接下来怎么了？一只跑得最快的猎狗被猎人这一惊，突然从草垛后面跳了出来，仙鹤吓了一跳，但却怎么也不能立刻飞起来，结果被猎狗咬住了一条腿；很快另外一条猎狗也及时赶来，两条狗一同对付这只仙鹤，尽管仙鹤被狗咬得遍体鳞伤，但却一直在死命挣扎，直到猎人赶来，它才束手就擒。由此我们也就相信下面这段故事了：故事发生在萨拉托夫省和阿斯特拉罕省，秋天，候鸟迁徙的季节，这里会聚集无以计数的仙鹤，当地的农民用木棍儿就可以打死仙鹤：农民们事先从外围包抄过去，迫使仙鹤聚成一堆，包围圈会越来越小，突然间一声令下，骑在马上的农民手执木棒冲向鹤群……

老鹤的肉又干又硬，但味道却极其可口，野味十足。至于幼鹤的肉就更加有味道了，鲜嫩多汁。鹤肉从来不会很肥，即便到了秋天，在迁徙之前，尽管能吃到粮食之类的有营养的食物，但仙鹤也不会长得很肥胖。秋天，仙鹤吃得最饱的时候，也只是在尾荐骨上有两条薄薄的脂肪条，两个腋下有一小块脂肪，但是体内的脂肪却相当得多。我觉得小鹤煎熟了吃味道特别好。小鹤的肉还适合剁成肉末做馅儿或做冷杂拌汤喝。

过去的猎人甚至现在农村里的猎人们因为仙鹤体大肉多而非常看中它们，尽管鹤肉有些硬，但是只要能吃就得吃完。应该承认，在我年轻的时候，也曾经狂热地追捕过仙鹤，贪婪地打猎过这种大鸟。

草原鸨

民间把草原鸨叫作小鸨。这种鸟起飞很有特点，身子突然一抖，就飞起来了。它飞得又快又猛。在地面上根本看不见它的翅膀在动，而事实上，鸨在飞行的时候，是要不断地扇动翅膀的。草原鸨在飞行的时候，发出瑟瑟的啸声，老远就能听得到，也吸引着猎人的好奇心。在草原上所有的野禽中，除了大鸨外，我最看好小鸨了。小鸨的身材比成年的黑琴鸡小一些，当然比起强壮的大鸨来，要小七倍呢！但无论从外部形态，还是从内部结构来看，它和大鸨都非常相似，只有羽毛的颜色不同而已。草原鸨最喜欢吃青草，偶尔也吃昆虫；食物不在嗉囊里消化，而是直接到胃里消化；它身上的绒毛稀少，呈粉红色，并且毛茸茸的羽毛根部也是这种颜色；草原鸨无论从外形上——头、脖子、嘴和腿，还是它的性格上，简直与母鸡一模一样。草原鸨的羽毛是杂色的，介于灰和浅绿之间，很难具体地讲出来。每根羽毛上都有许多竖条纹，有直的，有弯的，并且分布得极有规律；背上的羽毛也同样是灰绿色的，不同的是多了一些黑色的斑点，这是因为背上的羽毛相互交叠在一起，黑色的竖条纹与弯曲的纹路之间交叉在一起形成的；脖子上的羽毛也是灰绿色的，还夹杂着浅白色的条纹；头部的毛色是黑色；与身体其他部位正好相反的是：在嗉囊和荐骨上部白色的底色下，到处是横向的条纹；荐骨其他部分的羽毛全是白色的，翅膀下面的也是白色的；每只翅膀最上面的三根羽毛是黑色的，其余多半是白色的，只有羽毛尖儿是黑色的；草原鸨的尾巴很短，灰白相间，羽毛上布满了黑色的细条纹；腿呈白绿色。雄鸨的喉咙以下，嗉囊以上的羽毛比雌鸟暗一些，甚至完全是黑色的，并且有一条白色的横纹。草原鸨的翅膀近似于圆弧状，飞行时就好像是充了气的气球，圆鼓鼓的。它们在草原上繁衍后代，但却四处飞行觅食，不过，有时也会守在田边地头等食物上钩：春天它常常蹲在麦茬地边、刚出苗的庄稼地和熟荒地里找食吃，而临近秋天的时候，它会出现在割过的草地上（这时再生草刚好已经长出来了）或是冬麦地里。它喜欢吃各种籽粒，喜欢啄马粪。为了得到食物，它会长时间地守在草地、田间的小路旁，但它最喜欢的食物还是嫩草。常从这儿经过的人准能捉住它，甚至还会看到草原鸨就在马前奔跑。如果你仍然安静地走你的路，不去理会它，那么草原鸨很快就会厌倦了长时间的奔跑（也许是因为它不愿意跑得太远的缘故），于是勉强地爬过深深的辙印，跑到几俄丈远的草丛中歇息去了，直到马车走远为止。草原鸨在草丛中伸长脖子，抬起它那黑色的小脑袋向路上张望着，见到马车平安无事地走远了，才再一次跳到路上来，向相反的方向跑去。如果马车跑得很快，草原鸨觉得有可能被追上的话，那么它就会飞出几俄丈远，而有的时候只飞出几步远，就落到地上，过一会儿，待马车走远了，它又会飞回到路上来。当然我这里指的是草原鸨没有受到惊吓，性情比较温和的时候。中午时分，草原鸨一般会到草原上去，只有早晨和傍晚才会到路边转悠。草原鸨的叫声非常特别，以至于很难用言语来表达，有点儿像一个音节“啵嘘”。这叫声很容易让人产生错觉，就好像它已经疲惫不堪了似的，而且从很远的地方就能听得到，起初让人觉得草原鸨就在几俄丈远的地方，没有经验的猎人会拿起猎枪直奔叫声而去。他料想草原鸨会立即飞起来，但是草原鸨却还是离得很远，徒劳地花了许多力气，最终不得不放弃追捕。当然，导致这一错觉的原因有可能是草原鸨本身奔跑速度很快，但有一点是毫无疑问的，就是当你听到草原鸨的叫声时，草原鸨实际上还离得很远呢，因为草原鸨在有人接近时是不会鸣叫的。

草原鸨在春天晚些时候飞来，并且一大群一大群地飞来，数量与秋天飞走时差不多，但我却从未有机会见到它们迁徙的过程。当天气将要转暖，嫩草就要破土时，草原鸨会突然出现在田间地头和草原上。像大多数草原上的飞禽一样，草原鸨也在草原上开阔的地方筑巢，一般是用羽毛搭窝。草原鸨的窝是一个圆圆的浅坑，上面铺上一些干草和它自己的羽毛。草原鸨最多生九枚蛋——至少我没见过更多的。而且它的蛋要比我们想象的大得多：跟大个的鸡蛋差不多大，呈浅绿色，上面有浅黄色的小斑点——非常漂亮。我不知道是雌鸨孵蛋还是雄鸨帮助它共同孵蛋。草原鸨的窝和窝里的幼鸨很少会落到猎人的手里，我甚至从未见到过幼鸨。小鸨出生后，母鸨就把它们带到草原深处去了，在庄稼地附近是看不到鸨窝和幼鸨的。但有一点可以肯定，就是草原鸨会以家庭为单位分开生活，因为从未有人见过许多鸨在一起发情的场面；其次，从春天起，无论你在哪儿捉到一只鸨，几乎就在它的旁边还会有一只鸨。除了上面我谈过的雌鸟和雄鸟在羽毛上的区别外，在体态上雌鸟比雄鸟还稍微小一点儿。雌鸟孵蛋时，会表现得极其坚强和忠诚，有例为证：有一次我驾车接近一只鸨，后者并没有等我走近就飞了起来，于是我就冲着天上的鸨开了一枪——它好像被击中了，只见它在距我大约一百俄丈远的地方像石头一样从空中落了下来。我眼睛紧盯着鸟儿落地的地方，直奔那儿跑去。突然，脚下不知被什么东西绊了一下，我险些跌倒。低头一看，发现一只草原鸨倒在地上。难道这就是我射中的那只草原鸨吗？看来是我搞错了它的落地点了！我发现它还活着，于是赶紧上前抓住它，提了起来。天啊！我被眼前的一幕惊呆了！原来这只草原鸨的身下竟有九枚蛋！鸟背上的血是我鞋后跟上的钉子划破手指宽的一块皮后流出来的！在此之前，我还从未见到过草原鸨的窝，我赶紧拾起鸟蛋，这意外的收获简直令我欣喜若狂了！显然，雌鸟刚刚生下最后一枚蛋，刚要趴下来孵蛋，就被我撞上了。我在马车的车轮上弄下一些松焦油涂在雌鸟的伤口上，之后将它放飞了。过了几分钟，那只假装被我射中的草原鸨还没等我走近，没等猎狗嗅到它的踪迹，就突然飞了起来。大概那是一只雄鸟，与那只被我放生的雌鸟是一对吧。这也从另一方面证明了草原鸨是成双结对地生活，并且夫妇二人共同抚育下一代的。

秋天快到了，草原鸨集结成群，有时它们的队伍很庞大，能达到五十来对。草原鸨数量越多，就越难接近它们，因为鸟儿越多，就越警觉。鸨群有时会一直待到10月份，这时它们喜欢停留的地方是——秋播地和割过的草地。它们喜欢揪食二茬晚秋作物的幼苗和刚出土的嫩草。在冷天和阴雨天里，除早晚外，它们一般都待在长满艾蒿、滨藜的熟荒地上，因为这里又暖和又干爽。常常会见到成群的草原鸨在天空中飞过，发出有节奏的呼啸声，这呼啸声在霞光中传得很远，很远…… 捕猎草原鸨是我最喜欢做的事情，而在我住的地方，却很少见到草原鸨。因此为了捕猎草原鸨我常常要驾车走出好远。从春天到夏天，在远离人烟的草原上，当草原鸨没有受到惊扰，特别是一些单只或者是成双结对的鸟儿，它们非常温顺平和。但是，一旦受到惊扰，这些温顺平和的草原鸨就会变得非常警觉和野性十足，特别是成群在一起的时候。所以猎人常常要驾车跑出几十俄里远去捕草原鸨，而常常连一次射击的机会也没有遇到，最后不得不放弃追捕，尽管有时明明看见一大群草原鸨在飞了一二百俄丈远后落在地上，也束手无策。对于受了惊吓的鸨群来说，即便最有效的方法——围猎也无济于事。在草原上常常会不经意地碰上一大群草原鸨，但是草原鸨成群移动的速度是非常快的，想要接近它们非常困难。应该说明的是，草原鸨一旦飞起来后，很快就会落下来，很少会飞出很远，在人眼前消失。总之，草原鸨是很谨慎的，站立或飞行时，表现得会很平和，而趴在地上时，尽管四周围光秃秃的没有遮拦，但草原鸨却还要伸长脖子，将头放在窝边上或是凹地里的低矮的草丛下面，让人觉得它好像是藏了起来，这种时候，它一般会允许猎人走过来（而此时，猎人却不应该径直走过来，而应从它附近或是旁边绕过去），有时甚至可以走到离它两三俄丈远的地方。这么近的距离射中它可实在是太容易了！我就曾这样打中过草原鸨。总之，关键是在草丛里有草原鸨才行。而最有把握猎到猎物的方法，是像我刚才讲过的那样，在草原鸨趴下时围猎过去。如果只有一只鸨，并且没有受到特别惊吓的话，那么见到有人过来，它会立刻趴下来；如果有几只草原鸨，那么在各自趴下来之前，它们会长时间地走来走去，要耐心等待才行；如果遇到的是一大群草原鸨的话，那么就不会像单只或是几只鸨那样，原地趴下不动。有时也会有这样的事情发生：开了一枪之后，有时甚至开了两枪之后，射中了一只趴在草丛里或是正要起飞的草原鸨，而离这只草原鸨很近的地方却还藏着一只草原鸨，它并没有因枪声而惊飞、逃走，因此，你千万不要急于抓那只被射中的草原鸨，在没有将你手中的双筒猎枪上满子弹之前，千万不要轻举妄动。最有利的射击时机是在草原鸨飞行的时候，这比它趴在地上的时候射击还要方便、易得手，至少，我是这样想的。我一般是这样猎捕草原鸨：在一定的射程内接近草原鸨后，我会跳下马车，步行在它还没有飞走之前再进一步地接近它，然后不慌不忙地射击，很少使用第二管子弹。一枪射中几只草原鸨的情况是非常罕见的，除非是一大群草原鸨集中地趴在一起，而且还需要在射程之内才行，或者是突然间撞上一大群草原鸨。而一下子射中一对草原鸨，也就是说双筒猎枪中每管各射中一只鸨，这样的运气，我倒是常有。但有一次我的运气更好。一管射中了三只趴着的草原鸨，而另一管射中了两只飞行中的草原鸨，这是偶然碰上的好运气。当时我驱车在草原上奔驰，一大群草原鸨躲在秋播地里，起初我并没有发现它们，就差几俄丈远时，有两只草原鸨抬起小黑脑袋被我的车夫看见了，并指给我看。于是，我赶紧举枪射击，第一管子弹射向趴在庄稼地里的草原鸨，另一管射向受了惊吓而飞起来的鸨群。结果是趴在地上的有三只再也没有飞起来，而空中也有两只应声而落。当时那群草原鸨大约有三十来只吧。

在射猎草原鸨时，身边的猎狗必须训练有素才行。枪响之后，猎狗不能乱跑乱叫，以免惊吓了猎物。说到猎狗，还应该说一说那些喜欢蹲在地面上的鸟儿，但也有例外的，比如黑琴鸡、斑尾林鸽，它们喜欢落在树上，好奇地盯着猎狗在下面转来转去，而忽略了猎人的存在，因此，猎人比较容易接近，射中的机会也相对地比较多。除这些鸟儿外，那些喜欢落在地面上的鸟儿，不怎么害怕猎人走过来，而却格外地害怕猎狗。尽管如此，一条好猎狗会在空气中分辨出猎物的气息，十分有利于寻找草原鸨。草原鸨有时会分散地隐藏在深草丛中或是庄稼地里，以至于猎人从旁边经过却不易发现它们，而猎狗却能凭着敏锐的嗅觉远远地嗅到草原鸨的气味，带着主人径直扑过去。但是可别碰上那种性情狂躁、紧追猎物不放的猎狗，否则你休想猎到一只草原鸨。打猎草原鸨一般要用五号霰弹，因为草原鸨还算不上什么大型的飞禽。不过，对于受了惊吓的草原鸨来说，要用四号霰弹才行。而要是碰上一大群草原鸨，并且距离又比较远的话，就要使用特号霰弹了。

我从未见过很肥的草原鸨。春天，草原鸨由外地飞来后，特别是到了秋天要飞走时，草原鸨是最肥的时候了。鸨肉的味道与众不同：有点儿像鸡肉，但又掺杂有野味。草原鸨的肉被认为是极有营养、易于消化、有助健康的佳肴。

在乌克兰人们管草原鸨叫作“哈哈鸟”。这种叫法也是很有意思的。俄罗斯人给草原鸨起的名字是源于它起飞、翅膀扇动时的特征，而乌克兰——则根据它飞行时发出的特别的声音。的确，草原鸨飞行时发出的刺耳、颤动的声音很像远处传来的奇怪的哈哈笑声。

杓鹬（草原鹬）

这种鸟儿的俄文名字的来源我看是不需要解释了，但是为什么德国人管它叫“皇家鹬”或“王室鹬”—— 我就不得而知了。它的头看上去一点儿也不像皇冠或是皇冕，也许是因为草原鹬从体态上比其他鹬类显得更加魁梧、庄重的缘故吧。俄国的猎人称它为——杓鹬，而民间则叫作“草原鹬”或者“草原鸟”，因为这种鸟儿大部分的时间都是在草原上度过的。它们在草原上出生、在草原上长大。那银铃般响亮而流畅的叫声使枯燥的平原和平淡的草原充满了生机。从形态上看杓鹬可以分为三种：大杓鹬、中等杓鹬和小杓鹬。大杓鹬从体形来讲可以与黑琴鸡或家养的母鸡相媲美；中等杓鹬比它稍小一些，而小杓鹬就小得多了，跟鸽子差不多大。最后一种杓鹬在数量上要比前两种占优势。在这里我想详细地为您描述一下中等杓鹬的特征，然后再谈三种杓鹬之间的差别。

从羽毛的颜色和身体各部位的特征来看，这三种杓鹬是非常相似的。中等杓鹬全身的羽毛以灰色为主，并且伴有大大小小的白褐色斑点；背上、翅膀上，特别是翅膀尖儿上斑点很大，且颜色呈深褐色，而脖子、头和胸部的斑点则细小一些，颜色变得浅黄；腹部几乎是白色的，间或有几缕褐色的羽毛组成矛形图案，看上去非常漂亮；翅膀下面一直到第二关节附近都是纯白色的小绒毛，而那些大羽毛的背面是灰白色的，羽毛正面的花纹清晰地反映在背面上，漂亮极了；尾部的羽毛表面是杂色的，背面几乎还是白色的；尾巴上面褐色的长羽毛下面是亮白色的羽毛，夹有许多小一些的矛形图案；脖子上喉咙下的绒毛颜色很浅，有点儿发白；眼睛不大，但很黑，脖子有三俄寸长，嘴呈暗绿色，非常粗，向下弯曲，有两俄寸半长；翅膀很大，每只要是从肩关节到最长的一根羽毛末端算起都有九俄寸长；尾巴很短；腿长四俄寸；脚趾的长短与腿的长短成比例；腿的颜色很深，而脚趾则更深一些，趾甲是纯黑色的，不算大，但很结实。杓鹬身上最特别之处是它的嘴，由于向下弯曲，常常妨碍它喝水。但杓鹬喝水方式很特别：首先将嘴伸进水里，吸一点儿水之后，迅速将头偏向一边，然后从下面向上兜起，这时，水在它的嘴里，就像是盛在一个凹形的容器里一样，杓鹬将嘴伸到腿下（此时一条腿是弯曲的），然后迅速上仰，水就进到喉咙里了…… 这一过程非常复杂，但杓鹬完成得既轻松又巧妙。与中等杓鹬相比，除了在体形上占有优势外，第一种杓鹬的羽毛颜色比中等杓鹬的还要深一些，声音短促而嘶哑；它常常将蛋产在田地、草地附近的沼泽地上或是潮湿的林子边上。中等杓鹬却很少这样，但是小杓鹬有时却会这样选择地方。小杓鹬生活在草原上，羽毛的颜色很浅；身上的小斑点也比另外两种鹬细小得多；它的声音清晰、刺耳，而中等杓鹬的叫声与之相比却显得过于沉厚和冗长了。这三种杓鹬都是快跑能手，特别是小杓鹬：只要一发现有人过来，它就会伸长脖子，把头稍低下来，双腿弯曲，然后箭一样地冲出去，还没等你反应过来，小杓鹬的身影就像一条蜿蜒的带子一样消失在草丛里了，即便再精明的猎人也只好作罢了。

春天，杓鹬飞来得很迟，大都在 4 月中旬左右，有时甚至还要拖到 4 月底。起初，它们结成大队飞得特别高，在地面上根本看不见，只能听见鹬群那特别响亮的叫声，但这些叫声并不像它们夏天在草原上争夺地盘时那样冗长。经过春天长时间的飞行之后，杓鹬很快就会在开垦过的田里、解冻的庄稼地里、小水洼边、池塘边、湖边，甚至在地势较低的平坦的河岸上落下脚来。我很少见到成群的杓鹬栖息在一起，常见的都是成双结对地或是单只的杓鹬。这个季节，对于任何一个猎人来说，能在草原上遇到杓鹬，并且打中它，那的确是一件令人愉快的事情，因为此时的杓鹬很容易找到食物，因此总是很警觉，并且分布得也相当松散，况且，这种情形也持续不了多长时间，一旦草原上的冰雪融化，地面稍干时，杓鹬就会到草原上去了。我甚至觉得春天时在河边、湖边和池塘边遇到的草原鹬都是过路的，它们可能还没有飞到真正的目的地呢。那些草原上土生土长的本地“居民”则直接飞到草原上，当然，它们同样也是随季节迁徙的候鸟，游荡了一冬之后，才飞回自己的老家来。我之所以这样说，是有原因的：春汛的时候，我乘车经过谷地和沼泽地上小河边时，几乎总能见到一些杓鹬，它们的叫声清亮、短促，显然是在迁徙途中。而当它们飞过山顶，来到草原之后，便到处都可以见到草原鹬了。这时，它们已经安下家来，开始忙忙碌碌的新生活了。它们仍然在老地方打架，像夏天一样鸣叫，叫声抑扬婉转，只是落地时的叫声很特别：低沉、微弱。别的猎人也这样说。杓鹬的叫声可以分为两小节：第一小节由高音符组成，而第二小节则是由低音符组成。有时杓鹬的叫声还可能是另外一种调子，有点儿像是人在吼叫或是在拉长音：这种叫声是在杓鹬趴在地上，准备起飞时才发出来的。猎人们常常会循着杓鹬的叫声在草丛中找到杓鹬。杓鹬一旦飞起来后，就会像所有的鸟儿一样，变得非常警觉了。但巡视了左右之后，它们很快就会平静下来，这时你就可以乘车接近它们了。而一旦杓鹬开始筑巢，就会特别平和温顺，尽管这种平和的态度比不上沼泽鹬。对于杓鹬来说，最不幸的事情是春天来得早，并且气候又温暖干燥。因为杓鹬在筑好了窝，趴在窝里孵蛋的时候，如果天气过于温暖干燥的话，会突然发生草原野火，从而酿成大的灾难。这种极具毁灭性的自然灾害在前面我已经描述过了。草原上的野禽一年又一年地忍受着这样可怕的天灾。如果春天来得晚且雨水又多的话，那么野火就不会大范围地蔓延，只要不到草原深处去，鸟儿们就会免于不幸。但是，早春时节，天气干燥，野火四处蹿动，席卷大部分草原，毁灭的不仅是鸟儿们的窝和蛋，而且还常常危及鸟儿们自身的性命…… 当火势退去，大地变得冷却，不再有烟火时，那些被肆无忌惮的大火赶离了家园的杓鹬会立即返回自己的家，而一旦它们发现家园被烧毁了，会立即重新筑一个新“家”，并且这个新家会尽可能筑得离原来的家近一些，而且一定是筑在没有被大火烧焦的地方。有时一眼看上去，鸟儿显然是在被火燎过的草地上筑巢的，但仔细观察之后，就会发现尽管鸟窝占地不过一平方俄丈，甚至还要小一些。尽管四周都被大火烧光了，但鸟窝所在的地方却并没有受到大火的侵害，地表的青草长起来之后，从表面上看，已经看不出哪儿曾经着过火，哪儿没有，但是拨开鸟窝边上的绿草，就会发现上一年遗留下来的干草，而着过火的地方则没有这样的干草，也不可能有，所以很容易辨认。如果野火发生得晚（这是常有的事），草原鹬已经孵过的蛋就会在大火中遭到灭顶之灾，甚至鸟儿自己也会在大火中受伤，特别是火灾发生在夜里时就更糟糕了。在这种情况下，草原鹬没有机会再生一窝蛋。于是，这一年它们将没有孩子，常常见到它们凄惨地徘徊在被火烧掉的家园附近。我曾遇到过这样的杓鹬，而且还射中过它们。这样的杓鹬总是比有孩子的杓鹬肥一些，而且很容易在它们身上找到被火烧焦的痕迹。

4月下旬，杓鹬开始飞到草原上或是四面环绕耕地的草地上，开始筑巢了。筑巢的工作很简单：首先在上一年遗留下来的针茅丛底下找一个干爽的小坑，坑不必太深，然后铺一些干草就行了。杓鹬蛋很普通，一般一窝四枚，大小根据杓鹬的身材而定：大鹬蛋比鸡蛋还大，而小鹬蛋则要小一些。蛋的颜色呈灰绿色，上面布满了大大小小的斑点，而且在粗的一头斑点稍大，颜色略深。雄鹬和雌鹬轮流孵蛋。三个星期之后，孩子出生了。它们周身上下长满了灰绿色的绒毛：杓鹬的出生率几乎是百分之百，很少有未能孵出来的蛋。幼鹬很快就能离开窝在草地上跑来跑去，但一开始它们还是要靠父母来喂养的。杓鹬的食物是各种昆虫和土里的软体虫，杓鹬总能用那弯曲的长嘴在并不松软的土地上熟练地挖出虫子来吃。然而，我也在杓鹬的嗉囊里找到过草籽和粮食谷物之类的东西。幼鹬在飞快地成长，草原上的野草很难遮挡得住它们了。于是，它们被父母带到谷地或是草长得又高又密实的地方，或者直接带到草原上的小灌木林里去，在那里它们会一直待到完全长大、能够飞行为止。这个时期很难见到杓鹬，因为为了不暴露幼鹬，杓鹬父母是不会轻易现身在猎人和猎狗面前的，也不会在猎人和猎狗的头上飞来飞去，甚至都不会发出任何声音来。

生活在草原上的草原鹬和生活在沼泽地里的沼泽鹬一样，如果从远处发现有人或者猎狗，甚至任何一种动物正在接近它们的窝和孩子时，它们都会迎着目标飞去，在目标上空盘旋一阵之后落在目标附近，极力将敌人引开，但是，即便如此，它们还是会非常小心，不急不躁。几声枪响之后，草原鹬会飞开一段距离，而且变得更加小心谨慎。在没有听到猎人的枪声之前杓鹬的第一次冲击，特别是向带着猎狗、坐在车上的猎人的冲击，是非常勇敢的。在我年轻的时候，经常驾车在奥伦堡省和辛比尔斯克省的草原上奔跑。一群群的草原鹬从四面八方向我飞来，常常会尾随着我飞上几十俄里的路程，其间因为路上有许多杓鹬窝的缘故，还会有许多杓鹬不断地飞来替换。空气中充满了响亮而婉转的叫声：一些杓鹬在马匹的上空盘旋，一些则飞落到路边，以异乎寻常的速度跟在马车后奔跑，还有一些落在路标上。这时你可以随心所欲地开枪射击，尽管枪声惊吓了眼前的杓鹬，但马上会有另外一些未受惊吓的杓鹬飞来补充。我是一个贪心的猎人，多次陷入这样的困境中：比如，我有事要穿过草原，有时是特别急的事情，但一路上有许多杓鹬吸引我，车上已经放满了猎到的杓鹬，再无处可放了，连我自己也不知道拿这么多的杓鹬怎么办，我不断地提醒自己：不能再停下来了，不能再下车了，不能再开枪了…… 但是，就在这时，突然又有一大群杓鹬向我袭来，而且比前一次的还要勇猛——于是，又有一些杓鹬准确无误地应我的枪声而落下来，那情形真是无可奈何。小杓鹬在保护自己的孩子方面表现出来更加勇敢、更加激烈的性格，中等杓鹬就显得谨慎得多，而大杓鹬甚至在第一次冲击时就显得非常胆小，不敢特别靠近人，一旦遇到危险，会立刻飞到安全的地方，然后在空中盘旋，发出嘶哑的有点儿像“吱吱”的短促叫声，这一点倒很让人费解了。这时，如果碰上年轻气盛的猎人冒冒失失地开枪射击的话，是连一只杓鹬也打不到的，而如果使用的不是特号霰弹，就更是什么也打不到了。的确，霰弹型号越大，射击的范围就越广，分布也越稀疏，因而也就越难命中目标。但问题在于远距离内，也就是说在六七十步远的距离内，甚至用三号霰弹都打不中大杓鹬，因为草原鹬比起沼泽鹬和其他的杓鹬来说，实在是太强壮了，一般的猎枪是应付不了的。在草原上最令人费解的是视觉误差。杓鹬不停地在猎人周围绕着圈子，但猎人是否能真的看清楚杓鹬呢？在猎人眼中，头顶上杓鹬绕的圈子在一点点儿缩小，甚至在杓鹬转弯的时候，有时是一个急剧的大转弯，猎人本人也会随之转过身去，猎人是不是觉得杓鹬要向他飞来呢？…… 我无从知道，只是这样的视觉错误也经常发生在我身上，从而多次使我射击落空。有的时候，虽然射中了，但实际一测量才发现，射程其实很远，都超过七十步了。要是知道有这么远的话，我是不会那么早就开枪的。经过这样的冒险之后，我得出经验：用打鸭子用的霰弹，就像猎人们常说的，是逮不着东西的，但用打大雁用的霰弹，尽管不是百发百中，偶尔还是能打中一些体形较大的草原鸨的。

幼鹬刚一学会飞行，就在父母的带领下出去觅食了。它们一般会选择耕种过的田地、熟荒地和一些土质稍稍松软的地方落脚。不久，它们又会和别的杓鹬会合到一处。起初是两三窝合在一起，最后便合成一大群生活了。一个鹬群里常常会混有三种类型的杓鹬。杓鹬结成队伍后开始飞到沼泽地上、漫出水来的池塘边上和比较大一点儿的平坦的湖岸上。在这些地方，它们要待上几个小时。大约中午时分，是休息的时间了，只见杓鹬们尾荐骨着地，蹲在地上，有时甚至还要打一会儿盹。杓鹬最喜欢在牲畜踏烂的肮脏、潮湿的地方闲逛。在杓鹬闲逛了两个星期之后，8 月中旬，尽管天气还很暖和，有时甚至还很炎热，但见到的杓鹬却越来越少了，也就是说，杓鹬已经会合成一大群，渐渐地向南方迁移了。至少在奥伦堡省的情况是这样的。

猎捕杓鹬的过程是十分特别的，这既取决于猎人的打猎经验，又取决于猎物的特点：春天，过路的草原鹬还没有配成对或者至少还没有开始筑窝，这时的草原鹬一般长得很壮实，鹬肉的味道鲜美。但最重要的一点是，见到杓鹬的机会很少。当然你可能会在迁徙的野禽中听到或者见到一群正在飞行的杓鹬，但是它们飞得很高，根本不可能射到！过不了多久，在脏兮兮的池塘边你能偶尔见到一些杓鹬，它们也许会和其他的野禽混在一起，但要在猎枪的射程内接近它们还是很难的，为什么呢？首先因为杓鹬很警觉，其次是因为你的接近会惊动小野鸟，这也就惊吓了杓鹬，结果，还没等你走过来，它们就已经飞走了。如果你打算找个隐蔽的地方悄悄地走上前或者干脆爬过去也是不可能的，因为草原鹬待的地方几乎总是开阔和平坦的，你根本无处藏身。总之，春天过路的草原鹬是猎人最难得到的珍贵的猎物。当然，情况并不会一直这样持续下去的。很快，草原鹬就会变得平静下来，但这时它们已经由一大群分成一对对地各自生活了，并且开始筑窝，而且还以惊人的速度瘦了下来。当杓鹬开始孵蛋或者它们的孩子出生以后，就可以猎到相当多的杓鹬了，而在那些猎人还没有涉足的地方，就更容易打到杓鹬，但这时的杓鹬更加消瘦，鹬肉又干又硬，已经没有多大价值了，特别是第三种杓鹬——小杓鹬就更显得微不足道了。整个猎捕的过程是从春天开始的，首先驾车接近落在地上的杓鹬，等到射程之内，就赶紧开枪，但更多的时候是向正在奔跑的杓鹬开枪，最后是在它们飞行的时候射击。最后一种情况一般发生在猎人刚一露面，杓鹬为了保护自己的窝而向猎人迎面冲来，并围着猎人盘旋的时候。

幼鹬学会了飞行之后，就开始一窝窝地在田里飞行，之后便会合成一大群到池塘和湖泊边上飞行，这时接近杓鹬是很不容易的，因为这时的杓鹬很警觉。听到一声枪响之后，杓鹬就会飞到远处去了。在秋季南飞之前，杓鹬已经长得非常肥壮了，整个尾荐骨上都是脂肪，甚至连幼鹬也相当肥美了。这可是捕猎杓鹬的最好时机。但是，遗憾的是，这时的捕猎量一般也不会很大，而且，偶尔才有可能猎到。于是人们就只得放弃射猎杓鹬了。要是你驾车经过池塘边、湖边或是河边时意外地遇上一大群草原鹬，而且还顺利地开了一枪的话，那可是太幸运了。如果当时的地形还比较宽敞，并且在一声枪响之后，草原鹬飞到对岸或是附近什么地方的话，那就更棒了！一两枪就打到几只杓鹬的情况非常偶然：主要取决于地形，如果当时的地形允许你接近鹬群，并且当鹬群向你袭来时，你得来得及躲到灌木丛里、凹地中、芦苇丛里或者就地趴下，而要做到这些，猎人必须得事先知道杓鹬什么时候飞来，落在什么地方，这样他可以事先等候鹬群或者至少可以远远地看着鹬群飞来。

在我住的地方附近大约二十俄里远的地方就有这样的一个池塘，每年秋天，当杓鹬要飞走的时候，中午时分都有许多杓鹬飞到这里来。这种现象在每年 7 月末 8 月初时出现，一般要持续两个星期左右。池塘边上有一排几乎腐烂了的旧篱笆，曾是用来圈大麻田的，有十几年废置不用了。篱笆的周围长满了深草，很适合我藏身。于是，中午的时候，我躲进深草里，耐心地等待杓鹬飞来。很快，我听到了鹬群的喧闹声，甚至连它们飞行时带起的呼呼风声也听到了。转眼间，在我的头顶上空聚集了黑压压的一片，那是由杓鹬的翅膀、腿、脖子和弯曲的长嘴组成的乌云…… 我平生第一次不知所措了，最后竟然放过了大群的杓鹬，而只对一只落在后面的杓鹬补了一枪，还打在它的翅膀上。之后，我稍稍平静下来，时而瞄准最大的一只杓鹬，时而又对着鹬群密集的地方开枪。我不能让鹬群太接近自己或者干脆就放它们从眼前飞过：因为在特别近的距离内开枪，尽管意味着一定能打中，但常常只能打中一只杓鹬。我会等它们落下来以后再射击，这样我偶尔也能一发子弹打中三四只杓鹬。受到惊吓的鹬群变得骚动不安，它们惊叫着飞了起来，但要是绕了一圈并没有发现有人时，它们还会飞回来，落到先前落的地方，但前提条件是我不能从深草中走出来，不能捡拾那些被我打死、打伤的杓鹬。最后这一点很重要，因为杓鹬一般总是要飞落到受伤的同伴旁边，而如果我暴露了自己的话，就一切都落空了。第二次射击，我又能捕到一些杓鹬。就这样一直折腾了一天，杓鹬总算飞走了。我从未连续两天到这个地方来过，总是隔一两天再来，因此总能在它们南飞之前在这里发现杓鹬，这个时间一般不晚于8月17日。

森　林

所有的森林野禽大都生活在森林里，甚至有些野禽是从来不会离开林子的。

我曾经讲到过水，说它是“大自然的美景”，森林也可以说是这样的。任何一个地方景致的完美都离不开水和森林：大大小小的河流和湖泊的周围总是长满了树木和灌木丛，大自然正是这样结合的，很少有例外。大自然的伟大之处就在于它将森林和水结合在一起。森林是水的保护神：树木使土壤免受夏日强烈的日光照射和风沙的损害；树荫底下凉爽潮湿，空气中保存了流动和不流动的水分。现在，在整个俄罗斯被标记过的河流在不断地减少，普遍认为是森林遭受破坏的结果。

含树脂多的树木，如松树、云杉、冷杉等聚集在一起，叫作针叶林或者赤松林。这种林木的特点在于树叶是针形的，冬天不落叶，而春天和夏初时节才渐渐地开始更换新叶；秋天的时候，树叶会更加饱满、鲜绿，因此这种树木从来都会傲然从容地迎接冬天的到来。只长松树的林子，我们管它叫作松林。其他那些秋天落叶，春天长叶的树种，如橡树、榆树、黑杨、椴树、白桦树、山杨、赤杨等叫作阔叶林或是黑林。一些结浆果的树种也可归属进来，比如经常能长得高大粗壮的稠李和花楸。冬天落叶的各种灌木也应该列入阔叶林科中，如荚蒾、榛树、忍冬、各类野蔷薇、五蕊柳、河柳，等等。

针叶树喜欢黏稠的土壤，而松树则更喜欢沙土地，在真正的黑土地上，松树的数量少得可怜，只有在裸露着沙土和碎石的山上才能见到。我不喜欢针叶树，不喜欢那种忧郁而乏味的绿色，不喜欢针叶树下的沙土地和黏土地。这也许是因为我从小就习惯了阔叶林和肥沃的黑土地的缘故吧。阔叶树的叶子形状各异，看上去是那样地赏心悦目！在我生活了大半个世纪的奥伦堡省的一些县里，松树是极其罕见的。因此，我也就只能谈谈阔叶林了。

阔叶林大多是许多种树种混合生长在一起的，但偶尔也会见到只长有一个树种的小片树林，如橡树林、椴树林、桦树林或者白杨树林，这些树种很普遍，在数量上要比其他树种多得多，适合做建筑材料。当各样树种混合生长在一起，组成一大片绿色的树林时，树木看上去都是一样美丽，但若是单独比较，还是有一些树种略微逊色一些。有着白色的树干、淡绿色叶子的白桦树，枝繁叶茂，令人心旷神怡。但还有比它更好的树，那就是椴树，它体态匀称，枝叶纷披，叶子圆润，开花的时候，散发出甜蜜的气息，它的树叶颜色不很鲜亮，而是一种柔和的绿色。一直以来，椴树韧皮都被信奉东正教的俄罗斯人民用来做树皮鞋。槭树也不错，它高大、挺拔、漂亮，但是在我所熟悉的奥伦堡地区却很少见到，而且也都没有长到应有的高度。高大、伟岸、有几抱粗的老橡树，可以生长几百年，小橡树却并没有什么吸引人的地方：颜色是深绿色的，晦暗、没有光泽。每个叶片上有一个小开口，厚密而结实，只有这一点才能让人联想到那伟岸、挺拔、历经风雨而不衰的老橡树。山杨树无论从外形还是从内部结构来说都是建筑材料最后选择的目标，白杨树叶随风颤动，但很少引人注意，只有到了秋天才会显示出它的魅力来：这时，它那早熟了的叶子已经呈现出金黄和深红的颜色，当其他的树木还是绿意浓浓时，这样的颜色就显得格外的鲜亮，在秋天落叶时节为森林增添了许多诗意和活力。

“开始生长”和“正要生长”的林子，也就是说那些幼林，看上去令人愉悦，特别是从远处望去，树叶的绿色是那样的新鲜、生动，只是树荫很少，小树长得纤细、稠密，很难穿行。随着时间的推移，大部分树木会因拥挤而渐渐干枯，只有那些生命力强的树木才会吸收到土壤里的营养，渐渐地纵向、横向地生长。

一行行排列紧密的高大、古老的树木巍然挺立，远远望去，黑压压的一片，但是这里所说的“古老的”不应该理解为已经衰老得没有叶子的老枯树：树木一旦到了这种程度，看上去大多是非常凄凉而忧伤的。在自然界中一切生物种类的生长都需要一个渐进的过程。一般说来，森林大都是由不同年龄的树木组成的：那些衰老的树木，在走完了自己的一生之后，变得完全干枯了，在众多枝繁叶茂的树种中——显得那样的渺小、平庸，不为人所注目。在森林里，有时你会见到一些橡树、椴树、白桦树和山杨树的巨大的树干横在地上，这是怎么回事呢？原来，这些树木长到了一定年龄，就会干枯，然后从根部开始腐烂，最终被暴风雨吹倒在地。这些树木倒塌的时候，会压弯或折断邻近正在生长的树木，后者在受到这样的打击之后，尽管看上去样子很难看，但却还能继续生长，只是树干被弯向一侧，接下来要么就地生长，要么就弯成一个漂亮的弧线形生长。我们回过头来说横在地上的树干，尽管它的内部已经腐烂，但它的外形却能完好地保存很长时间，而且树皮上长满了青苔，甚至青草。有的时候，我匆匆忙忙地赶路，会不经意地碰到这样的树干——一脚踏上去，脚穿过树干径直陷进土里。于是，一团团腐烂的粉尘几秒钟内将我包围住…… 但是，这一点儿意外并不会影响人们去欣赏身边的绿色世界，欣赏那清新、朦胧、安静的氛围。炎热的中午能看见茂密的森林该是多么让人愉快的一件事情啊！林中纯净的空气是那样清凉、怡人，而宁静的氛围又让人心神平静，当有风吹来时，树叶发出沙沙的响声，真是绝妙的大自然啊！森林的朦胧美给人一种神秘的、未知的印象，野兽、飞鸟和人的声音在这里也发生了变化，变得奇怪了，变得无法捉摸了。这是一个特别的世界，人们以其丰富的想象力赋予它以超自然的生命力，比如，人们常用“林妖”“森林姑娘”来比喻森林，对于河流、湖泊中的漩涡，人们则称之为——“水妖”。但是，暴风雨来临的时候，森林却可怕极了。这时，尽管地面上很安静，但树干却吱吱响着，呻吟着，干树枝噼噼啪啪不停地断裂开来。一种不由自主的恐惧感袭上心头，迫使人赶紧向开阔的地方奔跑。

在森林里栖息着各种各样漂亮的飞禽，它们叫声各异，种类繁多：细嘴松鸡悠然自得地闲聊着，花尾榛鸡吱吱叫着，丘鹬嘶哑地求偶鸣叫，鸽子发出各种咕咕的叫声，鸫啾啾地尖叫着，黄莺清脆婉转的叫声此起彼伏，长有花斑的布谷鸟呻吟着，羽毛各异的啄木鸟不停地敲击着树干，黑啄木鸟呼号着，松鸦、太平鸟吱吱叫着，林中的百灵、蜡嘴雀及各种各样无以计数的长着翅膀、会鸣啭啁啾的小生灵们不停地发出各种各样的叫声，充斥着整个空间，使安静的森林鲜活起来。鸟儿们在树枝上、树洞里筑巢、生蛋、哺育孩子。也正因如此，鸟儿们的天敌——貂、松鼠和嗡嗡叫的野蜜蜂——也在树洞里安顿下来，不停地窥伺着鸟儿们的一举一动。在树木众多的林子里野花、野草很少，因为树木密集，枝叶挡住了光线，林子里总是阴暗的，这对于靠阳光和温度来维持生命的花、草的生长非常不利。这里最常见的是齿状蕨类，叶子又绿又密实的铃兰，茎秆细长的紫罗兰，还有一团团红彤彤的、成熟了的石生悬钩子。空气中散发着潮湿的蘑菇气味，这之中气味最浓烈的，在我看来特别好闻的是卷边乳菇的气味，它们总是一簇一簇地从腐烂的树叶下面冒出头来。

在这样的阔叶林里，常常会有熊、狼、野兔、貂和松鼠出没。提到松鼠，最常见的有两种：一种毛色微白，另一种全身纯白。不知为什么人们管前一种叫作“葫芦”，后一种叫作“飞鼠”。“飞鼠”的前爪和后爪都长有一层薄薄的皮蹼，皮蹼一伸开，就可以帮助它从一棵树上跳到另一棵树上，而且跳跃的距离非常远。有一次，当“飞鼠”飞一样地跳跃时，我朝半空中开了一枪，结果竟射死了在旁边飞行的一只鸟儿。同样，林子里也有凶猛的飞禽，它们将巢就筑在粗大的枝杈上，如各种鹰、鹞、白尾鸟、红脚隼等。有些地方树木密集，难以通行，在浓密的树荫下，世世代代繁衍着猫头鹰、鸮和长耳朵鹏鸮，它们在深夜里凄惨古怪的叫声使一贯胆大的人也胆战心惊。民间把这种叫声看作是林妖在大喊、大笑，这也没有什么可奇怪的。

要是你有机会驾车经过绿色的小树林和气味芬芳的林中草地，那么就有机会看见落在高处的红脚隼，在这里我要向各位谈一谈这种鸟。假如红脚隼的窝就在附近，那么通常它会尾随着驾车人，甚至步行的人在高空勇敢地兜着大圈子。在飞行时，红脚隼机警地注视着下面，留心是否有小鸟从马蹄下、人脚下惊起。一旦发现有小鸟飞出，它就会立刻闪电般地从高空扑向猎物。如果那个小家伙不能及时藏身到草丛里、树叶里或者灌木丛里的话，那红脚隼就会利用它那尖尖的爪子抓住猎物，然后拖到窝里给它的孩子们分享；如果它没能抓住猎物，就会突然向上飞起，在空中画一个大弧形，再次搜寻，而小鸟若是再一次飞起来或是又有一只鸟儿飞起来时，红脚隼会再次落下来。红脚隼在高空中的叫声和飞行的样子特别像鹰。有时候，会有两只稍大一点儿的红脚隼——一雌一雄，一起飞出来抓猎物，于是，这两个小家伙就会引得爱看与不爱看的观众都开心一阵子。你的注意力会不由自主地被这种体态不大、漂亮而又凶猛的鸟儿那迅速、矫捷的动作所吸引，令你的内心中产生一种既愉快又吃惊的情绪。奇怪的是，连那种最富怜悯心的人也不知为什么对红脚隼的猎物——不幸的鸟儿无动于衷！红脚隼捕猎鸟儿的过程是多么美妙、多么令人心动啊！以至于你会不由自主地希望我们的“猎人”多捕获一些猎物。如果一只红脚隼顺利地抓住了一只小鸟的话，它会立即将猎物送到自己的孩子们那儿，而另一只红脚隼会留在原地，继续在空中盘旋，等待机会。常常是两只红脚隼几乎是同时各捉到一只鸟儿，这时它们就会带着猎物同时飞回。但只一小会儿，必然有一只红脚隼会再次回到原地。红脚隼是一种神秘的鸟儿：野外长大的红脚隼捕抓量惊人，而家养的却笨拙得什么也捉不到。我曾多次尝试去训练红脚隼、猎狗、猎鸟和刚会飞的小鸟。训练非常简单，只用三四天的时间小鸟就习惯了，甚至没有肉块做诱饵，它也会飞落到我手上。只要你一吹口哨，一挥手，只要红脚隼一看见猎人或者听见猎人的哨声——红脚隼就已经落在人手上了；如果猎人没有伸出手来，那么红脚隼就会落到猎人的肩上或头上，而活的猎物它都不会捉。这一点所有的猎人都知道，但一开始我却不相信，直到经过多次的实验证明完全是这么一回事儿后我才相信。用红脚隼做猎鸟去诱捕猎物的希望一个个落空后，我一般会将红脚隼放飞，久久地望着它在我的房子周围转来转去，久久地听着它似乎是“饿了”“饿了”的凄惨叫声。至于后来红脚隼是恢复了捕捉猎物的本能，还是饿死了——我就不知道了。

春汛时，河水溢了出来，人们管水边的树林和灌木丛叫作沿河阔叶林或沿河灌木丛。这里的树木和灌木是各种各样的：大、中河流两岸一般是沙质的土壤，这里生长的树木和灌木多半是榆树、黑杨、爆竹柳或者白杨，很少见到高大粗壮的橡树。稠李、花楸、榛子树和大棵的野蔷薇总是伴着它们生长。在春天开花的季节，周围会散发出刺鼻的香味。榆树长得不是很高，但很粗壮，波状纹理的树桩的圆周一般可达三俄丈长；它长得美丽而枝叶扶疏，椭圆形的仿佛是压上花纹的树叶子呈现出晦暗的浓重的绿色，非常美丽。但黑杨则不同，它长得特别高大、雄伟、枝繁叶茂；它那淡绿色的叶子很像山杨树的叶子，微风过处，细茎上的叶片晃动不止；它的树皮很厚却很轻柔，里面呈红色，可以用来制作各种小工艺品，更常用来编织渔网和系钓鱼竿。这种沿河的林子和灌木丛往往不会很密集，有一些春汛时形成的大大小小的湖泊夹杂在其中，这些水洼中生活着各种鱼类和水上野禽。在水洼边、河岸边的沙丘上和斜坡上，除了一些浆果树外，到处都长有大量的木莓果（有的地方叫黑莓果），这种植物的枝蔓柔软，长有匍匐茎和刺，因此，能够攀附到别的植物上，然后匍匐生长，从春汛开始，许多细细小小的白色小花就会挂满它的枝头，而到了秋天则长满蓝黑色或蓝色的果实，味道鲜美，从外形和大小上看，它很像大个儿的马林果。这样的沿河林地和灌木林非常好，因为高大的树木喜欢宽敞的空间，它们一般都生长得很稀疏，因此，放眼望去，这些树木所组成的风景真是雄伟壮丽。

另外一种沿河林地和灌木林生长在连中等河流都算不上的河边，这种河流太小，但流速却很快，且流量大；河岸上的土质不像前面讲的那样贫瘠、沙化，而是肥沃的黑土地，上面绿意盎然，充满生机，那里很少见到榆树、橡树或是黑杨，而是桦树林、山杨树林和赤杨林的天下；那里，除了稠李和花楸外，还有许多种灌木，比如：荚蒾、金银花、山楂树、杞柳、醋栗，等等。这种沿河林地和灌木林地我特别喜欢。许多树木和大部分的柳丛中间都穿插着、交织着、缠绕着野葎草柔韧的嫩枝，一直到树梢。一开始野葎草长满像葡萄树叶一样绿色的叶子，接着便挂满了一串串葡萄一样的淡黄色、金黄色的球果，果实里面藏着许多小小的、圆圆的、味道苦涩的葎草籽。许多夜莺等善鸣的鸟类喜欢栖息在这种密集的绿色灌木丛中。其中夜莺的叫声是最响亮的。它们那时断时续的叫声日夜不停。太阳落山了，于是，轮到夜晚值班的夜莺替换下喊叫了一天的伙伴接着鸣叫到天亮。在生机盎然、绿意正浓的灌木林中间，水声轻轻，夜晚充满了温暖和芳香的气息，只有这时夜莺的歌声才真正有了完全的意义和迷人的魅力…… 但是，当你走在大街上，在吵吵嚷嚷的人群中，在马车的吵闹和灰尘中或者是在闷热的房间里，若是听到这些夜莺的歌声，该会让你心烦意乱了。

在小河或小溪边，特别是在地势低洼的泥泞土地上，河边林地和灌木丛一般是由单一的赤杨和柳丛组成，许多地方长满了芦苇，偶尔也能见到一些歪歪扭扭的既不怕潮湿又不怕干旱的白桦树。这些地方的树木、灌木生长得特别密集，而且土质泥泞，小湖泊很多，给沼泽地上和水上的各种野禽抚育下一代提供了方便的条件，于是各种大大小小的动物便会在这里找到安全的栖息地。

就是这样一片森林，这样一片我只是粗浅地、简单地描述过的森林，这样一片在炎热的天气里提供清凉的森林，这样一片鸟兽聚集的森林，这样一片我们来建筑家园和在漫漫寒冬用之取暖的森林——我们在很大程度上还没有去珍惜，去爱护。的确，我们这里森林资源丰富，但是，这些资源却导致了我们不停地浪费，而如此下去，离贫穷也就不远了。在我们这儿无缘无故地砍伐森林，被认为是很正常的事情。在一些盛产森林的省份，通过少数人的努力，森林才勉强得以保存，但是，在其他许多地方，曾经是森林密布，但现在却只剩下光秃秃的草原了。于是，干草代替了木材来取火。奥伦堡省的未来前景也可能是这样的。农民一向很残忍地对待成长中的树木，从不去利用那些被暴风雨毁坏的枯树枝，竟让其白白地腐烂掉，因为这种树往往又粗又重，在农民眼里，搬动这样的树木太不值得了，他们一般要砍那些幼树做木柴。将成年大树的枝杈和树梢砍下来做燃料，而光秃秃的树干则留在原地，任其干枯和腐烂，这就是农民每天在犯的错误。农民还认为在长满幼树苗，甚至灌木丛的地方割草或放牧牲畜都是完全没有必要的。这些还不算什么，更具有毁灭性的是加工草碱和焦油：制作草碱的主要原料是无毛榆、椴树和普通的榆树，人们用其烧制成草木灰，为了眼前的利益，有时甚至连其他的树种也不顾惜；焦油是从桦树皮中提取的，也就是说得将白桦树的表皮剥下来。虽然剥一层桦树皮起初对树木本身并没有造成毁灭性的破坏，因为白桦树并不会因剥掉一层皮而突然死掉，并且如果剥的时候很小心谨慎的话，过十来年又会长出一层新皮，又可以再次被利用了，然而，雇来的工人会小心地剥桦树皮吗？再说即使他们很小心地工作，桦树的成长也不可能完全不受到影响：白桦树会渐渐地干枯、死亡，不会活到它应有的树龄。

在整个植物王国中，树木是最具有代表性的了，它展示了有机生命体的一切有形的变化过程。它体态庞大，成长缓慢，它健康长寿，它的躯干健壮、结实，尤其是它的根部能够吸尽所有土壤中的营养，随时准备让正在干枯的、濒于死亡的枝干复生，随时准备让嫩芽从已经死去了的树桩上再生。总之，它自身有许许多多的好处，及它外在的美丽，都应该唤起人们对它的敬仰和同情…… 但是，斧头和锯是不懂得这些的，为了眼前的利益人们手持锯、斧走向森林…… 不仅是一片被砍光的小树林，就连一棵大树都让我的心不平静。大树倒塌时的样子会让人产生一种难以形容的忧伤：起初斧子有力而响亮的声音只是让树干轻微地震动，接着随着斧子不停地落下，树干震颤得越来越厉害，每一个树枝，每一片树叶都跟着颤动不止；当斧子砍到树心时，砍伐声变得沉闷而令人痛苦…… 最后“咚”的一声——终于，树干动了，紧接着是“噼噼啪啪”的断裂声，树梢骚动起来了，这时，大树就往哪个方向倒的问题好像稍加思索了一下，终于决定了，大树倒下了，一开始是无声地、缓慢地，紧接着像是刮来一阵大风，“轰”的一声飞快地向地面倒去！……几十年才孕育出来的这样的一棵苍劲挺拔的大树，只几分钟内就毁灭了，而它的毁灭常常是由于人的毫无缘由的任性所造成的。

松鸡（细嘴松鸡、普通松鸡和白肚松鸡）

细嘴松鸡的体形大，数量少，且生性谨慎，不易猎得，因此，这种松鸡堪称森林野禽之首。它不是候鸟，冬天不会飞走，相反，在最冷的西伯利亚地区数量却很多；“普通松鸡”这个俄文名字的来源不是因为这种松鸡耳聋，而是根据它常出没的地方而命名的（“普通松鸡”一词的俄文词根有“耳聋的”“偏僻无人烟的”两个意思），它常栖息在远离人烟的地方，因此叫普通松鸡；第三种“白肚松鸡”的俄语叫法也是由它的栖息地而来，它常出没于长满苔藓的林中沼泽地上，因而叫白肚松鸡（这个词的词根是青苔、苔藓的意思）。

我年轻的时候，还真碰上过一些老猎人，他们告诉我细嘴松鸡是听不见声音的，理由是松鸡从不害怕各种外来的声音，特别是处于发情期的时候。这种说法是完全错误的。首先，鸟类在没有辨别出声音的来源时，几乎都不怎么害怕外来的声音；其次，发情期里的细嘴松鸡特别疯狂和盲目（这一点下面我还要讲到），不仅什么都听不见，而且也什么都看不见。在民间也曾传说，甚至现在也有人说松鸡是听不见声音的。有例为证，比如我们常听到的一些俗语：在责怪别人心不在焉或有点儿耳聋时常说“哎呀，你真是只细嘴松鸡！”与之相反，普通松鸡却有着不同寻常的听觉，这一点所有有经验的猎人都知道。

在奥伦堡省细嘴松鸡的体形不算太大。我曾亲自称量过一些细嘴松鸡（雄松鸡）：最重的也只不过十二普特半，然而在彼得堡附近的白肚松鸡听说竟有十七普特重。雄性的细嘴松鸡与黑琴鸡并不完全一样，尽管它们同出一族。然而雌鸟的羽毛却非常相似，只是雌松鸡的羽毛稍红一点儿，身上的褐色花斑颜色更深一些而已。雄松鸡的尾巴上长有一根根像发辫一样的黑色羽毛，因此取名叫雄鸡（俄语中“雄鸡”一词的词根有发辫的意思）；雄鸡的大小、体态与一岁大小的幼年雄火鸡很相像。如果将雄鸡的身体拉直，那么从头到尾有1.5俄尺长，而身长仅有半俄尺。雄鸡的嘴坚硬、厚实，稍向下弯曲，淡绿色，约有半俄寸长。眼睛是黑色的，眉毛是红色的，很宽大，头不大，脖子很粗；从远处看，一只雄鸡几乎全身都是黑色的，但其实并不是这样：它的头和颈部的羽毛是黑色的，但其中却夹杂着灰色的花纹，嗉囊上长有闪亮的绿色羽毛，尾部黑色的羽毛上长有白色的花斑，而背部，特别是羽翅上的羽毛是灰色的，上面有长形的褐色花斑；尾巴内侧的羽毛为黑色，正面有白色的斑点；翅膀下面的羽毛是白色的，并且还夹杂着黑色斑点，其余部分的羽毛都是烟灰色的，腿上长有一层灰色至浅灰色的长长的绒毛，一直到脚趾上都是毛茸茸的；脚趾上有一层贝壳状的闪亮鳞片，四周包有坚硬的皮边，脚趾甲大且坚硬，呈黑色。

雌性的细嘴松鸡比雄性的小得多：我从没有猎到过六普特以上重的雌鸡。有关细嘴松鸡发情和孕育下一代的情况，我不想多说，因为在这方面它们与普通的黑琴鸡非常相似。

普通松鸡更喜欢栖息在针叶林中，对于它们来说——松树、云杉是必不可少的。这些树的嫩枝是它们的主要食物，因此松鸡肉有一股树脂味。其实，在松树很少的阔叶林中，有时也会有松鸡光顾。松鸡不爱吃粮食籽粒，所以很少到田里去。总而言之，细嘴松鸡比起那些体形较小的同族——普通的黑琴鸡来说更加孤僻和机警，常常栖息在大林子里。雌鸟在地上筑巢，每窝一般生七八枚蛋，比鸡蛋多一倍。松鸡蛋呈浅红色，上面有深红色的斑点。

普通松鸡是一种结实的、神采奕奕的大鸟。虽然有些猎人认为猎枪对付雄性普通松鸡比雄性黑琴鸡容易些，但我却不同意这样的说法。我只能说普通松鸡就其身材来说并没有我们想象的那样壮实，那样不怕猎枪，但我可以肯定地说，它们比黑琴鸡要强壮，因此猎人们一般都使用最大号的霰弹射击松鸡。

前面我已经说过普通松鸡是非常胆小和谨慎的。它喜欢落在大松树梢上，特别是那种难以攀登的峡谷和高山上的松树上。栖息在这种地方，当然是绝对安全的，不会受到猎人的威胁。如果猎人驾车或是步行接近松树的话，松树下面的树枝会遮掩着松鸡，从下面什么也看不到，相反，离得稍远一些，也许能看见松鸡，但距离又太远，用霰弹是无论如何也打不中这么大而且结实的鸟儿的，尽管猎枪里已经装好了特号霰弹和零号霰弹。由此可见，用猎枪射击松鸡是一件很麻烦的事情，特别是对付雄松鸡，雌松鸡好一些，它们比雄鸡性情温和、软弱得多，常常在不太高的树上落脚。最方便的一种射击细嘴松鸡的方法是用小子弹步枪射击。这种方法不仅西伯利亚的捕兽猎人使用，而且在维亚特省和彼尔姆省的沃恰克人和切雷米斯人也用。但是，是否所有会使用猎枪的猎人都会使用步枪呢？猎枪和步枪完全是两回事，即使你的动作再怎么灵巧、敏捷，甚至眼力再怎么精确也无济于事。我本人就是一个好例子：我曾是一个优秀的霰弹猎枪手，而在使用步枪和来复枪时，却连较近的目标都射不中。大部分的猎手也都如我一样，不会使用步枪。

困难当然是有的，然而，对打猎的狂热却能使人想尽办法，克服一切困难。它让人变得极其耐心，我就经常在一个早晨的时间里用普通的猎枪，用打灰雁的霰弹射到六只松鸡。打猎的时候，雪橇或者马车往往会因地形的关系而无用武之地，于是我就从树林的后面悄悄步行接近松鸡。如果没有看见松鸡，那等我真的跑到松鸡藏身的松树下时，松鸡则给吓飞了。一次又一次的教训使我长了经验，我会牺牲双筒猎枪中的一筒子弹，先将松鸡惊起，然后再用另一筒子弹瞄准飞行中的松鸡翅膀射击，只要松鸡藏身的那棵树不太高的话，一般都能打中。我还尝试过另外一种方法，效果也不错。枪声响过，一只松鸡被惊走了，而剩下的松鸡应该是会去找它的，因为松鸡有一个永远不变的习惯：只要有一只松鸡飞走了，那么其他的也会跟随其飞走，而且会落到一处——因此，我则特别注意第一只惊起的松鸡的去向，然后在途中埋伏好，同时让一个伙伴或马车夫驾车去惊飞所有的松鸡。我心平气和地守在松鸡大队人马的必经之地，有时，这种等待是很漫长的，甚至全身都冻僵了；而且如果是在山上或峡谷中的话，帮忙的伙伴为了惊起其余的松鸡，还得绕行好远的路，需要更长的时间。但值得欣慰的是，我总能在一小群惊慌飞过的松鸡中打中两只。这种方法很方便，因为从大松树上飞下来的松鸡总是喜欢向下飞，飞落到一般的小松树的树梢上。因此，它如果是一直从你头上飞过或是从你不远的地方飞过的话，那么应该不会飞得太远。失误是常有的事，但最不幸的是松鸡被打中了翅膀，却还活着，因为我要在原地转上几天，所以它们一般在被活捉的第二天就得被打死，否则带起来非常麻烦。应该承认，秋季打猎松鸡的时候，多半只有那些翅膀中弹断了的松鸡才会得手，原因并不只是由于松鸡体格强壮，还有就是它躲在又高又密的松树针叶里，很难射中要害。当然，一声枪响之后，要仔细看清楚松鸡是否真的被击落？是否真的掉队了？沿途的雪地上是不是有血印？是不是躲在树杈上了？是不是往下面跑了？做出了正确的判断之后，应该立即就能找到松鸡，然后打死它，因为受伤的松鸡一般是很安静的，可以直接走上前去抓住它。

早春，当雄鸡鸣叫求偶时，不仅可以从树后悄悄地走近它，甚至即便是在开阔地带，只要你小心，也能走近它。比如，雄鸡发情鸣叫的时候，你可以一直向前走，等它的叫声一停，就得马上停步；在雄鸡闭嘴不叫的这一段空当里，猎人要像雕像一样一动不能动；只要雄鸡再一开始求偶鸣叫——你又可以大胆地向前走，直到走到猎枪的射程内。有关松鸡的故事我也就知道这些了，再重复强调一点就是：普通松鸡的其他特点与细嘴松鸡非常相似，因此，射击幼小的细嘴松鸡也是如此，只有一点除外，就是细嘴松鸡从不落到地面上，而总是落到树上。找细嘴松鸡必须得到林子里去找，而开阔的大田里是找不到它的。

幼鸡的肉非常鲜美，这是公认的。老鸡肉又干又硬，而且还有一种很特别的并不是所有人都喜欢的野味，那是一种松树、云杉和刺柏果子的味道，但是很多人却喜欢这种味道。

深秋，第一场雪过后，打猎松鸡变得非常困难了，而且几乎很少能打到，而我却仍旧兴趣不减，狂热地迷恋上了这项猎事。应当承认，这种鸟儿确实是很大，特别是它结实强壮的体态，谨小慎微的性格和数量稀少的特点，不仅使那些枪法很好的普通猎手流连忘返，而且就连普通的猎人也会渴望得到它，至少，我是这样的。

黑琴鸡

有谁不知道桦树林里最常见的黑琴鸡呢？民间管它叫“琴鸟”，更常听到的叫法是“黑琴鸡”。松鸡或者细嘴松鸡则是另外一回事。它们可没有黑琴鸡这么有名气，这样在民间广为流传，大概是因为松鸡不像琴鸟那样随处可见的缘故吧。但松鸡与黑琴鸡却十分相像。前面我已经专门描述过松鸡了，所以没有必要再详细地描述黑琴鸡的身材、形体和羽毛的颜色，况且，在谈及它的生活习性时，我一定会谈到它外形上的变化的，只是需要指出的是黑琴鸡在与其相近的鸟类中，是最结实强劲的鸟了。它的飞行速度很快，而且体力很好。它飞行的时候不停地扇动翅膀，就像刮起了大风，尤其是从地面起飞的时候，气势格外宏大。黑琴鸡随处栖息：大大小小的阔叶林、针叶林、森林间的小树区、树木稀疏的林子，甚至在无林区，都会见到黑琴鸡的踪迹，只要是地面还没有开垦就行，因为雌鸟从不在耕种过的土地上筑巢。在一些人口居住不太密集，又盛产粮食，特别是有木材的省区，黑琴鸡的数量特别多。冬天它们会留下来过冬，这一点跟松鸡很像。严寒对它们不会造成伤害，相反它们好像更喜欢在比较冷的地方繁衍后代。好吧，现在我们就从头谈起。

每年 5 月，雌鸟会在林子边上、树木稀疏的地方或是嫩绿的灌木丛中筑巢。猎人们告诉我说雌鸟每窝生 10 到 12 枚蛋，但我本人却一窝最多只见过 9 枚蛋。雌鸟一旦开始孵蛋，就非常尽心尽力，轻易不肯离开，因此，在它孵蛋的时候，不仅是一些凶猛的野兽、小动物欺负它，甚至连家养的狗都能欺负它。我曾多次驾着三套马车撞到过趴在窝里孵蛋的雌鸟，甚至有一次我的辕马竟然还用蹄子踩到了一只孵蛋的黑琴鸡。一连三个星期，无论是白天还是夜晚，雌鸟寸步不离开自己的窝，只有中午时才稍离开一会儿，而且在离开前还要用茅草和羽毛将窝盖好，以防鸟蛋冻伤。小鸟一般在 6 月中旬时破壳。然而如果第一窝蛋不幸丢失的话，那么小鸟出生的时间还要晚一些；如果这一年野火发生的时间像前几章里我讲过的那样拖后了，那么这些新出生的小鸟儿还会受到野火的威胁。像别的鸟类一样，幼琴鸟的羽毛起初都是黄灰色的，很难从羽毛的颜色上区分雌雄，再后来稍大一点儿了才能分出雄鸟与雌鸟。8 月，雄鸟开始长出一缕缕深褐色的羽毛，样子十分好看，于是猎人们便说：“小琴鸟长大了！”这时的雄鸟已经长得比雌鸟结实多了，连羽毛也变宽变红了——这些特点会一直保持下去。雄鸟老的时候会比雌鸟重一普特。初冬时节，雄鸟的羽毛变成深褐色，尾部那缕缕发辫一样的黑色羽毛已经长长，末端卷起：其中一半向左卷，另一半向右卷，呈U形，很像旧时的餐刀弯曲的刀锋。雄鸟的羽毛会越来越黑，等到第三个年头就会变成纯黑色，只有背上两羽翅间的羽毛是灰色，脖子上是蓝钢色。雄鸟的翅膀内侧长有白色绒毛，甚至尾巴上的“小辮子”底下也是这种白绒毛，而羽毛的正面也隐隐可见一些横向的白色条纹。雌鸟基本上不变色：只是冬天临近时，它的羽毛会变得更硬更结实，身上花斑的颜色加黄加深。小琴鸟的特别之处，就是刚破壳几天就开始学习飞行，更确切地说是学习起飞和落地。起初它们吃草籽和一些小昆虫，长大之后就吃各种野果子，比如：野生草莓、石生悬钩子和樱桃，弄这些东西它们可是能手。在林子里，小琴鸟则找各种浆果吃，它们能够吃到比自己高出许多的樱桃树上的樱桃，并且吃得津津有味，它们用的办法可以说是别出心裁：首先将樱桃枝压低，然后一点儿一点儿向前移动，渐渐地一直能将果子压到嘴边为止。这个时期幼鸟肉的味道特别好，当然是指那种栖息在野果子多的地方的小琴鸟，在那里，黑琴鸡唯一的或者说主要的食物就是这些野果子。再过一段时间它们就吃庄稼的籽粒，最后，等到粮食入仓以后，大地覆盖了一层白雪的时候，树芽、橡实、白桦树的花序、赤杨球果、松果、松树和云杉的树芽就成了黑琴鸡既丰富又营养的食物了。

早春时节，猎捕黑琴鸡的活动不多。当雌鸟孵蛋，雄鸟躲进林子里的时候，已是5月底了，这时捕猎黑琴鸡基本上已经停止了。6月，雄鸟和未交配过的雌鸟开始脱毛，而交配过的雌鸟脱毛的时间则稍推后一些，是在小鸟出生后才开始脱毛的。捕猎小鸟一般从7月开始，一直持续到9月初，当然得需要猎狗来帮助才行。当树叶凋零，一场秋雨和一场霜冻之后，枯萎的野草伏倒在地上，这时黑琴鸡早晚都会停落在树上，起初是一窝一窝各自独立，之后便老幼不分会合成群。如果秋天来得晚，那么它们在树上栖息的时间也就越长，只要不刮大风，它们会一直待在那里不动。在没有风的时候，特别是细雨飘飞的日子里，中午时，黑琴鸡群才会飞下来，落到林中草地上或光秃秃的地面上。停留在这里，树枝上滴落下来的雨滴从不会使它们觉得不安。夕阳西下，黑琴鸡会从藏身地，也就是它休息的地方飞起来，飞回到树上，那无精打采的样子仿佛是在打瞌睡，一直到暮色已深，它们才会跳到矮一些的树枝上，如果有风，黑琴鸡会落到离树干较近的粗树枝上，这样风就不会摇动它们，黑琴鸡不喜欢被风摇来摇去。黑琴鸡总是在地面上过夜，只见它们好像从树上“掉”下来似的，没有一点儿声音，径直从上面落下来，就好像是突然间消失不见了，所以当你远远地看到一棵大树上落了几十只黑琴鸡时，你可得十分小心才行，因为它们会突然间都不见了！这时你会好奇地走上前去想看个究竟，结果那些已经落地休息的鸟儿们会由于你的到来而突然惊起。在冬天风雪交加的日子里，雪会将鸟儿们完全埋住，因此黑琴鸡需要超出寻常的力量才能从雪堆中爬出来，这却正好成了四处寻食的狐狸和狼的美餐。我本人多次在早晨闲逛时偶然碰到黑琴鸡的宿营地。第一次时我还的的确确被吓了一跳：由于我的到来，惊动了正在休息的几十只黑琴鸡，突然间，几十只鸟儿笔直地向上飞起来，它们起飞时抖落的雪花落了我一身。秋末冬初，这时是最好的捕猎黑琴鸡的季节，一直到雪特别大了，打猎才会停止，因此打猎黑琴鸡的活动可以一直进行到 12 月底。

说到猎捕黑琴鸡，我想再详细地谈一谈它随四季的变化而变化的习性，因此我的描述多多少少可能会出现重复，请各位谅解。

3 月末，太阳光开始变得热烈了，雄鸟周身的血液在僵硬了一冬之后也随着太阳光一起沸腾起来，它体内的那种本能的求偶意识复苏了，于是雄鸟开始进入发情期。它蹲在树上，发出一种低沉的叫声，这叫声有时听起来就像是大雁的低吟，而大部分时间却很像鸽子咕咕或喃喃的叫声，这叫声在清晨太阳初升时宁静的气氛里能传出去很远。也许很多人，当然并不光是指猎人，都听到过这种叫声："远处传来黑琴鸡低沉的求偶声"（杰尔查文诗句）；也许每一个听到这种叫声的人，在当时都会产生出一种朦胧、愉悦的感情。就声音本身来说，并没有什么吸引人的地方，但是这声音却不由自主地让人感知并领悟到整个大自然的和谐与统一…… 总之，雄鸟发出了求偶的叫声：起初声音很轻，有气无力，就像是在自言自语，即使吃了一顿饱饱的早餐后，嗉囊里填满了树芽后，也是如此。但不久，随着天气转暖，雄鸟发情的叫声会变得越来越响，越来越长久，越来越热烈，最后终于达到了疯狂的程度：只见它脖子肿胀，身上的羽毛像马鬃一样竖起来，藏在眼窝里平时被皱巴巴的表皮遮住的眉毛也胀了出来，向外伸展，并且变宽，连颜色也变得更加鲜红。雄鸟们在清晨太阳出来之前这一段时间里会匆忙地吃点东西（由此可见，当鸟儿们满脑子里都是爱情的时候，就顾不上吃东西了，所以得提前吃一点儿）。然后纷纷会集到事先选好的地点，一般是比较方便进一步向雌鸟求爱的地方，比如在林中空地、林子边上的草地和开阔的田间草地，但它们更喜欢在山丘草地上进行求偶。人们管这种鸟儿们经常光顾求偶的地方叫作“发情点”或“求偶地”。

迫使黑琴鸡离开这些地方到别的地方去求偶，可不是件容易的事，人们要花费好大的精力，不断地驱赶才行。甚至一连几年黑琴鸡都在同一个地方求偶。求偶时，雄鸟落在高高的树枝上，像鞠躬一样不断地向下张望着。它们时而趴下时而又挺起身体，紧张地伸长那肿胀的脖子，嘴里一会儿发出“吱吱”的长音，一会儿又低声呢喃。每一次猛烈的动作之后，翅膀就会扑扇几下来保持身体的平衡。渐渐地雄鸟进入了发情高潮：只见它动作加快，喉咙里发出“咕噜咕噜”的叫声，进入疯狂的状态，白色的唾液从它们那张大的嘴里流出来…… 写到这里，我就想起一则很古老的寓言：寓言大概是说很多雌琴鸟在地上跑来跑去，不停地抬头张嘴，接住并咽下由树上发情的雄鸟嘴里流出来的唾液，之后雌鸟就怀孕了。当然这样的故事早就没有人相信了，但是雄鸟那响彻四周的热情的呼唤并不是徒劳的：雌鸟早已在留心听雄鸟的鸣叫了，终于也按捺不住，开始纷纷向求偶地飞来。雌鸟刚开始会落在稍远一些的树上，之后渐渐接近雄鸟，但却不会并排落在雄鸟的旁边，而是面对着雄鸟落下。痴情地听着自己的黑衣舞伴那狂热的咕咕声和喃喃声，终于五彩的女舞伴对这充满诱惑而本能的叫声有了感悟，它们开始摆出性感的动作：不停地左顾右盼，又卖弄风情地用嘴将羽毛梳蓬松，然后全身一抖，展开尾巴，轻轻扇动一下翅膀，像是要从树上飞起来似的，突然，雌鸟终于全身兴奋起来，一下子从树上落到地面上。就在这一瞬间，所有的雄鸟会不顾一切扑上来…… 于是在这些性格温和、恬静的琴鸟之间会瞬间升起嫉妒与敌意，因为雌鸟总是比雄鸟少得多，而有时会出现许多雄鸟争一个雌鸟的场面。残酷的争斗开始了：雄鸟们互相用嘴钩住对方的脖子在地面上拖，相互用嘴啄对方，毫不留情地抓挠对方，只见羽毛翻飞，血滴四溅…… 与此同时，那些幸运的或者说是动作快的雄鸟则就在这激烈的“战场”附近与雌鸟进行交媾，完全冷漠地对待它们身边所发生的这场征战。受了孕的雌鸟立刻开始操心生育后代的事情。它会在树枝稀少的地方或者小树林里选一块干爽的地势较高的地方，刨个小坑，弄来一些上一年的干草，筑一个圆形的窝，窝底铺上一层从自己尾巴上拔下来的羽毛，然后生出第一枚蛋。第二天它会再到“求偶地”去，去之前它要仔仔细细地用草和羽毛将窝盖好，然后再一次和前一天那位动作迅速的雄鸟交配，产下第二枚蛋，并且这样的交配会一直持续到窝里生满了蛋或者这种短时的性冲动得到满足为止。雄鸟会好长时间在“求偶地”流连忘返，而渐渐地到求偶地来的雌鸟的数量却越来越少了，终于“求偶”的游戏也就结束了。发情期过后，雄鸟那肿胀的脖子消退了，眉毛又藏回眼窝里，羽毛也开始脱落了…… 它们该回到偏僻而安全的地方去了，到林中的峡谷中去了。很快到了脱毛的时候，也就是脱掉旧羽毛，生出新羽毛的时候到了。这个时期，即使不生病，它们的身体也是最差的时候。

春天捕猎黑琴鸡是很不容易的，而且捕获量又少。太阳刚一变得热烈，地面上的雪就被太阳光不知不觉地烤热，而到了中午时分，雪开始融化，地面上形成一层钻石般的晶莹剔透的光面。一到晚上，天气变冷，就会结成冰，人们叫它“雪面冰层”。3 月有时是 4 月初，这样的冰层可以使人接近独自在树上发情的雄鸟，也可以接近那些听雄鸟鸣叫的雌鸟。但是要想接近它们，必须格外小心，一点儿声音也不能发出，从树后一点点儿走过去，并且必须尽量绕行，不能被鸟儿发现。当雄鸟发情鸣叫时，你可以稍稍放松一点儿，但是雄鸟很快就会停止鸣叫，这时就必须要么停下来，要么就找一棵粗一点儿的树干挡住鸟儿的视线，不让它发现你。求偶鸣叫时，雄鸟什么也听不见，什么也看不见，但是当它叫累了或者有什么东西突然惊吓了它时，它就会马上停止鸣叫，这时它的听力和视力又恢复了。这个季节猎狗派不上用场，但需要那种射程远而密集的猎枪。尽管这时的黑琴鸡没有秋末冬初时那么强壮，猎枪能够对付得了，但是因为要从远处射击黑琴鸡，甚至还常常有一些大大小小的树枝在中间遮挡，所以射中它也并不很容易。当然，这里并不是说在射程内没有地方可以藏身，这里指的完全是另一码事：如果你朝离黑琴鸡最近的一棵树走过去，并且顺利地躲到树后，那么你就不能再探出头来了，无论你离鸟儿距离远近，动作快慢，在没有惊动琴鸟之前，必须马上开枪。当然失误是常有的，同时，想一次打许多只黑琴鸡也是不可能的。当地面上的冰雪融化，即使有的地方还没有完全融化，但至少已经开始融化时，就可以想办法，甚至驾车也能接近黑琴鸡了：首先，在清晨时接近它们的“求偶地”，枪声将黑琴鸡惊散后，就在“求偶地”周围找寻，因为鸟儿会围着“求偶地”转来转去，不会飞得太远，直等到所有的鸟儿都离开求偶地，各自回家时为止，也就是早晨九点左右的时候才散去。当然，驾车打鸟要比步行打的鸟儿多，但也不会太多，——总之，春季猎射黑琴鸡非常不容易，所以猎人们很少也不愿意在春季去打黑琴鸡，因为这个季节正是打猎各种由南方飞来的候鸟的旺季。

5月初或5月中旬起，黑琴鸡就彻底从猎人眼前消失了。雄鸟和未交配过的雌鸟躲到偏僻的林子深处去了，并且整个6月都是它们的脱毛期。7月小鸟出生了，在鸟儿幼小的时候，雌鸟或者叫母鸟（猎人们常这样叫）会寸步不离地带着孩子们到小树林或者林子边上去，那儿有许多幼树芽，特别是橡树芽。宽大密实的树叶几乎遮满了地面，叶子下面长满了密实的青草，这种地方特别适合隐藏那些毫无自卫能力的幼鸟。母亲很警觉，老远就能望见空中飞过来的鹫，它立刻不安地发出“吱吱”的叫声，只要一听到母亲的召唤，小鸟们就会飞快地向母亲这边跑过来，藏在母亲张开的翅膀下，就像家养的小鸡躲在母鸡的翅膀下一样。应该说，普通的黑琴鸡与家养的鸡在很多地方是十分相像的。从性情上来讲它们是一样的，母山鹑和母鹌鹑在这一点上还要相像。在所有的鸟类当中，母亲都要比父亲更加爱护孩子，而且有些父亲非但不尽父亲的义务，反而却自己将巢捣毁掉（比如公鸭子就是这样），而且对待孩子也显得过于急躁。我不能确定雄琴鸟是否也这样，但是很多猎人都对我说起雄鸟捣毁鸟窝的事儿。不管怎么说，在对待孩子的问题上，雌琴鸟表现出来的母爱并不比母鸭子少，无论遇到什么样的危险，雌琴鸟都会奋不顾身地去保护自己的孩子。它操心的事情可多了，因为无论是猛禽，还是像乌鸦和喜鹊这样的普通鸟类都对小琴鸟感兴趣，就别提狼了，特别是狐狸，常常来危及小鸟的生命。当小琴鸟长成半大琴鸟时，雌鸟会带着它们去一些较开阔的地方，在那里小鸟儿们能吃到一些野果子。

于是，真正捕猎小琴鸟的时机到了，这时捕获量很大而且很容易，也是令许多猎人都兴奋的事情，但这并不包括我：我更喜欢秋天驾车打猎黑琴鸡。这个时期最重要的角色是猎狗，它的嗅觉是否灵敏、见到猎物后的表现直接关系到捕获量的多少。尽管一窝黑琴鸡的气味很浓烈，甚至连反应迟钝的猎狗都能“汪汪”地大声嚷着说找到了。但是炎热的天气还是不利于寻找：清晨和夜晚，到处是厚重的露水味，而白天天气闷热，猎狗会感到疲倦，此外，干枯的花和树叶扬起的粉尘到处都是，也影响了猎狗的嗅觉，因此在打猎琴鸟时就要求猎狗有极好的嗅觉，并且体力也要好。在辨识那些混乱的痕迹时，如果猎狗没有经过很好的训练，那么它马上就会像无头的苍蝇一样，不知所措了——因为小琴鸟跑起来可是完全没有章法的。猎人带着猎狗向着应该有小琴鸟的地方出发了。一只训练有素，特别是嗅觉很好的猎狗是不会在那些琴鸟留下来的痕迹上耽误太久的，它会在猎人周围转着圈搜寻，而且很快就会搜出黑琴鸡的踪迹——有时还相差一百多步远呢，就带着主人径直朝猎物奔去。如果正赶上一窝黑琴鸡聚在一起，那么小鸟儿们就会突然飞起来。如果鸟群散开了，那么通常是雌鸟首先一马当先飞起来，这倒不是想尽快离开这是非之地，而是为了吸引敌人的注意力，将敌人引开。为了引诱敌人，雌鸟起飞的时候声音很大，而且还“咯咯”

地叫着，装作生病或是受伤的样子，摇摇晃晃地飞着，不时地落下又飞起。蛮横的猎狗禁不住诱惑，向雌鸟扑去，雌鸟借机将猎狗引开。利用这个机会，小琴鸟们赶紧逃散了。甚至连猎人（当然是新手）也会被雌鸟做出的假象所迷惑，而做出错误的判断，直接去捉雌鸟。但是，了解雌鸟这种把戏的人是不会上当的，他们会立刻朝空中的雌鸟开枪，然后再派猎狗一只一只地找出所有的小鸟，当然，一个出色的猎手，如果不急躁的话，一只只地瞄准小琴鸟，也会弹无虚发的。当一窝小琴鸟受到惊吓而突然飞起来时，小琴鸟往往会散开飞到林子里，而且有时候要飞出去很远，飞得快与慢要看琴鸟本身年龄和体力的情况。鸟儿们飞到目的地时，就像石头一样径直落到地面上，然后就一动不动地藏起来。这时候，如果猎人离小鸟仍然很近，或者至少离逃在最后的一只小鸟还很近的话，那么雌鸟还会再一次飞起来，引开猎人，保护自己的孩子。当然，它随时都有中弹的可能，但不管怎么说，小鸟已经逃走了，而且猎狗再去寻找那些已经逃走了的小鸟是非常困难的，因为正如刚才我所讲到的那样，小鸟们藏身于小树下、灌木丛中或是茂密的草丛中，趴在那里一动不动，更何况在树木稀疏的林子和灌木丛里，要捉这些鸟儿可不是一件容易的事情。小琴鸟大多趴在地上一动不动，但也有些鸟儿无法安静下来，总是跳来跳去的，这时只要放开猎狗去捉，还是能捉到一些的。但是，等小琴鸟再长大一些，就开始与大鸟们混在一起，往开阔的地方飞了。它们开始往树上飞，常常各自选定一棵树上落下，有时也会一大群鸟儿都落在同一棵树上。它们在一些较粗的离树干较近的树杈上趴下，同时还伸长脖子，这种情况下很难看清楚鸟儿们的具体位置，而且要想全都捉住它们，也是不可能的事情，因为这时无论怎样开枪鸣吓，鸟儿们是轻易不会离开树枝而暴露自己的。8月底，小琴鸟儿们已经长大了，此时如果有猎狗出现，它们就会一下子飞出很远，躲进林子里，而一旦它们飞了起来就很难再追踪到它们了，所以开枪的机会只有一次，这样一来捕猎幼鸟的活动也就停止了，但是过了一个月以后，一场新的捕猎活动又将拉开序幕。

在这短暂的一个月的空闲中，确实很难捕获到黑琴鸡，因为它们全都深藏在林子里。这个时期的小鸟已经完全长大了，雄鸟周身的羽毛变黑了，而且还夹杂着一些蓝色，雌鸟的尾巴已经伸长到最大限度。琴鸟一家，也就是说，有新生鸟的家庭已经开始聚集成一个小团体，组成一小群，不久便与别的琴鸟家庭会合成一大群。每天清晨和傍晚，它们飞到粮垛和草垛边觅食。它们特别喜欢吃荞麦，在奥伦堡省，有一种“镰翅鸡”总是要光顾荞麦地，尽管荞麦早就打过谷、脱粒回收进仓了，只剩下一捆捆的麦秸，但它们仍旧锲而不舍。9月末，树木开始大范围地落叶，黑琴鸡早晚都栖息在树上，于是秋季捕猎开始了。

这个时期由于气候条件的不同，因而捕猎黑琴鸡的特点也就不同，起初像猎人们常说的“没有雪”的寒冷的秋天，然后是初冬，以致后来一场大雪过后打猎的情况都不一样。秋天捕猎黑琴鸡得驾车才行，几场秋雨、早霜和大风之后树叶全都落光了，地面因潮湿而变得松软，这样驱车接近黑琴鸡就很方便了：不会有声音惊动鸟儿。但是等到第一场雪下来之后，才到了接近黑琴鸡的最佳时机。

早晨六点钟，外面还是漆黑一片。猎人从睡梦中醒来，点燃蜡烛，然后穿衣起身。猎枪和打猎用品已在前一天晚上准备好了，放在专门的一张桌子上。猎人很快将马匹套好了，打猎的地点可不算太近，这时东方发白，该是出发的时候了。猎人坐在雪爬犁上，小心地用呢外套或制服大衣盖上猎枪，防止马蹄溅起的积雪落在上面，弄湿子弹。于是小巧方便的三驾车飞一样地冲了出去。有了这一场雪，可方便多了，去哪儿都行。专门用来打猎的雪爬犁结构又简单又结实，行走在山坡、沟谷中如履平地。终于看见庄稼地了，这里还没有完全被雪覆盖，黑琴鸡常常飞到这儿来找它们喜欢吃的、能吃饱的食物，前边是林子边了，这儿长满了小山杨树和小白桦树，如果前一天晚上，鹞和鹫没有光顾的话，黑琴鸡必然会来这儿过夜的。到这里该停下来了：马匹该喘口气，猎人自己得仔细观察一下地形，等待黑琴鸡的出现。天色已经大亮，乌鸦呱呱叫着从栖息的树上飞起来，喜鹊也在远处叫着，猎人和已经习惯了这一切的马车夫焦急地四下张望着：但什么也看不见。突然，在远处一棵老白桦树光秃秃的树枝上出现了一个黑色的圆点，接着第二个，第三个…… 这是黑琴鸡睡了一夜醒来了，从宿营地飞到了树上。猎人赶紧驾着雪爬犁以最快的速度向那些肚子空空的还没有集合成一大群的黑琴鸡冲去，因为等鸟儿一旦集合成一大群，它们可能就会飞到远处的田里吃早餐去了。猎人通常会选择一只离他最近的或者最边上的一只鸟儿下手。驾雪爬犁接近黑琴鸡也得掌握一个技巧，就是绝不能让马直接向黑琴鸡冲，也绝不能从黑琴鸡的背后袭击，当然，如果地势允许的话，就例外了。接近黑琴鸡时要做出从旁边经过的样子，驾车从边上过去，黑琴鸡（其他的鸟也如此）不喜欢有人直接特别是从背后过来，它们会不停地回头看，不等你进入射程就飞走了。有时候，也不知是为什么它们不想从树上飞走，结果就掉转身子面对着从后面上来的猎人，但这种情况并不多见。如果树上的黑琴鸡正在吃树芽或者紧挨着趴在一起打盹儿的话，那么这时的黑琴鸡多半是比较温和的，轻易不会飞走，猎人可以更近地接近黑琴鸡。如果黑琴鸡伸长脖子，直起身子，不停地左顾右盼或者侧身向树枝细尖那儿挪步，嘴里发出像母鸡一样咕咕的叫声，这时如果你已经在射程内的话，就应该立即开枪了：因为黑琴鸡正打算飞走，如果不及时开枪的话，黑琴鸡就会身子一蹲，脚一蹬“腾”一下飞走了。除非万不得已，都应该从远处射击黑琴鸡，特别是在鸟儿飞行的时候；三十四、三十五步的距离是最好的射程。当然也可以在六十步远，甚至七十步远的地方开枪，但射中的机会就少得多了，因为这个季节的黑琴鸡非常强壮，猎枪本来就很难对付，特别是雄鸟，距离远时，很少能一枪毙命，更别说只受了点轻伤，即使是受了致命伤，它也会飞出去很远才落到地面上。我就曾经见到过一只被枪击中的黑琴鸡，嘴里流着血（显然是受了致命的内伤）——可它却还在飞！若不是亲眼所见，真让人难以置信！由此看来，枪响之后，如果黑琴鸡没有应声落地，就得紧盯着它，直到它从眼前消失为止，否则即使打中了也会错过机会的。这一点非常重要，适合所有的野禽。一只受了重伤的黑琴鸡会挣扎着从树上飞起来。有时能飞出去很远，然后笔直地向上冲一下——落地，这种情况十分常见。在猎物落地之后，猎人还必须盯住它落地的地方，迅速将雪爬犁滑过去，特别是雪很深，而黑琴鸡又落到了林子或是灌木丛中时，更应快速滑过去，因为松软的积雪会完全将黑琴鸡掩埋住，你如果记不得琴鸟的落地点的话，是无论如何也找不到它的，不过难道你想让喜鹊和乌鸦占这个便宜吗？

发现肚子空空的黑琴鸡时，就应该在它们还没有飞离时开枪射击，之后驾着雪爬犁到黑琴鸡经常觅食的地方找其余的黑琴鸡，而如果这些地方没有见到黑琴鸡，那就在附近找找看。黑琴鸡填饱肚子后一般会选择一棵大树落脚休息。只见树上所有的枝枝杈杈都挤满了黑琴鸡，或是分散落在不同的树上休息，但不管怎么分布，黑琴鸡的嗉囊总是背着风。这时如果黑琴鸡是落在一起的，那么它们是不会让人接近的，一旦发现你上前来，它们便会一个接着一个地飞走，分散地落在附近的树上。如果猎人是驾着雪爬犁上来的，一般会选择靠边的一只黑琴鸡或是那种两只单独在一起的鸟儿，因为树上的鸟儿越少，反而会越平静，猎人也就可以靠得更近一些。如果地形适宜，而黑琴鸡又不飞远的话，这样的情形可以一直持续到傍晚。那些分散落到树上的、没有受到惊吓的鸟儿们往往是温和而平静的；当一只鸟儿被打中了，其余的鸟儿们也会表现得很平静；但是那些常常受到枪声惊吓的鸟儿们，则非常机警。所以只有在早晨，肚子空空的情况下，它们才会允许猎人接近。遇到这样的鸟群，应该暂时放一放，去寻找其他的鸟群，等过一周时间，再回过头来对付它们——那时它们会平静多了。一般说来，雌鸟比雄鸟性格温和，而无论是雌鸟还是雄鸟在有雾的、潮湿而无风的天气里总比晴朗、干燥有风的时候表现得温顺。

随着天气越来越冷，用猎枪就更难对付黑琴鸡了，有时候简直令猎人束手无策，至少我和我的朋友们都不止一次地亲身感受过这种绝望的心情。我常常会觉得我手中的猎枪已经“打胀”了，或者说没有多大用途了，火药实在是软弱无力了。经常是发了二十五枪，而只打中了三四只黑琴鸡。甚至能击落的都不多。回到家，我拧下枪托，在枪杆上拉开枪栓，用细通条通通，结果发现猎枪是完好的，试着开了一枪，仍像从前一样是一杆好枪。仔细地上好子弹，我又去打黑琴鸡，但这一次又是沮丧而归。枪换了一杆又一杆，结果还是一样。其实等到春天，还是这些枪却仍如从前那样好用。在冬天，黑琴鸡特别是雄鸟难打的原因是它的嗉囊和尾巴上的羽毛随着天气变冷而变得非常坚硬、平滑（更不用说翅膀上的大羽毛了），以至于在射程之内，霰弹会滑过羽毛，滚落下来。也许有人会不相信，我曾做过一个实验：秋天或者冬天的时候，找来一只公鸡，先把公鸡放在三十步远的地上，将它的头侧过来扭到一只翅膀底下，然后用打鸭子的霰弹朝它的嗉囊开枪，结果公鸡毫发未损。雄琴鸟是野公鸡的一种，没有什么特别之处。在 11 月的寒冷日子里，雄鸡特别是老雄鸡，因为寒冷而更加结实，已经不能容忍猎人接近自己，因此，猎枪对它来讲很少能造成致命的伤害，下面的例子可以充分证明我说的话：春末到秋初的这段时间里，你在林子里开枪打中一只雄鸡，尽管用的是打松鸡用的小号霰弹，而且射程也不算近，但这只受到意外伤害的黑琴鸡飞了起来后不久就像一捆柴火一样落地身亡了；而秋天之后我总是用打大雁的特号霰弹射击，而且目标尽量避开它的嗉囊，结果，情况的确好一些。这就是装满了天女散花一样的霰弹的猎枪既让人生气又让人离不开之处，使用它可真得付出昂贵代价，但是，不管怎么说，打猎黑琴鸡却真的是我作为一个猎人的兴趣所在。

终于，靠雪爬犁接近黑琴鸡也行不通了，因为地面的雪太深了，而且黑琴鸡也会合成更大的一群飞到大森林深处或者偏僻的河谷、灌木丛里去了，那儿对它们来说比较暖和，也容易找到东西吃。尽管如此，在 12 月零下 25℃的情况下我也猎到过黑琴鸡。在非常寒冷的天气里，黑琴鸡是很平和温顺的，而像鞭子一样“啪啪”的枪声也显得过于软弱无力，起初我觉得可能是弹药装少了，眼见着从高空跌落下来的鸟儿掉到满是厚厚一层霜的树枝上（这个季节，树枝上一般都有霜），就再也找不见了，我简直不敢相信自己的眼睛。严寒的天气里，打猎黑琴鸡的确很不容易，因为天气寒冷，猎人穿的衣服笨重，活动起来很不方便，而更主要的原因是天气冷，装弹药不方便。而且奥伦堡省在 12 月份，雪下得少，可以坐着雪爬犁像上面所说的那样到处逛荡的情况实在是很少的。

很多猎人都喜欢用假鸟做诱饵射击黑琴鸡，但我却不太喜欢这样的做法，这与用公鸭子做诱饵从窝里射击野鸭和俄罗斯鸭很相似。当鸟儿上了你的当，跑到你跟前，只剩下几步远的距离时，你就开枪吧，那真是过瘾极了，百发百中。这种做法与捕野鸟类似，用枪打黑琴鸡变成了用手捉黑琴鸡了。春天在黑琴鸡的求偶地，用护腿做套索，秋天用桶或活套，终于到了冬天，就用网去捕捉，网的形状很像一顶帐篷。用后一种方法，一次可以捉到几十只；这样偷懒的办法使真正拿着猎枪打猎的猎人深恶痛绝。

我在上面已经讲过黑琴鸡的一个很特别之处，就是鸟群中如果有一只鸟飞走了，那么无论它飞到哪儿，其余的鸟儿也会立刻跟着它飞到哪儿；有一只鸟儿落下了，那么其他的鸟儿也会跟着落下。根据这一特点，人们就采取下面的办法来对付黑琴鸡：在黑琴鸡常常飞过或栖息的开阔地，甚至是林木稀疏的地方，盖一个圆形的或四角形的大窝棚，窝棚顶不能太窄也不能太低，能让猎人站直身子装弹药才行，尽管弯着腰也能装子弹，但窝棚最好还是有一人高，这样比较方便。在窝棚外面十二步远的距离内呈半圆形插上一些捕鸟用的木杆子，这些木杆子是将两三俄丈大的小树，除去叶子和多余的枝杈插进土里，有时甚至还绑上假树枝，每两三个木杆子之间放上一个假鸟做诱饵。假鸟的做法一般有三种：第一种也是最常用的一种是用黑呢子随意裁出来一个像黑琴鸡形状的东西，中间塞上兽毛或干草屑，用红呢子缝在头上做眉毛，两侧用白色的粗麻布缝成两个小条，最后如果方便的话，再粘上带弯的尾巴：不过没有尾巴也行；第二种方法是用很有韧性的制型纸做成的假鸟，上面画上线条，涂上油漆；第三种方法是将猎到的黑琴鸡连毛去皮，动作要小心，然后在这真正的琴鸟皮上粘上兽毛或者棉花。这一种是最简单易行的了，在农村有许多制作这种假鸟的材料和能手；第二种方法，正好相反，是最难做，也是最昂贵的，因为纸鸟的模型要到莫斯科去购买；第三种方法的不利之处就在于粘假鸟时需要技巧。做出来的假鸟诱饵总是比真的黑琴鸡少，所以往往做许多这样的假鸟，以便鸟儿从远处就能看到，这样一来，一些猛禽，像鹰、金雕、苍鹰等常常会咬住假鸟不放，如果这些假鸟是插在一根木杆上而不是绑在木杆上的话，那么这些猛禽还会轻易地叼起假鸟飞走（有一次我就用这种方法打中了一只大金雕）。早秋的时候，猎人就把窝棚和捕鸟用的木杆准备好了，这样做的目的是在思想上让黑琴鸡早早习惯它们。早晨天还没亮，猎人放好假鸟诱饵，把鸟的嗉囊背对着风，拿着猎枪和所有的打猎装备走进窝棚，然后用麦秸将窝棚口堵住，一切就准备就绪了，一旦黑琴鸡从宿营地飞来觅食，就会马上看见这边的假鸟，然后向这边飞来，落下，几声枪响之后，受了惊吓的黑琴鸡会飞到远处的田里去，等稍稍平静了之后，又会从田里飞回来，又看见这些假鸟，又会飞来落下。但是要人为地把它们赶到这边来，是非常困难的，需要从空中围猎才行。黑琴鸡是很容易就上当的，它们轻易地就把这些假鸟当成自己的伙伴，枪声一响，它们飞到附近的树上，但很快又会受到惊吓而立即飞回到假鸟这边来。黑琴鸡非常蠢，比如说，如果把一块烧焦了的木头草窝或帽子放在杆子上，黑琴鸡竟会毫不犹豫地飞落上去。我就曾听说过类似的故事：一声枪响之后，一个同伴应声落下树去，即使这时其他的鸟儿没有发现猎人——这个在它们眼中比任何野兽都可怕的敌人，它们也会赶紧换一个地方跳到另一个杆子上。如果一个杆子由上到下落了几只黑琴鸡的话，那么猎人通常会朝最下面的那只射击，而趴在上边的鸟儿们则仍旧趴在原地，平静地看着被击中的鸟儿落下树去，它们“咕嗒”地叫着，好像在相互询问：“它们怎么掉下去了呢？”性格温顺的没有被枪声惊扰的黑琴鸡多半会如此，而几声枪响之后，受了惊吓的鸟儿们则会四散飞逃，不再回来了。在黑琴鸡聚集的地方，想要驾车接近它们很不容易，而借用假鸟为诱饵收获却很大。这种方法还有一个好处，就是那种秉性懒惰的人或者上了年纪的人或者身体不太好的人他们不想或是没有能力驾着马车或雪爬犁跑上几十俄里的路程，跟着黑琴鸡转来转去，在坑坑洼洼不好走的路面上不停地追赶鸟儿（毫无疑问，这样的打猎对于他们来说往往是徒劳的），对于上面的这些人来说，他们可以舒适地、轻松地坐在窝棚里的椅子上，抽着烟，喝着同伴给煮好的咖啡，甚至在黑琴鸡还没出现之前，还可以读读书，一旦鸟儿飞来了（同伴看见了会提醒他），他就可以将猎枪伸出一个特意留好的洞口，神色极其平静，还不时学几声黑琴鸡的叫声（这样的猎人多半如此）…… 接下来又该怎么办呢？——我又要回到已经中断的话题上来了。显然从窝棚里开枪可以打中很多黑琴鸡，那么什么时候才能从窝棚里走出来收集猎物呢？应该在周围再也看不见黑琴鸡的时候，而最好的时机还是等射击完全结束时，猎人才能出来捡拾落下来的鸟，否则就会惊吓了黑琴鸡而蒙受损失。尽管猎枪用的是大号霰弹，而且射程又很近（似乎有足够的证据可以说：黑琴鸡已经一枪毙命或者受了致命伤），但是也很少能将所有的鸟儿都射中，很少能将所有从杆子上落下来的仿佛一枪毙命的黑琴鸡都找到：总会有一两只找不到。这种借用假鸟的狩猎活动到中午的时候就停止了。在日落前黑琴鸡又会飞回来，落到假鸟周围，但这时它们往往会非常谨慎，并且好像要匆匆忙忙去干什么似的，只是稍作停留。在黑琴鸡聚集的地方，一个早晨，一杆猎枪就可以打到大约 12 对黑琴鸡，不过，我过去常常能打到35只黑琴鸡，也许其他猎人也能做到吧。但是窝棚狩猎怎能与自由狩猎相提并论呢！驾车自由自在地打猎时，你的心里会充满了等待和担心：鸟儿在哪儿？怎么接近它们？带着这样惴惴不安的心情去打猎到底为了什么？猎人在接近目标，而目标每一分钟都有可能消失，这又会在猎人心中产生怎样的情绪呢？

鸽　子

野鸽子有三种类型，每种各不相同，在这里我想讲讲它们的共性。

很久以来，鸽子就是纯洁、温顺和爱情的象征，这并不是没有原因的，这三种品质大都是它本身所固有的：鸽子的纯洁在圣经的旧约和新约中都有记载；鸽子对小鸽子的爱护及它们对孩子的那种共同的温柔性情在俄罗斯的民间广泛流传，民间流行的许多歌曲和俗语里都提到这一点，鸽子在人们心中的威信是明确而不容置疑的；在普通的民间语言中经常听到男人称呼女人“我的小鸽子”“我的小母鸽”等这类表示怜爱的词语，如果想表达丈夫和妻子相亲相爱、兄弟姐妹和睦相处、朋友之间互通友谊，那就必然会说：“他们在一起就像鸽子一样，彼此从不厌倦。”如果一个人朴直善良，则说：“他有一颗鸽子般的心。”农村妇人在同情别人的不幸时都会说：“啊，我的小鸽子，你真是太不幸了，遭了这么大的罪。”鸽子的外形也说明了它的特性：它总是那样干净整洁，它身体的各个部位是那样的匀称！它整个的形体线条是那样的圆润柔和！它所有的动作都从不过激：总是温和、平静、优美。人们深深地感受到了鸽子的精神境界，并且给了它以特别的爱。比如，俄罗斯鸽（当然是由野生鸽子退化来的鸽子），很多房主会很高兴地喂给它们谷粒，还放上搁架供鸽子筑巢，而且许多人都认为如果鸽子能在自家的院子里安家落户，那可是吉祥的兆头。农民从不吃鸽子肉，在许多农村是不允许开枪打猎鸽子的。

斑　鸠

它是三种鸽子中的一种，学名叫欧斑鸠，民间一般叫斑鸠。这个名字的来源我也不太清楚：是不是因为它身上有斑点的缘故呢？在民间斑鸠没有特别的意义，它已不再被看作是鸽子了。但是在我们读者眼里却是非常熟悉而有名气的。据说斑鸠夫妻从不会分开单独生活，因此如果其中哪一只死掉了，那么另外一只就会以极端的方法结束自己的生命：丧偶的公斑鸠或者雌斑鸠在对死去的伴侣尽到最后的义务——凄凉哀婉地咕咕叫上一阵，在山岩上和平坦的水面上盘旋一阵，之后——紧紧夹住轻盈的双翅，像石头一样从高空落下来摔死！上个世纪末，甚至本世纪初作诗的先生们和散文家们，一句话——就是那些诗人们，就曾多次这样描写过斑鸠夫妻这种忠贞不渝的爱情故事。敏感的读者曾经对这感人的故事深信不疑。斑鸠不仅是忠贞爱情的典范，而且还对热情的特别是遭遇不幸的爱人充满同情。诗人毫无做作，而是充满真情地写道：

“两只斑鸠带你来到
我冰冷的骨骸前
‘咕咕’，‘咕咕’
他们痛苦地说道
他死时曾泪流满面”

我们曾经深受感动，满怀同情地一遍又一遍地重复着这几行诗句…… 但那个时代已经过去了，非常遗憾的是我有责任告诉各位一个残酷的事实：这个感人的自杀故事是没有任何根据的，有例为证：把一对斑鸠放在笼子里喂养，后来它们的孩子出生了，突然有一天其中的一只死了，而剩下来的那一只在被我放回大自然之后，很快又找了一个新伴侣，还筑了一个新巢。

斑鸠比欧鸽小许多，比斑尾林鸽小一倍到两倍。除了形体上的差异外，斑鸠的羽毛非常漂亮，与其他的鸽子有很大的不同。说到可爱的外表和精神品质，斑鸠应该是最出色的了，或者至少是最明显的了，因为它们性情温和，从不怕人也从不避人，甚至连那些从不好奇的人也完全有机会观察到它们的习性。斑鸠不仅到花园或菜园里去，而且还会飞到农村地主庄园里的大菜园子里和一般的围墙里面去。它的嘴巴尖儿呈浅白色，头、脖子和嗉囊呈灰色，漂亮的黑眼睛周围有一圈浅红色的皮肤，上面零散地长着一些细小的绒毛，脖子两侧，从眼睛开始长有椭圆的、漂亮的咖啡色斑点，中间被一条条的带子截断，由肩向下的翅膀上有很多椭圆形的深色斑点，斑点四周镶有咖啡色的边，翅膀上面的长羽毛呈浅咖啡色，它那长长的尾巴上的羽毛也是这种颜色的，背上可见一些不大的轮廓模糊的花斑，尾椎骨是纯白色的，腿部呈粉红色。

由上边的叙述可以看出，斑鸠从羽毛和身材上与埃及鸽很相似，甚至它们咕咕的叫声也非常相似，只是斑鸠的叫声稍微轻一些，柔和一些，不像埃及鸽那样低沉急促。斑鸠的叫声从远处传来，像是小溪潺潺的流水声，这声音在这组鸟类大合唱中非常突出，让人的心灵中不由自主地产生某种忧伤却又甜蜜的思想。

春天，斑鸠飞来得比别的鸽子晚。我从来没有看见过迁徙中的斑鸠群，但斑鸠确是候鸟，这是毫无疑问的，并且有很多猎人都见到过它们迁徙。我总能见到一些成双结对的斑鸠，它们已经在林子边、小树林里、河边溪畔的树上筑了自己的巢——它们从不在茂密的大林子里筑巢。在这里斑鸠选定配偶交配，生蛋，孵出孩子，然后像斑尾林鸽和欧鸽一样将孩子培养长大。我从来没有发现它们性格中有任何小的细节与别的鸽种不同，因此在这里也就不再多说了。唯一的区别是（如果这也可以算作区别的话）它比其他种类的鸽子更加温和平静，因此不仅可以驱车接近它们，而且步行也可以上前，它们几乎就像麻雀、寒鸦和俄国鸽一样平静温和。抓到它们非常容易，特别是到窝里掏羽翼未丰的小鸽子就更加容易了。但抓到小鸽子后，必须把它们放到笼子里去，笼子可以是木制的也可以是网编的，然后拿谷粒精心喂养。等长到一定的时候，它们会交配生子，像家养的鸽子一样生活下来。秋天，斑鸠离开的时间一般很早，8 月，冷空气还远远没有到来之前它们就飞走了。我从来没有见过一大群一大群的斑鸠集体飞走，但是小群的斑鸠，三五成对集结在一起飞走，我却常常见到。这个季节斑鸠的肉特别肥，而且非常好吃，即使在其他季节斑鸠的肉也比其他的鸽肉好吃。猎枪对付它们没有问题，只用普通的打棒鸡用的霰弹就足够了。

人们很少射猎斑鸠：普通的猎人不打它们，这里既有对鸽子这种生灵的尊敬，也有斑鸠身形大小的关系，而真正的射手从来就看不上斑鸠，因为它们的性情太温和了，勾不起射猎的兴致来。

鸽子的特性中还应该补充一句：它们在表达内心情感上非常温和、柔顺、胆小甚至对子女的爱也是如此，在面临危险时，也从不表现出任何激烈勇敢的举动，我就曾多次走近筑有鸽子窝的树旁，甚至还爬到树上，即便如此，树上的雄鸽子和雌鸽子也没有像沼泽鹬那样，将我引开，也没有像野鸭和琴鸟那样装死或装病，相反它们却非常胆怯地从一棵树上飞到另一棵树上，不时伤心地回头张望，原地挪挪脚或是在树枝上不安地走来走去，不停地变换着位置，一点儿一点儿接近人，接近它们的孩子，嘴里发出低沉而忧伤的断断续续的咕咕声，跟平时的叫声完全不同。总之，此时鸽子温和、顺从的天性完全都表现了出来。

丘鹬（森林鹬）

说起丘鹬的优点来，它可以说是最珍贵的野禽了，尽管根据它的栖息地来看，丘鹬是属于森林野禽的范畴，但同时在食物和性情上又与森林中的野禽完全不同，因此，我决定在谈完所有的森林野禽之后，谈一谈丘鹬。

令人感到不可思议的是丘鹬那又细又长的两条腿和嘴，再有就是它们生活在森林里，而且常常栖息在密林深处。说到丘鹬就必然离不开沼泽地、河边、池塘边和湖边，当然，有的丘鹬也在草原上生活，尽管那里干旱少水，但却地域宽阔，此外，只要气候条件允许的话，丘鹬也会常常光顾那种柔软潮湿的水边。从它的外表上看：奔跑，特别是在林子里面飞行对于丘鹬来讲似乎非常不方便，似乎它那又长又细的腿只能钩住树枝，却不便飞行，但事实却完全不是这样的。在高大而茂密的林子里，无论在空中还是在地面上，丘鹬都会相当灵活地钻来钻去，而且速度非常快。

毫无疑问，无论从哪一个方面说，丘鹬都堪称是最出色的野禽了，甚至在高贵的田鹬家族中它也占领先地位。丘鹬肉味鲜美，五彩的羽毛，漂亮的黑色大眼睛及飞行时的迅速灵巧的动作都与田鹬非常相似，在取食方式上，甚至从打猎丘鹬的困难程度上，丘鹬毫无疑问地列属于田鹬种的。尽管丘鹬的腿和嘴非常细长，但整个身体看起来还是圆润、厚实的，大小可与俄国鸽相比。从性情上说，丘鹬与沙锥鹬相似，甚至连羽毛的颜色（除了红色和咖啡色外），以及身上的花斑与沙锥鹬都很像。丘鹬非常漂亮，身上的斑点和小花斑像其他田鹬一样，都是由黑色、红色和灰色混在一起的，这种混合色很难形容。丘鹬头部的最上方有四条横纹或者是长形的深色花斑。背部和翅膀的最上面的红斑更多，而在下面，嗉囊和肚子上——颜色稍浅，但却布满有规则的灰色横纹。尾巴很短，内侧的羽毛比外侧长且颜色深，甚至可以说是黑色，每一根羽毛从里面看都是一个白色的斑点，正面则是红灰色的斑点。最上面一层尾羽稍短小些呈浅咖啡色，嘴和腿的颜色是浅白的骨色。

春天了，有些丘鹬飞来得很早，而雪还根本没有融化呢。但令人不可思议的是这个时期丘鹬会在哪儿栖息呢？又靠什么为生呢？也许是栖息在冬天没有结冰或者随着春天的临近而最先融化的泉水附近吧。3月末的时候在还没有人走过的深雪地上，我就多次见到过丘鹬，而且还开枪打中过，值得庆幸的是早春时节的丘鹬一般都很肥壮。之后随着天气逐渐转暖，春天迅速来临，就会有大群的丘鹬飞来（在奥伦堡省，几乎总在 4 月 12 日左右）。这时飞过的丘鹬常常数量众多，它们大部分栖息在林子边上、采伐后的林地上、小树林里和灌木丛中，而在莫斯科附近丘鹬则栖息在一些果实较多的浆果园里。猎人应该抓住这个机会，因为过路的丘鹬很少会在一个地方待超过三天，然后就飞走了，从来没有人在白天看见成群的丘鹬迁徙。毫无疑问，丘鹬是在夜里飞行的。一个星期之后，丘鹬迁徙飞行结束了。本地的丘鹬会占据曾经居住过的森林，于是求偶飞行开始了。5 月中旬，丘鹬开始孵蛋，到了 6 月中旬的时候，小鸟就出生了。丘鹬的巢一般筑在大片林子里的地上，用干草和细绒毛筑成。雌鸟一般产蛋 4 枚，比鸽子椭圆形的蛋稍大一些，上面满是褐色的斑点。但丘鹬是否成双结对地生活，雄鸟是否帮助雌鸟筑巢和孵蛋？这一点我不知道。有些猎人告诉我雌鸟和雄鸟总会一起来抚养幼鸟，对这样的说法由于我没有亲眼见过，所以不敢妄加评论。有关雄鸟和雌鸟交配的细节、特点，我确实不知道。

尽管我曾经明确地指出丘鹬求偶飞行并不是求偶交配的地点，但是有一些猎人提出异议来反对我的说法，而我觉得他们说得也有道理，就不再坚持原来的观点了。下面就是猎人们将观察到的一些确实可靠的现象告诉我：一、有经验的猎手熟练地模仿雌鸟的叫声，一群正在飞着的丘鹬，都是雄鸟（我也曾见到过），在听见这叫声后，会突然落到离猎手很近的地方；二、在求偶飞行时，如果猎人朝天上扔帽子或揉成团的手帕，那么雄鸟就会落到帽子或手帕落地的地方；三、在丘鹬没有孵出孩子的地方，尽管从春天起一直有丘鹬徘徊，但一般不会发生求偶飞行，基于上述这些确实的证据，可以肯定地说，丘鹬的求偶飞行就是发情的一种表现：雄鸟在林子里飞着，发出召唤雌鸟的叫声，后者回应，雄鸟根据雌鸟的声音找到雌鸟，然后交配。雌鸟接受了雄鸟的求合、交配之后，毫无疑问该生育下一代了。至于说到求偶飞行时丘鹬会捉到一些在树梢上转来转去的小蚊子或者小飞虫来吃——有些猎人对此表示怀疑——这也是理所当然的事情。我曾多次割开雄鸟的嗉囊，里面总是有一些大大小小的蚊子、飞蛾和一些长翅膀的小昆虫。由此可以断定，处于发情状态下的雄鸟仍然可以就近捉眼前的昆虫吃。

幼鸟在飞快地长大，母鸟将它们从大森林里带到树木稀少的林子里，但丘鹬更常去的还是树木密集的地方。在那里它们一直停留到幼鸟长大，甚至到秋天。早秋时节，丘鹬开始转移，这要依地形来决定，或者搬到附近有秋播地的大森林边上——因为那些渐渐长高的黑麦根是它们最喜欢吃的食物，或者干脆从树木稀少的林子里直接搬到沼泽地上的阔叶林里或潮湿的灌木丛中，它们特别喜欢到有泉水或沼泽地的泉眼地带去，在那里它们常常会停留很久，因为泉水附近的泥地很长时间内是不会结冰上冻的。这个时期，丘鹬非常喜欢也敢于接近村民的宅舍、池塘和水坝，特别是大麻田和菜园子。白天丘鹬藏在浓密的园子里、小树林里、赤杨林和柳丛中，在这些地方附近几乎总是有池塘、水坝和小河，而夜里，则飞到菜园里，轻易就会在那松软的土地上找到食物吃。它们也喜欢光顾那些白天放牛的地方，喜欢吃新鲜的牛粪，因为牛粪里面有咀嚼过的杂草和很快就滋生出来的蛆虫。在丘鹬常常光顾的林子里，你根本就找不到没有被丘鹬翻弄过的牛粪。而放久了的牛粪，上面一层会变得又稠又硬，丘鹬就没办法翻弄了。像其他田鹬类一样，丘鹬更喜欢吃林子里或沼泽地上的草根，它们会熟练地用那又长又硬的嘴吃到草根，同时也吃到一些昆虫。我已经说过，丘鹬春天飞来的时候，长得相当肥壮，但不久就会瘦下来，到秋天的时候，肉变得又干又硬，失去了价值。但是，秋天之后，丘鹬会一天天变得肥壮起来，终于全身都长满了脂肪。不过，这也并不是年年如此：大多数的丘鹬在还没有真正长胖之前就飞走了。在我的生活中就发生过这样一件令人难忘的事情，那是 1822 年。那一年的秋天特别长，起初天气非常晴朗寒冷，之后却又变得温暖和潮湿。所有的丘鹬毫无例外地都钻到潮湿、稀疏的灌木丛中去了。它们一直在那儿待到 11 月 8 日，这时的丘鹬壮实得令人难以想象！我放弃了其他的打猎活动，整天都在不知疲倦地追逐丘鹬：11 月 6 日我打中了 8 只，7 日打中 12 只，当晚下了一场大雪，气温一下子达到零下 15 度。我猜想丘鹬不可能一夜间全部飞走，于是第二天就带上一条嗅觉灵敏的猎狗直奔那些还没有上冻、没被大雪覆盖的泉眼找去，在那儿昨夜我曾见到过许多丘鹬。但是我整整找了一整天，也没有找到一只丘鹬。只是在我快走回家时，路过一片密不通行的灌木丛，我那忠心耿耿的猎狗才找出来一只丘鹬，它当场就被我打死了：这是一只生病的丘鹬，极其瘦弱，即便我不打死它，也许明天也会被冻死的。从这时开始，真正的寒冷的冬天到来了，而我一直到谢肉节前还在吃这些特别新鲜的丘鹬肉解馋，当然这可不是每年都能遇上的好事。让我总是感到疑惑的是：秋天，随着天气渐渐转冷，可吃的食物会一天天减少，而丘鹬这一珍贵的野禽却越来越胖，这是什么原因呢？可不可以理解为这时的草根特别富有营养，因为植物的养分都集中到根部了？大部分的丘鹬大约在10月中旬时都飞走了。春秋两季会有成群结队的丘鹬突然飞过，情形也十分不同：有的时候数量特别多，秋天时这样大数量的丘鹬群飞过要持续大约两个星期；有的时候数量又很少，一整天也见不到两对丘鹬。常常是突然到处都是丘鹬，漫天遍野，但一夜的工夫又全都消失了。后面的一种情形预示着冬天马上就要来临。也的确如此，但是暂时落了一场雪，甚至是一场大雪，却没有寒流袭来。丘鹬这时还能承受，不会被冻坏，它们不仅能挨到雪融化，而且雪化了以后还能停留很长时间。在秋天温暖的天气里，一场新雪过后，在稀疏的树林里、灌木丛里的雪地上到处都是丘鹬走过的痕迹，这种情形我多次见到过。类似的情形也常常发生在春天里的一场雪之后，甚至5月初的几天也有这样的情形出现。

打猎丘鹬的狩猎活动从春天丘鹬刚飞来时就开始了。当丘鹬还是零散的或者单只出现时，捕获量一般不大，而且也是偶然能捕到。你会突然在根本想不到的地方惊起了一只丘鹬，相反在你认为最应该有丘鹬的地方却连一只也找不到。这个时期遇见丘鹬可是意外的、当然也是最珍贵的礼物，但是真正打猎丘鹬的时候还没有开始。在大群的丘鹬飞过时，射猎丘鹬会大有收获。对于一个真正的猎人来讲，这时他们表现出特别大的兴趣，而且这个过程持续得会很长。经过六个月的沉寂，迎来早春时节，猎人带着迫不及待的好奇心，跃跃欲试。更何况丘鹬本身就是上等的野禽，猎人哪能不怦然心动呢！春天，如果你在一个地方发现两三只丘鹬突然惊起，那么你得留心也许那儿就藏着一大群丘鹬呢！一个真正的猎人在这个时候当然会丢下其他过路的野禽不理，而忙着去打猎丘鹬的。此外，一定要带上一条好的猎犬，它必须性情沉稳，训练有素，这对猎人来说是十分重要的。虽然春天大批丘鹬飞来时，一般不会允许猎狗近身，猎狗只能远远地伺伏在地。尽管如此，猎狗也是不可或缺的：近处常常有丘鹬藏在隐秘的灌木丛深处，没有猎狗猎人就根本无法找到它们。而当远处的丘鹬飞过来了，你朝着丘鹬开枪，附近离你不远的丘鹬会被惊飞。一条好猎狗不会去追赶已经惊飞的那些猎物，而是细细地嗅着去寻找其他隐藏在灌木丛中的猎物，这在很大程度上弥补了你冒失开枪而导致的不良后果。猎狗很快就会带你找到或从远处指引你发现丘鹬的藏身之地。猎人并不需要走上前去，而是选好地点，避开灌木丛和稀疏的树木，准备射击。

突然飞来的大群丘鹬一般数量都很多，连那种有经验的、沉着冷静的猎人也会犹豫不定，不知所措，而年轻的、性情急躁的猎人简直就会失去理智。如果此时还有一条跟着丘鹬穷追猛打的猎狗，那么不出几分钟，这群上百只的丘鹬就会被惊扰得四散飞起，只有上帝知道它们飞到哪儿去了。丘鹬在被人突然惊扰时，会突然向上跳起，翅膀发出特别大的响声，前后左右到处会闪现出它们的身影。如果它们没有被枪声吓住，那么它们会在树梢和灌木丛梢上转一圈，然后立即落下来。请你一定记住一点：再一次落到你眼前的这些丘鹬，哪怕是你看到它正在奔跑或是一动不动地停在原地，也千万不能急于奔过去，而是应该平静地、不慌不忙地往前走，四下里仔细检查或是让猎狗仔细搜寻一遍，尽可能找到一个好的射击点。这一点是非常重要的：因为重新落下来的丘鹬是特别警觉的，不会让猎人走进射程内。即使你走上前去也是徒劳无益的，因为你会错过身边密密麻麻地趴在一起的丘鹬群。如果不得已要带猎狗打猎的话，那么一旦猎狗找到丘鹬群，就应马上叫住它：没有猎狗捣乱，你还可以多猎到一些丘鹬。要是身后还跟着几个伙伴（带没带猎枪都行），彼此间距离拉开，成一条直线就更好了。仔仔细细检查每一棵灌木，每一个沟沟坎坎，事先选好有利地形。只有这样，在春季一大群丘鹬飞来的时候，你才能猎到更多的猎物。如果打猎是在半人高的灌木丛、小树林中进行，鸟儿飞起来时就更不会逃过猎人的眼睛和枪口，这样的打猎就更得心应手了！在莫斯科附近一望无际的果园中，生长着马林果、醋栗、茶藨子和伏牛花。春秋两季丘鹬最多的时候，这里是最好的打猎场所，而且听说这里时常有许多丘鹬。这时，最好几个猎人结伴而行，排成一条线，甚至可以不带猎狗（如果走得比较近的话），一定会有很大的收获，但是若是带上一条训练有素的猎狗的话，打猎会进行得更加顺利和愉快。猎枪足以对付丘鹬，因为很少远距离射击，大多是较近的距离开枪，都是在树枝和树杈上开枪。此外，用打野鸡用的霰弹也就可以了，甚至 8 号霰弹就足够用了，有时候 9 号霰弹也可以。打猎丘鹬群既容易又不容易：在开阔的地方丘鹬直线飞行，且飞得很平稳；而在林子里、灌木丛中丘鹬会绕着圈飞行，而且还在树枝间灵活地钻来钻去。可以毫不夸张地说，有时丘鹬飞行之快就像闪电一样，在眼前一闪就不见了！因此在树木特别高大、密集的林子里，打猎丘鹬就需要猎人的动作特别迅速、灵活才行，开枪的最好时机是丘鹬向上飞起来还没有被密密麻麻的树枝遮挡住的一刹那，或者是趁丘鹬在开阔地带刚一闪过的瞬间就开枪射击。在林子里、田里或空旷的沼泽地里则不同：在林子里可以等鸟儿飞进射程内，再从容不迫地瞄准射击，对付林子里一闪而过的丘鹬就像对付在水里钻来钻去的鹊鸭一样，应该当机立断，迅速开枪。

虽然失误是难免的，但是不管打哪种飞鸟，也不可能有打丘鹬这样好的收获。比如有一次，我看到一只丘鹬“嗖”的一下钻进了灌木丛或是密密麻麻的树枝里了，我盲目地朝那个方向开了一枪，觉得根本不可能打中，结果猎狗却突然从灌木丛里拖出来那只中弹的丘鹬。有的时候，丘鹬根本没有树叶可做掩护，它就落在树枝间，清晰可见。按照常理，子弹射进去应是百发百中的，但结果却并没有打中。而此时有这么多叶子遮挡，我却打中了，实在是不可思议！

春季，待大群的丘鹬刚一落地，打猎发情的丘鹬活动就开始了。丘鹬总是在林子里的空地上或小路上做求偶飞行，它们飞行的高度依树林高低而定：丘鹬一般喜欢贴在树梢上飞行。丘鹬的求偶飞行一般在日落的时候开始，一直持续到天色完全黑下来时为止，或者更确切地说，要持续一整夜，甚至到天明太阳出来前为止。这种情形我曾多次见到过：随着夏天一步步地临近，丘鹬晚间求偶飞行的时间也拖得越来越长，到了7月初，天色完全黑下来了，而丘鹬却还在求偶飞行，这时已经根本无法瞄准射击了。丘鹬在求偶飞行时发出一种很特别的声音：有点像哼哼声或是嘶哑的叫声，这种叫声在丘鹬还没有露面时远远就能听见。这可帮了猎人大忙了，因为没有丘鹬提前发出的声音，猎人——特别是站在林子里的猎人就会错过一大群过路的丘鹬了，而即使发现了，等他拿起枪来瞄准时，也已经来不及了。丘鹬的叫声可以分成两种音调或者是两段：第一段是由嘶哑的短促的音符组成，重复三次左右；而第二段是由几个长音节组成。但求偶期以外的时间是不会发出任何声音的。在猎人方便藏身的地方，如果有许多丘鹬的话，那真是一件愉快的事情，特别是在有许多猎人集体配合的时候。也只有这时才会让人觉得射手越多越好。猎人们各就各位，互不干扰，却能相互帮忙，因为被一个猎人的枪声惊飞的鸟儿会飞到另一个猎人的枪口下，以此类推，总会有人能打中的。如果猎人很多，而且丘鹬也很多的话，那么就会出现枪声不绝、子弹横飞的场面。森林将这些声音不断地在春天清凉的空气中复制，余音在沟谷里回响。过路的行人会惊奇地停住脚步，奇怪怎么会像在打仗一样，有这么密集而激烈的枪声传来。夜幕降临，枪声停止了，猎人们聚到一起，每个人的眼睛都紧张地盯住同伴的口袋，竭力想在黑暗中看清楚别人打到多少猎物。这时就会有人大声而愉快地宣布自己打中了多少多少猎物，而有人则会因打得太少而沮丧好一阵子。其实这样的捕猎结果从来不会太好，这与猎人的人数过少有关。此外，无论多么幸运的猎人也很少能在丘鹬飞行时一次打中两对以上的丘鹬，更何况有的猎人还一只也打不中呢！显然，一个人单独进行这样的打猎也没有多大意思，尽管一个人打猎比较安静：可以吸烟，可以坐下来歇一会儿，甚至如果方便的话，还可以躺上一会儿；但是所捕获的猎物却少得可怜，甚至还会觉得寂寞无聊，因为丘鹬的飞行是十分没有规律的；虽然四面八方都能听到丘鹬的声音，但是一只丘鹬也不会飞近猎人待的地方。情况常常是猎人一连等了三个小时，却连放一枪的机会也没有，就不得不放弃猎物回家了。

我喜欢远远地观看丘鹬求偶飞行，因此常常会在5月里找一个晴朗而宁静的傍晚，甚至5月末的傍晚去森林守候。那时，长满阔叶树的林子美丽得简直让人无法形容：各种树木和灌木刚刚开花，特别是花开得比较晚的椴树和橡树，在太阳落山的时候，空气中充满了树叶嫩绿的芳香，甚至都压过了稠李花浓重的香味。鸟儿们在热热闹闹地、争先恐后地唱着各自的夜歌。随着夜色渐深，它们也渐渐疲惫了，早早跑到林子里睡了。终于林子里平静下来，没有了歌声，四周万籁俱寂了，不仅能听见兔子在草地上跳动的声音，而且连小动物行走时沙沙的响声也能听见，这时候你会情不自禁地陷入深深的思考之中…… 突然传来一声丘鹬嘶哑的叫声，于是你全身震颤了一下。这叫声随着丘鹬的临近，变得越来越清晰…… 终于，你的眼前，盛开的林子不见了，神奇的夜晚不见了，整个大自然也不见了！…… 你会带着怎样激动不安的心情去等待丘鹬从树梢后面出现！你又会怎样为自己成功的射击而开心不已！

随着真正夏天的到来，一直到秋天，打猎丘鹬的活动停止了。这段时间很难从林子里再找到小丘鹬，而且打这样还没有长成的珍贵鸟儿也太可惜了，因此也就没有人再去想这件事情。但是到了 8 月底，小丘鹬发育成熟了，开始出现在林子里或林子边上。大约 9 月 6 日左右，有时还要晚几天，秋季打猎丘鹬的活动才真正开始。这时一条训练有素的猎狗会起到非常重要的作用，没有它的帮助，打猎简直无法进行。丘鹬往往躲在灌木丛底下和树木稀疏但杂草丛生的树林里，它们还喜欢潮湿的林子边、湖边、长满柳丛和小赤杨的冲沟边，特别是冲沟边有河流或小溪。

如果两岸还有一些泉眼的话，那么丘鹬会更喜欢。两个猎人结伴打猎的时候，这后一种地形是最方便的：两个人分别在冲沟两边的岸上搜索，猎狗放到灌木丛里去。猎狗所到之处会有丘鹬向两边飞出，这时打猎可真是一件愉快的事情。在林子边上打猎只有一个猎人就够了，当然得带一条猎狗。如果总是能遇上这样的地形的话，打猎将会非常有意思，而且收获也会很大。我所讲的这些都是指栖息在附近林子里的丘鹬，它们从林子里飞到小灌木丛里或沼泽地上的阔叶树林里。但是除此之外，在本地的丘鹬飞来之前的好长时间里还有许多过路的丘鹬会突然成群地飞过，它们也比较喜欢落在小树林子里和灌木丛中。有的年头这种突然飞过的丘鹬的数量会不同寻常得多，而有的年头则少得多，以至于都不会有人注意到它们。

于是在秋天，当丘鹬群突然飞过的时候，热烈而收获颇丰的打猎活动就开始了。只是遗憾的是，这突如其来的丘鹬在一个地方多半停留的时间都不长，经常是第一天尽情地打猎了一天，而在第二天，还是在原来的地方却连一只丘鹬也找不到了。而且每年过路的丘鹬都选择不同的地方落脚，它们大概根本就没有什么规律，想落哪儿就落哪儿！因此，有的年景在曾经有丘鹬落过的地方却找不到一只丘鹬的影子。在这样的情况下，要想碰到丘鹬群可不那么容易。有一件事情我怎么也搞不懂，就是本地的丘鹬为什么不紧跟在过路的丘鹬之后一起飞走，而相反却要待很长时间才飞走呢?

秋天打猎丘鹬还会遇到一种特别的情况。一般来说，这时丘鹬常常栖息在茂密的林子边上或沼泽地上的灌木丛里，除特别情况外，一般都是夜里出来觅食。只有一种情况下丘鹬会飞到开阔的地方来，那就是阴雨天。灰蒙蒙的天空上乌云低垂，毛毛细雨没日没夜地像筛子筛过一样自天而降，一切都仿佛笼罩在雾中，大地时而明亮，时而阴暗，终于雨滴落了下来。大颗的水滴均匀而密集地开始从低垂的树枝上滴答滴答地落下。鸟儿和野兽们都不喜欢而且害怕这种突然落下的水滴，于是丘鹬不仅从林子里，甚至从林子边上和灌木丛中跑了出来。事实上，在森林里这种从树上不停地落下来的水滴甚至让人都感到忧伤和恐惧。有多少次我一个人在林子里走，倾听着这种奇怪的滴答声，会不由自主地陷入沉思…… 突然，一大颗的水滴落在我的脸上，冰冷和疼痛的感觉令我全身一震……

雨滴落了下来，除了发出令人恐惧的声音，还令鸟儿们不安和慌乱。它们不停地飞来飞去。当丘鹬被林子里的水滴赶到林子附近的开阔的草地上或是阔叶林、灌木丛附近的沼泽地上时，那么接下来发生的打猎丘鹬的活动本该是多么美妙的事情啊！然而开阔的地方并不是指平坦得无处可以藏身。丘鹬可不是小鸟，它们需要草丘、没有割过的深草地、长有矮扁桃和骨担草的地方或是秋播作物地的深垄沟，只有这些地方它们才能藏身，而且还必须离森林和灌木丛较近。一旦雨停了（尽管是暂时的），雨滴不落了，丘鹬就可以马上返回附近的林子里去（这中间的距离很少超过几俄丈）。有时不管雨停没停，一旦受了惊吓，它们也会立刻返回林子里。这时的丘鹬会非常温和，一动不动地蹲在原地，也会让猎人走近，并且猎狗也能久久地蹲在一边伺伏。显然，这时打猎丘鹬是十分容易的，特别是潮湿的天气里，丘鹬全身都被雨水淋湿，在开阔的地方它们会像乌鸦一样静静地飞行。只有枪法特差、性格过于急躁的猎人才会打不中猎物。你可能认为，如此简单、容易的猎事是不会令一个真正有经验的，当然也是枪法很好的猎手满意的。但是这样的打猎机会并不多，而且时间也非常短，尽管打猎的收获不大，又有特别条件的限制，但丘鹬确是非常珍贵的猎物，这就使得这件猎事充满意义了！在这样的打猎中，还有一件令人愉快的事情，就是可以完全展现出一条训练良好的猎狗的全部本领。猎狗一旦钻进了林子、灌木丛、芦苇丛或草丛中，猎人就几乎见不到它了，但是，在开阔地里，猎人却能完全看见猎狗的行踪。远远地，丘鹬就会散发出强烈的气味，无论什么样的猎狗都会狂热地搜寻过去。只见它时而停下来，时而向前去，终于接近丘鹬了，猎狗抬起腿，突然像得了热病一样哆嗦了一下，眼睛都绿了，狂热得像着了魔一样直盯着丘鹬待的地方，这时它像是一座石像，一动不动。“快要急死了！”——猎人们常这样形容此时的猎狗，也只有真正的猎人才能体会出这幅画面的真正意境来。

兔　子

像我曾经讲过的那样，野生动物中不仅有鸟类，还有兽类，例如熊、鹿、野猪、狍和兔子。这其中，我只对兔子了解得多一些，因此打算在这里谈一谈。

在奥伦堡省，当然，好像别的省也一样，将兔子分成三种：灰兔、雪兔和杂交兔。这里没有把不能食用的跳鼠算在内。灰兔名字的来源也许并不是它生活在俄罗斯的缘故（“灰兔”一词与“罗斯”的词根相同），那么可能是因为它的背是灰色的缘故吧；雪兔名字的来源显然是由冬天它的毛色而来的；杂交兔是由灰兔和雪兔交配而来的，它的名字本身就说明它是混合种。灰兔和杂交兔经常出没的地方是草原或者没有树木的山上，雪兔则喜欢在林子里生活。但例外总是有的：有时候在草原上也能碰到雪兔，而有时在林子里比如莫斯科附近的森林里，就有灰兔出没，只是从来不会一整天停留在大森林里，而是待在开阔的地方或者稀疏的灌木丛中。上了年纪的兔子，猎人们常把它叫作老灰兔，要比同龄的雪兔更强壮、更肥大，而且体形也更匀称。灰兔的耳朵比较尖，爪子特别是前爪稍小，且柔软，因此从灰兔走过的痕迹上，一眼就能辨别出与雪兔的不同来。众所周知，除了极其特别的情况外，灰兔绝对比雪兔跑得快，但矮胖的杂种兔一般要比跑得最快的灰兔还要快。夏季，雪兔和灰兔一样毛色几乎是灰色的，不能一下子区分出来，唯一的区别是灰兔的黑色尾巴稍长一些，耳朵尖是黑色的，胸部和两侧的毛是浅红褐色的，但是到了冬天，它们则完全不一样了：雪兔全身雪白，而灰兔特别是老灰兔的胸部和脖子上的毛呈浅黄色，背上是一些又粗又漂亮的杂色毛，组成黑、红、黄相间的小斑点，这些毛有些卷曲，或者准确地说有点儿像克里米亚粗毛羊羔皮。杂交兔保存了灰兔优于雪兔的全部优点，只是不如灰兔那样鲜明：胸和脖子的黄点勉强能看见，背上的长条形的异色毛比较窄，不卷曲，颜色也不鲜明，是一种瓦灰色。按照民间和猎人们的说法，兔子具有与众不同的繁殖力，这主要是指雪兔，灰兔的数量非常少，而杂种兔甚至还要少。雪兔的发情期从 1 月份开始，而到了 3 月底，地上还覆盖着积雪，母兔就已经在雪地上产下了第一批小兔，又叫“早春幼兔”，6 月底产下第二批幼崽，叫作“夏季兔”或者“草地兔”，而到了 9 月底，产下第三批幼崽，叫作“秋季兔”，这种说法是从农村的猎人那儿听来的。我没有证据反驳这种说法，只是我可以肯定，在上述三个时期中，我常常碰到一些小兔子，但是母兔是否一年产三次子，我就不知道了。根据兔子一年里增加的数量，这种观点还是可信的。据说母兔怀孕九周，生小兔多达九只，同时还听说小兔生下来时闭着眼睛，到 12 天时就不再吃母兔的奶了。自然科学家认为母兔怀孕 4 周，产幼兔 3—6 只，喂母奶 1 周。这两种说法哪一种正确，我也不知道，但是怀孕 4 周的说法却很让人怀疑，因为时间太短了。刚出生第一年的兔子叫新生兔，之后就是成年兔了。

兔子的外形大家都很熟悉了，它们有一个突出的特点，就是它后腿的结构。兔子的两条后腿比前腿长出很多，且粗壮有力，里面长有一条条结实有弹性的筋脉，这使它跳跃时出奇地灵活，有时能跳出三俄尺远，因此跑动的速度也出奇地快。兔子奔跑时，先蹲下后腿，即后腿弯曲，重心后移，然后猛地用力一蹬，整个身体就弹了出去，悬在空中，而前爪刚一着地，后腿又随即跟上，再做一次跳跃。兔子在奔跑时好像拉成一条直线。毫无疑问，它结实的背脊在很大程度上有利于它跳跃的速度。现在我们明白了，为什么兔子在下山时跑动不灵活，而相反上山或是往山里跑时却非常迅速。兔子善于逃避，但有时为了避开敌人的追击，会倒栽葱似的从山顶滚到山脚下。兔子不会走路只会跳跃，甚至它都不能一下子四脚着地站直，一旦在奔跑时紧急收腿，那么马上重心就会后移，蹲在原地——这是后腿长的缘故。兔子特别善于在全速奔跑时猛地收腿蹲住不动。于是猎人们常说："兔子灵巧得很，能在快跑时一下子蹲下坐在地上。"还应该指出，兔子的脖子不能转动方向，因此不会回头，一旦听到有声音从后面或侧面传来，它会抬起前爪，将整个身子移转到声音传来的方向，然后像旱獭一样蹲下，机警地竖起那长长的大耳朵。兔子完全是食草类动物，尽管如此，它却有非常锋利的牙齿，如果你强行抓它的话，它会咬伤你。兔子喜欢吃青草，也吃树叶、各种粮食作物，特别喜欢到秋播地去。冬天兔子吃树皮，尤其喜欢吃山杨树皮和柳树皮，而在草原上则用爪子刨开深深的积雪，找腐烂的干草吃。兔子的破坏性很大，如果不事先采取安全措施的话，肥沃的果园一个冬天就会遭到兔子毁灭性的破坏。兔子的叫声很特别，像小孩的哭声一样，哀婉凄凉，无论是受伤时，还是落入敌人的魔爪时，它都会发出这样的叫声。发情期的兔子叫得更特别，猎人们常常为引诱兔子出来，而模仿这样的叫声。

兔子是最胆小、最没有自我保护能力的动物，从它谨慎的动作上就可以感觉到这一点。另外俄罗斯人常说的一句谚语："胆小得像一只兔子"也可以说明这一点。我亲眼见过一只趴在窝里的兔子，听到近处有声音，就全身颤抖，做出随时准备逃跑的样子。兔子既怕兽类又怕鸟类，只有在夜间或者日出前、日落后，它才会从白天的避难所里溜出来。夜对它来说，完全替代了白天。它会一整夜奔跑觅食、玩耍，随着黎明的到来，它便找一个僻静的地方躺下休息，睁着眼睛，一直打盹儿到夜幕降临。兔子打盹儿时将耳朵拖在后背上，露出稀疏的却又长又白的胡子，可爱的小脸上随时保持着机警敏锐的神情。在漫长的秋天和冬天的夜晚，兔子特别喜欢到开阔的田间或山上去，它能走上几俄里的路，这一点每一个寻兔猎人都有经验。在俄罗斯民间把兔子叫作"斜眼"。它的眼睛又黑又大，向外鼓起，但并不斜，这一点大家都知道。但是因为兔子天生胆小，性子又急，不能顾及左右，因此有时会径直向猎人或是树木撞上去，一阵紧张不安之后，又慌里慌张地朝别的方向扑去，结果还是会撞到什么东西上。也许正是这些莽撞的行为，才将其叫作“斜眼”的吧。“兔子”的形象经常出现在人们的日常语言中：比如形容一个人没头没脑、慌里慌张的样子，人们就会嘲笑地说：“哎呀，你真是个斜眼的兔子。”或者“你都歪到哪儿去了”。兔子趴在窝里时，时而一只眼睛翻白眼，时而两只眼睛翻白眼，如果是两只眼睛在翻白眼，这就是说它正在打瞌睡呢，但是乍一看上去，兔子好像真的是斜眼的。只要有机会随便一种动物都能欺负兔子，狼、狐狸、看家护院子的狗、猎狗都会跑到林子里去追捕兔子，甚至连白鼬和伶鼬也是这样，这一点我已经在前面讲过了。但是，除了地上跑的，靠嗅觉来捕捉猎物的敌人外，空中也有兔子的敌人，如鹰、鹫、大鹞，一旦发现兔子白天莫名其妙地跑出来，就会向兔子发起攻击。如果兔子选窝选得不是很理想，青草和灌木不能完全遮掩住（比方说，在开阔的大田里），那么就会立即被机警的黑鹫（草原隼）发现。鹫十分机警，是所有猛禽中体形最大、力量最大的，它落在干草垛时，就像是一垛被雨水浸湿而变黑的干草——一旦发现了兔子，就像狂风一般，突然从云后冒了出来，扑向可怜的兔子，用那长长的尖利的爪子将猎物拖出去很远，然后落到一个它认为方便的地方，开始享用猎物。它几乎能把整只兔子都吞下，连兔子毛和小骨头都不剩。夜里猫头鹰、鹏鸮也会突然袭击悠闲散步的兔子，但这种情况比较少。一位猎人朋友曾经告诉我：鹰和鹫是循着地上的兔迹才找到兔子的。这可就太奇怪了：鹰和鸶都不是地上行走的动物啊！而接下来的事例就更让人疑惑了：这两种猛禽有时会落入捕兽器里，捕兽器本来是为捕兔子才放置的，而且是放在兔迹交错的“兔子行走的小路”上，这难道不是很奇怪吗？

一年四季都想猎获雪兔，或者灰兔，是不现实的。但是狩猎，特别是狩猎雪兔，从春天就开始了，狩猎的地点一般是在大河流或是中等河流的附近，在四面环水的小岛上，这时的狩猎会大有收获。大量的兔子跑到小岛上，被猎人惊动的兔子像是受惊的四散奔跑的羊群，发疯一样前后乱窜，有的兔子竟然吓得冲进水里，有时还能游上一小段距离，这时开枪打猎能打中许多，但我却从不喜欢这种打猎，这就好像是那种将牲畜赶进牲畜栏里的大屠杀，实在太残忍了。春天，雪开始融化，只有一个大雪堆还能坚持一段时间，雪痕沿着林中空地或灌木丛拖出很远，像一条条白色的鬓鬃。稍稍融化的积雪变得像冰一样坚硬，猎人能在上面行走。经过一夜的奔波之后，白天兔子喜欢趴在这样的雪堆上休息，我最喜欢这时打猎兔子了。这时若是有几个人配合一下就更好了：一个、两个或是三个，这要看雪堆的大小，留一个人在雪堆上搜寻，其余的人围着雪堆寻找。兔子轻易不会放弃雪堆，总会跳到射程内，有时还会撞到猎人身上。这种真正的打猎一直可以进行到夏天结束。而且夏天，当你在林子里夹攻兔子时，特别是一早一晚，兔子会跑到开阔的空地上、林子边上和路上，如果你驾车经过或是步行穿过林中空地或林子边上时，总会打到几只。猎到兔子以后必须用钳子刺入兔子体内，放血，然后像浸湿的绸缎一样将兔子挂起来。这个时期我从不专门去这种地方捕猎兔子，我打兔子喜欢偶然和随意。猎人们都不喜欢带猎狗打兔子（从春天开始，到夏末割草的季节，直到秋天），而且打猎进行得非常愉快，特别是深秋时节，兔子毛变得更白的时候，常常还有一些上等的野兽与兔子一起跳出来，比如：狼和狐狸。对于在秋天打猎所体验到的这种满足与愉快，我本人没有什么异议，但是每个人的口味是不同的：我不喜欢打猎时有许多不相干的人在场，尤其是这些人根本不是猎人，不懂得打猎规矩，还应该承认，我本人既不喜欢猎狗，也不喜欢善于奔跑的普通狗，因此不喜欢带狗打猎。

狩猎雪兔的最好时机是深秋，还没有落雪的时候，这时雪兔的毛色开始变成雪白色，很醒目，老远就能看得见。这种狩猎叫作“秋季狩猎”。秋季狩猎的必备条件是有一个漫长而潮湿的秋天。如果这一年秋天干旱又短暂，那么兔子还没来得及褪色就会下雪了，因此捉到的雪兔和夏天时的一样是灰色的。阴雨天，潮湿的环境会令兔子感到不舒服，于是它们会不停地在树上、灌木上或干草垛上蹭来蹭去，或者干脆就在地上打滚。正是由于摩擦的作用，夏天的那种质地较差的毛会渐渐脱落，取而代之的是长出了结实的白色毛皮过冬。兔子并不是突然间就褪毛的，这是一个渐进的过程：一开始它的毛色就不是纯灰色，之后两条后腿外侧的毛开始变白，就像人们常说的：“兔子穿裤子了”；再之后肚子开始变白，其他部位也都渐渐变成白色，只是前额上的斑点和背上的条纹仍保持着红色和灰色；最后，兔子像鹞和白琵鹭一样，全身雪白，仿佛盖上了一层白雪。在雪兔常常出现的林子里、茂密的灌木丛中、原野上，甚至草原上，远远看见一个模糊的白点后，内行机警的猎人凭着直觉，一眼就能认出这个白色的身影就是兔子，尽管有时也会发生很可笑的误会，但基本上是不会搞错的。奇怪的是几乎所有眼光较高的猎人都喜欢这种秋季狩猎，更不用说那些普通的枪法好的射手了，这究竟是为什么呢？表面上看，没有什么诱人的地方：你见到兔子（多数情况下是从远处看见的），这时你可以走近它，因为这样潮湿的季节，兔子会趴着不动，凭本能，它知道在这光秃秃的黑土地上，它，一个已经全身变白的雪兔无论躲到哪里，也逃不过敌人的眼睛，就连喜鹊和乌鸦也会尖叫着从四面八方不顾一切地向它袭来，极度恐惧的它根本不知道该往哪儿逃…… 于是你走近它，更近些，瞄准射击，命中了。这就是全过程，那么究竟为什么这种打猎会令猎人愉快、兴奋和自豪呢？绝对没有！但是此刻，在平静理智地评价这件事时，我清楚地记得，在过去的年代，我曾经狂热地喜欢过这种秋季狩猎，尽管总是阴沉沉的连雨天，火药池里的火药也常常受潮，该死的猎枪也能冒出点火花（当时的猎枪是靠火石打火的），但也无济于事，我常常会陷入一种绝望之中，一整天，从日出到日落，不吃不喝，全身湿透，走了几十俄里去找毛色变白的雪兔…… 别的猎人也是如此。有这么多的困难，为什么人们还如此固执地去打猎呢？这个问题我多次与别的猎人谈起，大家都一致认为这件事的确很奇怪，但每个人的看法却不同：有人说兔子皮特别结实，而猎人对结实的皮毛总是眼红的，也就是说总想得到它；也有人说在兔子褪毛、换毛时打猎兔子特别令人愉快，而且兔子的皮毛也不是没有用的，也是可以带来利益的。这些说法都是对的，但我认为，还有另外的一个原因，也可以说是一个非物质的原因。秋季狩猎兔子完全不是初看上去的那样简单容易，很少失误，特别是对一些新手，在没有熟悉这种狩猎之前，失误是经常的：原因是兔子巢穴很隐蔽，上面有树枝、树条（兔子特别喜欢趴在被折断的树梢下面）、树叶和枯萎的深草覆盖着，不用说射出的霰弹在途中受到阻挡会偏离目标，即使瞄准了射击也并不是百发百中的。但这种情况毕竟很少，失误多半发生在草原上开阔没有遮挡的地方。这后一种情况发生的原因是兔子在窝里缩成一团，只有一点点儿白色的毛露在草丛外面，如果你向这唯一的你看见的白色射击的话，那么就射飞了，经常是（在我身上也发生过）一阵霰弹发射过后，只打落一些白毛，在兔子窝边散落，而兔子早就逃跑了。其实，有经验的猎人是知道这个秘密的，因此在瞄准时就稍低一些，往白点下面瞄准，一阵密集的子弹过后，被打中的兔子跳了出来，在开阔的地方进入了射程，再补一枪，一定不会失误。说了这些话后，还需要补充一句，就是你从远处确实看到了一个白乎乎的东西，将信将疑地走上前去，瞪大眼睛仔细一看，怎么看都是兔子，事实上却根本不是兔子，而是一堆白骨；有时你见到的白点突然不知去向，因为猎人在走上前去的时候，中途会有各种各样的情况，遮挡你的视线，令你视角不停地改变——终于，你完全看清了，确定这是一只兔子了，但你很少会再特别耐心谨慎地继续接近它，往往是不知怎么就惊吓了兔子，于是它会立刻跳出来，逃掉了，而猎人，特别是那些性子急躁的猎人，总会在兔子跑出很远时还要开枪射击…… 这就是常常发生失误的原因，这种狩猎令猎人着急上火，猎人们也因此特别喜欢这种狩猎。在漫长、潮湿又不太冷的秋天里，在兔子特别多的年头，秋天狩猎总是收获很大：我本人就曾在一个地方打到 24 只兔子……整整装了一车。连雨天，雨滴从树上“滴答、滴答”地落下，雪兔被赶到林子边上，有时甚至赶到没有树林的开阔地带，这样的秋天在我的记忆中可不止一次。当你驾车走近一个小岛或是树林时——就在附近，甚至在秋播地里到处都可以看到一些小白点：这就是兔子。

曾经有一个这样的秋天，即 1816 年的秋天，10 月 28 日，我偶然猎到一个奇怪的大兔子，它可真的把我吓了一跳：当时天灰蒙蒙的，我在林子里走着，当时已经打到很多只兔子了，我分别将它们挂到树枝上，打算一会儿再放上车，随着黄昏的来临，天色渐暗，突然我看见一个大块头的东西，很像是一只大白兔，蹲在一俄尺高的半空中。猎人都是迷信的，一开始我特别害怕，我在原地站了好长时间，后来觉得好像幻觉不见了。终于，我平静了下来，重整精神，仔细辨认，原来这只大雪兔不是蹲在半空中，而是蹲在一个粗大的椴树桩上，这是极罕见的。它蹲在那里，身子稍微侧对着我，晃动着耳朵和前腿，机警地听着动静，显然它没有发现我，我与这只兔子的距离不算太远，我的双筒猎枪已经上好了特号霰弹，我鼓起勇气，瞄准猎物，“砰”的一枪——那只大兔子发出了一声特别刺耳又哀怨的叫声，接着就像一捆柴火一样掉在地上…… 我赶紧跑去找来同伴，还叫上马车夫一起回到那个被我射中的奇怪的兔子面前。它已经死了，横躺在树桩旁边——它简直就是个怪物！它比最强壮的灰兔还要大很多，没有两倍，也有一倍半，在它的皮毛下面，长有一些疙疙瘩瘩的东西，颧骨上也长有一些硬硬的肉瘤，差不多有拳头大小。这只兔子我保存了很久，常常拿出来给别的猎人看，但是这个怪物的肉却谁也没有吃。一个农民兼猎手的人对我讲，这是兔子王，100 年才出现一次。非常遗憾的是我没有将兔毛做成标本，甚至都没有测量一下这只古怪的大兔子。除此之外还有一种在我看来比秋季狩猎更有意思的狩猎，尽管这种狩猎不仅收获不大，甚至很难有所收获，而且搞得人非常疲惫：这就是一场新雪过后狩猎灰兔。首先应该学会寻找兔子：即沿着兔子留下的痕迹，一直找到兔子窝边，在兔子趴着或奔跑的时候，开枪射击，这种本领全凭经验。

昨夜落了一场新雪。清晨，沿夜里留下的兔迹开始跟踪，你会一直摸不着头绪地追踪到中午，也毫无收获，起初灰兔在奔跑、玩耍、晒太阳，然后找食吃，再之后就追逐嬉戏，然后再吃东西，终于在太阳落山的时候——回家了。兔子窝大多数情况下都不是固定的，极个别的情况除外。兔子在进窝里休息之前，都要在附近绕上几圈（两圈到四圈不等），也就是围着窝转上一圈之后，返回到刚刚走过的路上，转两遍、三遍甚至四遍，然后跳到一边，再走上一会儿，终于它绕着窝转过最后一圈之后，返回原来的路上，又会走上三遍，然后尽最大的力气跳上几下，终于——回到窝里趴下了；如果它不喜欢这个窝了，就再选择一个新家，这是常有的事，这一切都取决于新雪下的程度和天气情况：如果雪下得小，天气又冷，兔子转悠的时间就会很长，如果情况正相反——它转悠的时间会短一些。除此之外，雪停得越晚，兔迹会越少，因为如果雪下得很大，黎明时才停止的话（这种情景常有的），那么你在哪儿发现了兔迹，兔子也就会趴在哪儿，因为其余的足迹都被雪盖住了，只有最后的足迹还留着，当然，这时的兔迹是很难找到的。这个时期的打猎如果步行的话非常困难，因此为了寻找兔迹，应该骑马，最好是坐上轻便的雪橇。对于兔子觅食、嬉戏时留下的脚印，不需要仔细研究而应该在脚印周围转上一圈，找出兔子进去、出来的痕迹：如果没有发现兔子出来的迹象，就说明兔子在里面，在它觅食的地方，不过这种情况可不常见；如果发现了兔子出来的迹象，并且还发现兔子开始转圈，这时猎人该下马步行了，带好随时待用的猎枪，沿着兔子留下的痕迹一路追踪而去：兔子窝应该就在附近的某个地方，这时不要东张西望，不要盯着兔子刚刚走过的脚印不放，而应该看看狡猾的兔子为了弄乱足迹是否有往旁边跳的痕迹，是否就趴在一边。常常是你根本没有听到任何细小的响声，也没有看见兔子跳出来过，但当你走近它的窝边时才发现：你早已经惊动了它，对方早就溜走了。不过，它白天是走不远的，走上一会儿就会停下来。过几分钟，你让兔子平静下来，就可以再一次且很快将它赶出来；但是兔子第三次趴下时，一般不会像第一次那样蹲着不动。对于灰兔来说，筑窝最喜欢的地方是旱獭留下来的洞穴，兔子往往是就地选择一个旱獭洞，一遇到危险，马上就钻进去；其次兔子喜欢田埂和沟边的雪堆，兔子会在那里打一个不太深的洞，钻进去趴下，坏天气来了，下雪了，它出入的洞口就会被雪给堵住了。它常常趴在这样的洞里一动不动，以至于需要我用脚扬雪，才能将兔子赶出来…… 当兔子从洞里面惊慌地奔出来时，雪屑四处飞扬，天啊！五彩缤纷的雪颗粒在空中飘舞着，这是多么美丽的图画啊！而此时兔子则在开阔的地面上滚来滚去，终于一声准确的枪声打破了这令人愉快的画面，只见兔子像车轮子一样跑几步滚一会，然后直挺挺地躺在雪地上了！…… 如果第一场新雪下得还太小，不能打雪洞的话，灰兔则更喜欢躲在山谷里长满灌木丛的地方，也喜欢躲在被风吹弯的杂草丛中；兔子常常从山上下来跑到结了冰的密密匝匝的苇塘里（如果附近还有苇塘的话），找一块大草丛做窝，在开阔、平坦的草原上灰兔一般会趴在针茅丛下面。显然，下第一场雪时，一天跟踪不到很多兔子，也打不到很多兔子；而当冬天的雪路固定下来，不再有冰雪融化、道路受阻时，也就是说，白天下雪，那么这刚落的一层雪就会带来很大的不方便，而如果雪面上很快结了一层冰层，能禁得住兔子走却禁不住猎人的话，那么人一走上去脚下就会发出“咯咯”的响声，老远就惊吓了灰兔，那么即使狩猎再诱人，也该停止了。

灰兔是粮食谷物的最大天敌，住在林子边上的灰兔会经常光顾打谷场，甚至会在那儿待上一整天。这时兔子的胆子特别大，尽管白天农民在打谷场干活，尽管人声喧哗，连枷“当当”地响，兔子还是不动声色地趴在窝里。这种灰兔叫作“打谷场的兔子”，它们比别的兔子更肥饱，动作更麻利，我就曾多次在打谷场上打猎灰兔，并且经常是满载而归。有一天，我与村人一起在谷垛边上的一大堆柴草旁就抓到过一只兔子。情况是这样的：那天早晨，一个农民去晒谷垛，突然他发现有一只兔子钻进了柴草里面，农民赶紧用一块木头堵上了洞口，兔子在里面躲了一天，直到傍晚，我才与那个农民一起捉住了那只兔子。秋天，在莫斯科附近，打谷场上开始打谷，这时灰兔会跑到干草棚里吃干草。有时雪兔也会这样做。吃粮食的灰兔特别肥壮，你要是没亲眼见过的话，你是不会相信的：除去四肢不算，它的肾脏和体内脂肪可达到两普特重，还不算其余部分呢！这种灰兔的肉有一种很强烈的令人愉快的野生气味，这种肉非常有营养，甚至刺激性很大。在我的记忆中人们在不久前还不吃兔子肉，现在有一些地方开始食用兔子的后半部分和腰子，前半部分扔掉不吃，据说，兔子前半部分是给狗吃的。而莫斯科附近的一些地方，在遵守这些民间规矩时，就没这么严格了。

兔子最大的敌人是人，猎枪固然厉害，但是对兔子却并不造成致命的伤害。跑速快的猎狗、捕兽网（也就是兔子网）、捕兽器捉到的兔子则是成千上万。

射击兔子需要用特号霰弹：一号和二号霰弹。除此之外，有时不得不从远处射击。尽管猎枪对付兔子应该不成问题，但是它有厚厚的皮毛做掩护，减弱了霰弹的威力，并且兔子的全身还包裹着一层细小的绒毛。当然，近距离时射击兔子，用什么型号的霰弹都可以。

除了上述三种兔子外，在奥伦堡省，偶尔有人会碰上身材、体形很普通的黑兔，但我却从来没有见到过。

各种小鸟

现在我想与各位谈几句体形较小的鸟儿的情况。这些鸟儿可以用作食物，味道还相当不错，如果鸟肉很肥的话，就更好了。没有人把它们看作野禽，真正的猎人也很少向它们开枪——难道一定要开枪过过瘾，或是没有真正的野禽可打了吗？从事这种行当的猎人多半是为了抓几只鸟儿来卖点钱，比如：椋鸟、百灵鸟、太平鸟、鸫鸟和红腹灰雀等都属于这种小鸟之列。在莫斯科的猎物市场上，几乎总能见到这些鸟儿用细绳穿成串，一束束地挂起来，特别好看。厨师用这些鸟儿做的调味汁和馅儿很有市场，而且用这些鸟儿做菜的一些美食店的生意也很兴隆。有的猎人打布谷鸟吃，我也尝过，味道相当不错。但铁爪鹀的味道却是最好的。这些小鸟的大小、体形与大家熟悉的百灵鸟十分相似，在奥伦堡省的冬天成群结队地出现，春天随着冰雪融化，而自行消失。它们的羽毛非常漂亮，五彩缤纷，花色各异，有蓝灰色的，灰色的，黑色的，浅红褐色的，还混有浅白色的底色。铁爪鹀一般是纯白色的。3月，春天来了的时候，铁爪鹀身上的羽毛开始变暗，到了夏天就能完全变成灰色的了，但是它们在哪儿过夏，在哪儿繁衍后代，我却不知道。它们特别喜欢啄食谷粒，在它们的嗉囊里发现最多的是燕麦。铁爪鹀在受到路人惊吓时，往往会向前飞一下，之后又落在路上，如此重复多次，终于它厌倦了，于是围着过路人转上一圈，然后向后飞去，再落到路上。我听说铁爪鹀会唱歌，于是就试着将它们关在笼子里。我精心挑选饲料喂养它们。过了一段时间，突然铁爪鹀的腿瘸了，病倒了，最后竟死去了。是笼子里太暖了，还是太挤了？我不知道。有一次，几个农村孩子用网夹子捕到许多铁爪鹀，当时是1月份，于是我就将这些铁爪鹀放到一个通风好的比较冷的屋子里，鸟儿们竟一直顺利地存活到 3 月底，而且长得也特别肥，肉味鲜美：最后它们都成了我的桌上餐了，因为我拿不准它们是否能随着天气的转暖而继续活下去。

猎人的狩猎故事和回忆

致读者

我的《钓鱼笔记》，尤其是《奥伦堡省带枪猎人笔记》得到了广大读者的赏识，于是我决定将自己所熟悉的并使我一度痴迷不已的其他猎事也写出来交付出版。回味留存于我的思想深处的、聊以慰藉的和值得留恋的往事，是为了满足我本人的需要。此外，在叙述自己的感受时，还能在读者（特别是那些酷爱各种猎事活动的人）中间引起共鸣。这正是促使我写作的原因：我坦率地承认这一点。同样，我希望自己的这部书会像以往所写的有关猎事的作品一样，获得成功。

前 言

狩猎，猎人！……在这两个词里你听到了什么？在这两个词的词义中究竟隐含着怎样令人心醉神迷的东西呢，竟然能受到全体人民、整个世界，乃至不打猎的人的欢迎和喜爱！狩猎，猎人！“这是他的猎事（爱好），他是猎人（爱好者）。”[①]——人们在解释为什么有人在打猎时会表现得如此忘情或令人奇怪时，常常会这么说——这种解释要使大家理解，并感到满足，是太容易了！可一个人怎么会产生对某种狩猎的爱好，出于什么原因、基于何种理由？很难用一句话说清楚。当然，狩猎这一爱好可以通过教学活动培训出来，也可从周围的猎人榜样那里得到熏陶，不过，我们常常看到，有些出生于猎人世家的子孙对狩猎毫无兴趣。相反，有些学者或从事文职的人士的后代，尽管他们对任何猎事都闻所未闻，却从小就具备猎人的气质，对狩猎具有狂热的爱好。因此，有些人虽常常受到环境的限制，但仍对狩

---

① 俄语的охота有“狩猎”和“爱好”两个意义，其同根词охотник则亦有“狩猎者”和“爱好者”两个意义。此处的作用相当于汉语的双关语。

猎一往情深，只能归结为出自先天的倾向，是种无意的爱好。这一说法是令人信服的，根据我对农家子弟的观察，完全可以证实这一点。我多次见到过，有些农家子弟每遇猫狗，不是用脚踢，就是用石头棍棒揍，从不轻易放过它们；而另一些农家子弟则相反，他们常常保护可怜的动物免遭自己的同伴虐待，他们抚摩着小动物，与它分享自己并不丰盛的食物。这后一类孩子一定会成为某种猎事的猎人。一些孩子听见猎人吹的号角声或猎犬的吠叫声，便浑身发抖，脸上顿然失色，一动不敢动地倾听着；而另外一些孩子则处之泰然，这将是未来能带猎犬的猎人。有的小孩一听见附近的猎枪声响，就像一条正在玩兴头上的猎狗，丢下了他正在摆弄的蝴蝶、大头钉和自己的伙伴，飞奔向枪响处，这将是未来的好枪手。有的孩子用糠麸做诱饵，系上细绳，或放上一只盆，而他自己则赤着脚，上身只穿一件衬衫，在风吹雨淋中颤抖着，伺伏在一个角落里，等候着麻雀入网，这将是未来的捕鸟和捕兽专家。可是另外一些孩子，就是给他们发蜜糖饼干，他们也不会去干这个的。以什么来解释这两种完全相反的现象，比如为什么不是人人都对狩猎具有天生的倾向性？只要我们注意观察一下成年农民，就会发现同样的现象。我们认为，在生活富足的人们中间，孩子们的想象力和倾向性，从模仿大人的过程中得到发展；随着年龄的成长，会转变为对狩猎的强烈情感；但是我们也会在农民中间，常常是在那些并不富裕、无暇幻想又无人可模仿的人中间发现狂热的、忘情的猎人。

在我的一生中，我见过很多这样的人。是谁迫使别人冒着秋日的凉雨和泥泞，拖着猎枪（这个人往往已经不年轻了）在丛林和峡谷间追逐、枪猎一只发白的灰兔？这就是狩猎。是谁把这位多病的老者从温暖的被窝里唤起，促使他在晨曦之中、在迷雾和水汽中，坐在潮湿的河岸上，垂钓一条圆腹雅罗鱼？这就是狩猎。是谁促使这个年轻人暂时把必须做的工作放到一边，或者利用短暂的午休时间，冒着炽热、忍着夏虻的叮咬和吸血，肩上背着击中的野鸭和猎具，沿着泥泞不堪的沼泽地拔着双脚，累得昏头涨脑？这就是狩猎，毫无疑问，唯有狩猎，只要您念着这个迷人的字眼，那么，一切都变得明白起来。

猎人们的个性就像每一个人的天性一样迥然不同。有一些猎人对某种猎事特别喜爱，但同时也喜欢其他类型的猎事，尽管不如前者那么热烈。另外一些猎人小时候喜欢某一猎事，长大后渐渐转为喜欢另外一些猎事，而且总认为最后一种比以前的好，不过尽管已不再参加以前那些猎事，但却牢记着曾给他们带来过许多温暖的、美好的印象和快乐的回忆的那些猎事。第三种猎人，则恰恰相反，非常“特别”——他们从童年起直至最终，始终如一地热爱着某一种猎事，而对其他类型的猎事不仅漠然发呆，甚至带有反感，乃至仇视情绪。最后，还有第四种猎人：对任何一种猎事都一视同仁，甚至愿意在同一天、同一时间，不加区分地去参加所有的猎事。这种猎人，从严格的意义上说起来，不能算作真正的猎人，他们成不了打猎的行家里手。

他们最多也只能充当其他猎人的好帮手而已。

我很难给别人确定出哪种猎人更优秀一些，不过，就我个人来讲我觉得我是属于第二种类型的。我从孩提时就开始在麻雀和鸽子的栖息地捕捉它们。尽管这种儿时的乐趣微不足道，但我依旧保留着对这一猎事的鲜活的记忆。我承认，尽管现在我已届 63 岁的高龄，但每逢听到麻雀那特有的、急匆匆的唧啾声，我仍然不能无动于衷。当斜阳西下的时候，一只麻雀蹿前跳后，在自己的栖息地附近来回扑腾，就像是在同白昼和光明告别，又好像是在同自己的伙伴们轻歌互答，然后，突然一下子扎到房檐下或防雨槽下，钻进草屋顶的隙缝中或老树干的窟窿里。后来，我不再在麻雀的过夜巢里捕捉麻雀了，开始用鬃毛网扎在树皮上，捕捉其他一些小鸟儿；接下来，又在未脱粒的麻秆垛上拉绳下套，最后使用各种网套来捕捉鸟儿。后来，我开始喜欢放隼去抓鹌鹑或用木筒扣鹌鹑。有一段时间，所有这些小猎事都被钓鱼取代了。钓鱼这一猎事也同样坚决地被替代——换成了枪猎。枪猎几乎占去了我的半辈子时光——约三十年的时间。后来钓鱼竿又在我的人生舞台上出现了，而且终因年老、眼力减退、多病、身懒，我彻底成了一个专一的渔夫。然而，对于以往我从事过的各种猎事，我至今仍然记忆犹新，并珍惜之极，我的许多文章的题材均源于此，便是证明。

我所提到过的那些猎事：带猎枪，带细长腿猎狗，带隼，专门用来对付野兽的捕兽网和捕兽夹，用渔网、渔叉和钓鱼竿捕鱼，甚至还用过对付小动物的捕捉器——所有这些猎事的目的无非是为了获取猎物；然而，还有另外一些猎事，可以说是不带功利心的猎事，这是一种仅追求某种精神上享受的猎事，为了倾听、观赏或饲养、繁衍某些名贵禽类，甚至大型野兽，比方说，捕猎会鸣叫的鸟类和鸽子即属此列。会鸣叫的鸟类至少可用它们那悦耳的叫声给猎人带来快乐。但是，鸽子却不可能提供这一乐趣，偶尔听到的声音也只是嗡嗡的咕咕叫而已。但我认识一些对各个品种鸽子都爱之如命的猎人，比如叫鸽、两撮毛鸽，曼陀罗鸽、连毛腿鸽、埃及鸽等。这些猎人把整天的时间都花费在鸽子房里，尤其喜欢欣赏连毛腿鸽——这种鸽子的腿部羽毛毛茸茸的，把两条腿都覆盖住了，毛长有三俄寸，朝四面挓挲出去，走路都绊脚。现在，已经很少有猎人再喜欢这个品种的鸽子了。在大城市里如今还有不少养鸽人，他们所钟爱的大都属于纯种型和追击型的鸽子，特别是曼陀罗鸽，它追跑起来别有一番动人之处。你看，当曼陀罗鸽和纯种鸽成群翱翔高空的时候，它们盘旋着，一会儿在阳光下发出耀眼的白光，一会儿又钻进了遮住了阳光的云彩后面，只留下黑色的斑点在空中闪烁。曼陀罗鸽的飞行方式别具一格，当它正在高空中疾飞的时候，它会突然收拢翅膀，就像一只在空中被猎枪射中了的鸟儿一样，不断地翻着筋斗滚落下来，就这样，当它坠下大约有十俄丈时，它又会突然展开两只翅膀，迅速飞向正在空中盘旋飞行的鸽群。这种飞行方式极其生动好看。每一个看到的人都会一连几分钟饶有兴致地观赏着这种有趣的场景，而养鸽的猎人更是会为此一连几个小时都不让疲倦的鸽子得闲归巢。

养在笼子或小动物园里的不会鸣叫的鸟儿以及其他一些野禽类，则具有另一种形式的美，这种美只有那些热衷于观察大自然的创造物的人们才能体会到，而这已经是为了满足求知欲了。

尽管我对各种形式的狩猎活动都十分入迷，但我观察和研究禽、兽、鱼类习性的爱好一刻也没有停止过，有时甚至为满足好奇心而牺牲了唾手可得的猎物，这对一个狂热的猎人来说真是非同小可。

现在，对这一切的回忆使我如临其境，身心愉快，把这些快乐的回忆同喜爱各种猎事的猎人分享，是我多年的夙愿。也许我的这个举动会唤起其他猎人的相同愿望。在俄罗斯有多少经验丰富的猎人啊，他们的视野远远比我开阔！他们的见闻也一定更加丰富多彩！此外，如是见闻一旦出版，又将会给猎人们增添一批聊以慰藉的和愉悦的读物，同时也将有益于自然科学的研究工作。对于一些闭门搞研究的学者而言难以获得的活生生的事实，只能借助那些在实践中勤于钻研的人们所取得的专门知识。

用猎隼捕捉鹌鹑

去打猎吧，在打猎中满足，尽情享受吧！它是那样的自由自在、无拘无束，有什么烦恼和忧伤不能在其中忘掉呢？挑个日子，常常出游巡猎，放足追猎，其乐融融！不要懒惰，不必忧伤；不要忘记带回那美妙无比的猎物。

> 啊，我光荣的谋士，诚实的、聪明的猎人们！尽情地欢乐吧，全身心地陶醉在其中吧，美好的回忆将慰藉你未来的时光！
>
> 《古俄罗斯文献汇编》第三卷，《隼监法规专集》

虽然这篇文章的标题已经把内容一目了然地揭示了出来，但我还是想先谈谈猎隼的一般特性。这一类猛禽，无论是高、中、低等，全都可分为两类：鹰和隼。第一类猛禽鹰，采用的是从高空直向猎物扑下来的捕捉法，为此它必须先腾空达到一定的高度，然后再俯冲。第二类的隼则相反，采用的是追捕法，即当它们见到猎物时，在与该动物同样的水平线上追赶，凭着自己的追击速度来捕捉猎物。

我们的话题主要是关于这后一种类型。就个头大小来说，隼分为三种：个头最大的、相当于大火鸡的被称为雁隼，而且也是因为它们善于捕捉大雁。此类隼极少能够碰到，但可用来猎捕野兔，甚至还包括狐狸。我曾经在两个秋季里拥有这样一只隼，它是一个巴什基尔人作为稀罕之物赠送给我父亲的。他说，他曾经用这只隼抓捕到两只狐狸，从这只隼力大无比、贪婪至极的情况看，他说的是极为可信的。我请读者允许我在这里叙述一下这只隼的命运。这是一只纯种隼，也就是浅灰色的隼，分量相当重，即使是一个大力士也不能长时间地把它托在手上。巴什基尔人每逢打猎都要骑着马，携带这种隼——常常是金雕，把它放在用作坐骑鞍桥的木棒上。遗憾的是，这只罕见的隼在我家待的时间并不长。我们用它只捕猎到两只雪兔，那是当年10月刚下过第一场秋雪的时候就跑出来的两只雪兔。为了训练它，还曾让它抓过一只会飞的俄罗斯家鹅。事情的经过是这样的，这群家鹅每天习惯于走到主人家的打谷场去啄食，打谷场在挺高的山坡顶上，它们吃了一个大饱后，本来走平路就已经感到碍事的嗉囊，现在从陡峭的山坡往下走时就更觉得不方便和吃力了，于是它们便从高坡往下飞，直接落到它们生活的院子里。我选好时机，让猎人带着隼伺伏在鹅必须飞经的那个谷堆后面，而我跟在鹅后面，并从后面撵它们，它们一瘸一拐地跑到坡边，腾身向下飞去。隼扑了过来，打倒了一只飞鹅。隼没有让我们失望，干净利索地降伏了这只鹅。我们没有让其余那些鹅来欺侮这只隼（否则，它们会一直用翅膀来拍，用嘴来啄），还把那只猎物送给隼饱食了一顿。尽管这只辉煌一时的猛禽在我家只活了两周，可它却经历了一场颇不寻常的遭遇。我们家在一个小岛上有一间夏日厨房，已经很长时间不用了，厨房里砖地的中央有一个小木墩子，我们把隼安放在那上面过夜。一天清晨，负责保管隼的那个猎人到厨房来看它，发现那只用皮条拴在木墩子上的隼已把木墩子拽倒，翅膀平展开来，蹲在屋角，两只爪紧紧地抓着一只还活着的巨大的猫头鹰。猎人生怕猫头鹰将隼咬坏，急忙跑回来告诉我，我和父亲闻讯立即赶往那里，见隼仍然保持着同样的姿势。我们费了好大劲儿才从隼的爪下拽出那只巨大的、几乎是纯白色的猫头鹰，它立即就咽了气，而我们那只隼却毫发无损。我若不是目睹这段奇遇，是肯定不会很快就相信这件事的，那厨房门是锁着的，除了烟囱是个没有封闭的地方之外，厨房里再无其他窟窿。可以推测，这只猫头鹰是从烟囱里钻进来到这里过白昼的，看样子是黎明时刚飞进来不久；可是，隼被系在两俄尺长的木桩上又是怎样逮住这只猫头鹰的，这令人难以想象；不过，隼的贪婪、凶狠和臂力的确达到令人惊讶的程度。我曾经认为，什么样的隼也不能制伏和捕捉到猫头鹰的，特别是体积大的那种猫头鹰，因为它本身也长着尖利的爪子。我家的猎人们认为，是那只猫头鹰先袭击我们这只隼的，不过这种说法不太可能。

猫头鹰事件过去几天后，地面开始解冻了，雪完全融化了，是一个极好的狩猎时节，我便派仆人带隼骑马去寻捕那些已经褪色的兔，而我自己带枪去猎捕鹌鹑。猎人绕过山川野地骑马走了一段时间，没发现任何地方有兔子，便在心里想，兔子可能都藏到森林里去了；猎人将马拴在森林边空地上的一棵树旁，把隼放到一个树杈上，把隼腿用皮带系在马鞍上，然后为防不测，带上了猎枪到林子里寻猎兔子去了。很明显，这一切干得十分愚蠢，于是，便发生了下面这个事故：那匹马也许是受了惊吓，挣脱了缰绳，拽下了蹲在树杈上的隼，狂奔起来；直到傍晚，那匹马才跑回家中。当时那只可怜的隼还活着，可两只腿已经被拉得老长，脱臼了；过了一宿，它断气了……这只罕见的猛禽就这么无辜地、悲惨地死去了。后来我又见过两只雁隼，它们都比原来那只小，而且羽毛的颜色也深得多。

第二种隼（体形是前一种的二分之一）被称作鸭隼，因为人们常用它来捕猎野鸭。说实在的，用猎隼——无论是雁隼还是鸭隼来打猎，就其猎物而言，往往不是一无所获，就是微不足道，尤其是使用猎鸭隼。用隼狩猎必须有一个先决条件——被猎捕的飞禽在近处的空中飞行，否则猎隼就无法追赶了；野鸭总是在水上漂浮，即使待在岸边，也可以随时扑到水里去；而猎隼是不会到水里去抓野鸭，也抓不到那些在水上遨游的野鸭的。因此，使用猎隼捕猎野鸭必须选择地势较高、水岸在高坡上的河流、湖泊，那样猎人有可能走近野鸭而不被察觉；野鸭不会在河面上飞行较长时间；如果猎隼抓住野鸭后同它一起落入水中，无论该隼多么贪婪，它也会立即将猎物放弃的，因为任何猛禽都不愿也害怕自己的羽翼被水弄湿，特别是翅膀上的绒毛，一旦不小心沾上了水，会立即像半收的伞那样耷拉下来，那时它只得躲在僻静角落里待羽毛晾干了以后再出动。显然，没有一个合适的地势，捕猎野鸭是不能进行的。有时候，鸭隼也被用来捕猎小黑琴鸡，不过，这得是它们处于无遮无掩的草地上，否则即使是在稀疏的树林地带也很难得手，因为鸭隼会很容易撞到树上，而且它也本能地害怕树，每逢在追捕黑琴鸡时迎面碰到了树，它会立即腾空向上或取道别处。与此同时，慌乱的黑琴鸡倒会飞得异常敏捷，而只有当黑琴鸡飞到附近的时候，鸭隼才能得手。由此可见，用隼猎捕野鸭或黑琴鸡并不会有可观的收获。捕猎鹌鹑用的是另外一种隼，也就是第三种类型——鹞，关于这种隼以及用这种隼参加捕猎的情况我下面来做详细的叙述。

我已说过，雁隼极其罕见，只有少数猎人在野外看到过它们；鸭隼倒是能常常碰到，而鹞，村民则一天内可见到数次，或者说，虽然不是直接通过肉眼看到的，但至少也能感觉到由鹞的到来所产生的影响。所谓影响说的是：所有家禽或庭院附近栖居的鸟儿都在不安地鸣叫着四处躲藏，或两眼惊恐地仰望着空中不速之客的踪迹，母鸡不停地咕咕叫着，鸡崽们发出可怜的尖叫声，飞快地钻进老母鸡张开的翅膀里，麻雀以其特有的啾瞅声叫着，一边疯了似的到处乱窜——我多次看到过大树颤抖着摇得树叶沙沙作响，就好像是要把一大群麻雀都包裹在自己的怀抱中，来躲开突如其来的大雨一样；燕子像隼似的发出惊恐的尖叫声，任选了一个方向飞过去；喜鹊叽叽喳喳，乌鸦哑哑呱呱，朝着同一个方向飞过去。总而言之，到处都笼罩着一片恐怖气氛，这大概就意味着隼已降临，此时它也许正藏匿在某个屋檐下、谷仓顶下，或者正隐藏在邻近的某棵大树的绿叶遮掩的枝条上。有时就是这样，你也还是见不到隼的踪影。它在静等着这场对它不利的骚乱平息下来，因为这种骚乱等于报告着它的来临，是对那些本来可能成为它的猎物的另外一些鸟儿的警告。有时候，隼对这些叽叽喳喳的尖叫、喧闹声和监视的目光感到不耐烦或惊恐，等待一会儿后，便飞走了！然而，我却总是乐于观看这惊慌失措的混乱场面，常常津津有味地观察着隼怎样从它的藏匿处飞出来，一直看着它如何飞快地扇动着一对翅膀，如何悄无声息地慢慢地飞开去，然后又像闪电般地飞进灌木丛或在附近的森林中隐藏了起来。

我现在要开始讲猎雀的隼（雀隼）的外形特征、它们的饲养和训练等等，这些情况对另外两种隼也完全适用。羽毛呈浅灰色的雀隼称为纯灰色隼，它又可分为略浅色和略深色两种。奥伦堡省的猎人认为隼的羽毛颜色（即隼的翅膀颜色）会受到它被孵化时所在的那棵树影响，因此颜色略浅的隼便被叫作桦树隼，而颜色略深的隼则被叫作橡树隼。有一种花褐色的被称作红斑隼，由于它们的巢总是筑在赤杨树上，所以，又被称作赤杨隼。虽然这种羽毛颜色缘于孵化所在的树的说法有些奇怪，尽管我一直也不太相信这一点，但我应该承认，我的一些亲身经历恰恰证实了那些猎人的观点。雌雀隼（其他所有的猛禽也是如此）比雄性要大而且有力得多，就是说，由于雄隼的力气小、耐力差，一般不被用作猎禽。我曾有意地培养和训练了几只雄雀隼，它们在训练时，理解程度和习性都远远好于雌隼。我利用它们去猎捕麻雀之类的小飞禽，甚至还捕过鹌鹑；可是，这些雄性隼的力气简直小得可怜，它们既追不上身轻的鹌鹑，而且碰上饱肚的或年老的鹌鹑，它们抓住后，飞不了几步就让猎物从爪子里掉落了下去。它们追捕鹌鹑雏仔还算可以，只是没有持久性，抓了五六只后，就无力再干了，有时干脆累得不愿从猎人手上往外飞了。有时也用鸭隼来猎捕鹌鹑，但这也有不适宜之处，对于鹌鹑来说，鸭隼自然有足够的劲头儿，但每次抓住猎物后，它总不是立即就降落到地面上来。顺便说一句，在那本每个猎人都应该动情地拜读的、沙皇阿列克塞·米哈依洛维奇所颁布的《隼监法规专集》中说："在捕获猎物和飞行上隼都很拿手，经过训练的雌雄隼（即人工饲养、训练而成者）都很堪使用，并收获颇丰，它们既可下河追猎，又可上山捕捉。"从所摘录的几行文字可见：一、隼可训练成人的助手，但我与其他一些猎人却无论如何也做不到，并一致认为此隼不适于捕猎；二、雌雄隼可同样用于捕猎，但应考虑到此雄隼需体积较大一些，而非一般雀隼。

文中最后所言“可下河追猎”一说，亦不尽然，在莫斯科周围从来就没有过、也不可能存在足够数量的鹌鹑。至于说到捕猎野鸭，大概是指捕猎小水鸭，雄性的鸭隼倒还堪为使用。

隼在森林里的高大的树干上筑巢，巢是用细小的树枝编成的，巢的位置都选择在较粗大的树枝丫上，并紧挨着树的主干。雌隼最多一次能产卵4枚，但通常只是3枚，整个孵化由雄隼担任。猎人们都提前观察森林环境，特别注意隼从前孵雏的那些地方，根据各种迹象来确定隼巢的位置；但是，在幼隼孵出前不要接近隼巢，否则雌隼会将隼蛋抛出来。什么时候把雏隼从窝里掏出来，要看猎人的情况而定，因为它们必须用切成碎块的肉来饲养，若是猎人能不厌其烦地这样伺候雏隼，那就可以用皮毛包裹着隼雏，早一些取下来，这样的雏隼很温顺，易于训练，但很多猎人认为，这么饲养的隼比较呆滞，它们不及初长成的小隼那么贪婪、机灵和强壮；当人们爬到树上，想要捕捉这些小隼的时候，它们已经会在树杈上蹦来蹦去地逃避了，所以人们必须用长长的椴树棍来制伏它们。虽然我曾饲养过大小不等的各种隼，但由于是在不同年代的事情，所以我已很清楚这些隼的特性有什么区别了。至于刚会飞的雏隼即被活捉或用“库特尼亚”网套捕获的那种，我可以十分确定地说，它们比直接从巢里捉来饲养的要好得多，不过这种隼驯养起来也难得多。捕来的雏隼通常饲养在用小树枝编成的、宽敞的笼中或铁网笼中，如果雏隼太小，就先将它们罩在小圆筐中，在那里，它们就像在自己的巢里一般，几只雏隼紧挨在一起，和平地相处；饲养者直接用手将剁碎的麻雀和鸽子肉送到它们嘴边，因为这些鸟肉被认为是最有营养的食物，按照猎人们的看法，这些肉会使相当瘦弱的隼很快康复的。不过，要是有羊肉、牛肉、小犊肉或兔肉的话，最好能给它们吃这些肉。当雏隼即将长大的时候，为了避免它们争斗，每一头隼都必须分开喂食，给每一头隼以同样大小的肉块，每一个昼夜喂一次，如果是鸟肉，最好连皮带肉一块儿喂给它们。大量的丰盛饲料，特别是从刚杀死的鸟类身上撕下的热乎乎的肉块——这是培养一只好隼的有效途径，雏隼因此会长得高大威猛，生出一身平滑的羽毛，便于迅疾地飞行，并早早开始狩猎。我认识一些猎人，他们喂的隼食不标准、不全面，给食也不按时，有时候还过两天就让隼吃素食。这么饲养出来的隼，其尾部的羽毛颜色发白，毛干发皱，容易折断、蓬乱，即出现所谓的憋毛迹象。如果这种毛数量增多，隼的飞行能力将极其笨拙。笼内应安置栖息架或木座，便于它夜间歇息和饱食后逗留，后者十分必要，因为饱食后如果发生互相啄咬，极易将装满食物的嗉囊压扁，而这常常会给它们带来致命的创伤。嗉囊需要休整六小时左右，以使食物转移到肠管中，而后形成残留的食渣——小羽毛、骨渣、筋条等吃进后不能消化的东西，这些东西结成椭圆形的凝结块，每天被隼从口中吐出。只有待隼将凝结块吐出后方可将隼带出去狩猎。在没有完成这一过程之前，即使不是饲养的隼也不会捕食其他动物或啄食任何饲料的。此外，还应在笼中放一只小水槽，每日换水；天气炎热时，隼经常喝水及洗澡，这有益于它的成长、清洁及换毛。尽管隼在自然巢中和出生后所栖的树杈上喝不到水也无处洗澡，然而一旦离开野生后，尤其是在酷热的夏日里，喝水和洗澡对老隼来说就不可或缺的了。

终于到了7月中旬或月底，是驯育、训练隼的时候了。晚上，当天已经完全黑下来的时候，猎人小心翼翼地把双手伸进网笼里，去掏那已经熟睡的隼，睡着的隼总是把一只脚放在握成拳头状的爪子中间，头则缩在翅膀下面。若是在白天抓清醒着的隼，就一定会压着它的毛，它就会因受惊而跳起来。猎人此时把隼的双腿抓住，把它的羽毛抚平，理顺它的尾部长羽，挪出它的头，套上一条对叠缝制好的大方巾（在头部位置留出一个窟窿），将方巾角捏住后用小细绳系牢。猎人一定要握着这只包在方巾中的雏隼，到人多的地方待上两个小时左右，然后再从后面解开这个方巾包，给隼的两只脚各系上一只绑腿，用一根皮带连在一起，皮带紧扣在猎人右手戴的皮手套上，此后受过训练的隼通常就待在这只戴皮手套的手上。当时人们还常在隼身上装置一个小铃铛，尽管这并不是必需的装置，但却对狩猎很有益。中空的铜铃铛，大小如俄罗斯产的大核桃，呈圆形，小巧玲珑，响声挺大。人们通常把它别在隼的尾部。具体办法是：一个猎人用双手按住隼的身体，另一个猎人小心地将尾羽从中间平均分开，在离尾根1俄寸处，将一枚普通的铜别针（别针后面连着一只小铃铛）扎进一根羽管中间，别针尖的那一头扎进邻近的根羽管，一直扎到头，这样别针就像长在羽毛里一样牢固地扎根在那里了。即使有时小铃铛的侧耳折断了，别针依旧牢牢地留在那里。此前，猎人将铃铛系在隼腿上，但这个办法显然要差得多，铃铛常常会刮在什么东西上，折断铃耳，而且每当隼捉住鹌鹑后朝草地或谷地降落时，铃铛常常什么声音也没有；而铃铛别在尾羽上，当隼撕咬猎获的鸟儿时，无论它的头和身体朝哪边摇动，都会发出响亮的铃铛声，向猎人报告目标的准确方位。

在训练隼时，猎人来到一处光线极其暗淡的地方，如某处草棚或谷仓，小心地解开皮带，谨慎地把隼放在右手上，此时右手必须戴上防止隼爪挠伤的皮手套。这是最艰难的时刻。有时很长时间都不能使它驯服地落在皮手套上。而要让它不去踢蹬脚上的绑带，不仅需要耐心，更需要技巧，不让隼蹬踩绑腿上的绦带，在这一点上隼总是很难做到。笼中驯养的隼，性格温顺，已经习惯与人相处，但由于不习惯于皮带绑锁，又害怕在黑暗中飞行（在笼中也没有养成飞行的习惯），会干脆就坐在皮手套上；如果是在巢中长大的隼，当然就不一样了。关于这类隼，我将在后面再说。当隼返回降落在戴皮手套的手上时，猎人要镇静，应让它在那个黑暗处待半个小时左右，然后再打开门。此时眼前骤然明亮起来，隼往往会从手套上飞起来；当隼渐渐安静下来后，猎人应带它来到外面，与这位小徒弟一起，在僻静开阔的空间里活动。在日出前，隼还没有真正从睡梦中清醒过来，此时还显得很温顺，因此在它面前可以放手行动：抚摩它，理顺它那由于睡眠而弄得横翘竖戳的翅膀羽毛（隼睡眠时双翅支棱着，不收拢），轻轻地拉一拉它的尾部，使它的脚更牢固地抓住手上戴皮手套人的手，这时它已经不再瞌睡了。在早七点左右可将隼放置在安全地带的木杆上，让它休息约两小时。但为了不使隼过快入睡或睡得过沉，朝它的羽毛上泼三次水：隼的羽毛一旦受潮，它就会不住地用嘴清理抚干。这时猎人也可趁此机会小睡一会儿。但是雏隼一般都不让猎人小睡片刻，因为它们都很固执和健壮，它们需要猎人在天黑之前托在手里到处走走，而且必须选择一些不因人多而拥挤的地方：因为陌生人的突然出现会使它们受到惊吓，并把它们惊飞走，它们尤其不喜欢有人从后面走近。对于已习惯与人相处的、驯服的笼养雏隼，不必过分禁食，临近傍晚时还可让其睡上一个半小时左右。第二天夜晚训练程序同第一日，翌日白天如果隼已经能够很好地落立于皮手套上，又有些饿（未喂之以肉食），可在傍晚时分投以肉食。常可见到这种情况：笼养幼隼由于一昼夜未能进食，前一天又投食较少，到了第二天它就会立于皮手套上吃食，这一天可让它增食一次（但数量宜少），以平时的三分之一的分量喂食。到了第三天，隼变得驯服得多了，睡眠不足和饥饿使它那虽经笼养但并未完全去除掉的野性消失了。傍晚时，应训练隼在手上起落的技能。方法如下：先将它置放于某物体上（不解开皮带），取一小块肉，先在远处让隼瞧一眼，然后移至它的嘴前，当它打算叼肉时，立即将手抽回，同时摇晃那块肉（诱肉）嘴里吧嗒并吹口哨（此办法称为笛诱，即以哨声进行引诱）。起初隼会伸长脖颈，跟随诱肉的方向转动，并不时弓着身子打算捕食诱肉，但当它发现这么做达不到目的时，便决定从自己所在位置飞过去，到诱肉所在的猎人手上去啄食或掠食而走。这个方法应该反复做三次，长度距离一次比一次拉长，最后使得隼一次跳起达到1俄丈远；最后要多给些饲肉，然后让它在僻静处单独待两小时左右。对已进食的幼隼都要仔细看护，观察并避免它从手上飞出时碰撞到什么物体上或者刮着嗉囊。到第四天，要训练幼隼飞行更远的距离——从1俄丈开始至10俄丈和20俄丈。而且投肉喂食时要更多一些，让隼达到半饱程度。猎人在以后几天继续用这种训练方法，待到第七天或第八天时，隼即能驯服和娴熟了。由于猎人每天利用诱肉训练时都不断拉长距离，并且每次都及时投食，即使把隼放在栅栏上或房顶，自己躲在一旁，只要按隼已熟悉的、独特的声音呼叫（这种呼叫声很难用文字表达，类似“普夫”），它便会立即飞起并落到猎人的手上。不过，有时那种脾气稍显怪异的笼养幼隼并不能立即闻声而至到猎人手上，而是先左顾右盼一阵，好像在倾听什么，然后开始点头、伸脖，两腿往下蹲（这后一动作是隼每逢要从某处起飞时必有的姿势），眼看就要离地而起了……突然它又恢复了原来的安静状态，甚至开始用嘴整理起自己那本来已很平顺的羽毛。可有时，就在做这些动作的空当儿，它又会趁人不备时从所在处腾空而起，开始展翅飞翔，然后，像燕子一样，直对着猎人从上面俯冲下来。于是麻雀叽叽喳喳，乌鸦咕咕呱呱，母鸡咕里咕噜，边叫边藏，而隼却骤然间一个打旋，从猎人手中叼走那块诱肉，却不知猎人事先早已将诱肉外露的部分缩短，因此被叼去的只是最外边的一小部分。训练期限和严厉程度取决于隼的领悟能力和驯服与否，也取决于隼的臂力。有时碰上一只领悟力差又愚顽的幼隼，即使训练上十天也不会开窍，而别的幼隼也许只需六天就能驯熟，到第七天就可带它到户外去了。训练幼隼必须严格准确、持之以恒，更重要的是要有耐心。例如，本来前一天那只隼飞某一规定距离既迅速又准确，今天应该飞得更远些才对，可是它却犯了倔劲儿，有时一连两个小时都不往猎人手上飞。缺乏耐心的猎人因待在一个地方不动感到腻烦，就不耐烦地挥手呼叫，并主动缩短距离——结果把事情弄糟了，第二天那只隼要求把距离缩得更短，其犟脾气也就更难改变了。隼的事后记忆力颇强，比如有时训练进行得正好，在猎人手上按部就班地来回飞行，可突然想起过去某个时候它曾被宠爱过，于是便毫无缘故地发起犟脾气来。训练来不得半点儿让步，不往手上飞，便不给食，不让睡觉；如果该隼身体确实虚弱，不妨在手中或落立处稍喂些食物，决不可以缩短距离去迎合它的犟脾气。总而言之，训练隼是一件艰辛之事，懒惰的猎人是会感到枯燥无味的，每天都缺乏睡眠时间。如果另有一个可靠的猎人在身边，倒可以将训练隼的工作让他替代一会儿自己抽空歇息个一会儿；不过，选择助手应该极其谨慎。我不止一次看到过这种情况：猎人靠在栅栏上睡着了，隼也坐在他的手里眯缝着眼睛，而按道理此时哪怕让隼打个小盹儿也是不允许的。可以肯定地说，如此训练出来的猎隼连第三等也难以达到。按时投以新鲜肉食和保护饱食后的隼也是很费心的。同样，可以肯定地说，猎隼早亡大都因猎人疏忽与照顾不周引起的。

训练野生幼隼要困难得多。如果猎人碰到的是往年出生的小隼，而他在没有其他选择的情况之下，只得把它作为驯隼，那就要花费很多的时间精力来操心费神，有时还不一定能够成功。这类隼不能很好地参加捕猎，因为它们捕获后常常被关在黑乎乎的地方，身体虚弱，捕禽能力差；而一旦饱食或长肥之后它也不会从事捕猎，甚至会伺机逃脱。

调驯野生幼隼的方法应同对待笼养幼隼一样，不过要更严厉一些，更认真一些，时间也要更长一些。我要特别提请各位猎人先生注意这最后一个情况：对野生幼隼训练的时间越长，以后它猎捕的能力也就强，也越有把握。为了能更快地驯出猎隼，要以控制睡眠和限制进食的办法来驯服它，而这又常常会使它的机体损耗过大，以后很难恢复它的体力。而用长时间的连续携带训练，有可能使隼变得精力充沛，比禁眠和禁食法更为有效地使其学会本领，甚至在已把猎隼用于狩猎后，空闲时间，除了五个小时睡眠时间外，也还要让隼立于手上，对于野生幼隼尤应如此。笼养幼隼与野生幼隼之间的差别达到惊人的程度！我曾试着给笼养幼隼喂最好的（从刚宰杀的鸟身上撕下来的）肉，其数量也是幼隼生母难以供给自己子女的；那种捕获来的野生幼隼自然总不如人饲养的幼隼吃得饱。然而，野生幼隼却总是比笼养幼隼显得羽毛平整、清洁，腿脚敏捷、利落，性情也更凶狠。笼养幼隼双眼混浊、表情呆滞，而野生幼隼的双眼却是活泛的、发光的，用猎人的话说，是鲜活的（即明亮闪烁之意）。是的，到后来笼养幼隼的眼睛也会变得鲜活。它们的颜色变亮起来并发光，但终究难同野生幼隼相比。话说回来，不管哪类幼隼，飞返训练已经完成，即一闻呼哨声能立即立在人手上（有时甚至无须使用诱肉），就应当训练其捕猎的本领了，令它追捕禽鸟，然后将猎物给它充饥并力求让它吃饱。对于野生幼隼来说，即使不格外训练，它也会尽量捕捉更大一些的禽鸟的，而训练笼养幼隼的这个能力则尤为重要。既然这后一种隼在笼中时并未撕食过带毛的禽鸟，待它们驯成后，有时放飞出去捕猎，见到应捕捉的鸟反而会无动于衷。这样的猎隼第一次实战往往毫无收获。如果在训练飞返时常常投以带毛的禽鸟肉或活麻雀之类，那训练起来就容易得多。猎人们认为，训练幼隼的捕猎能力从一开始就应以大鸟儿为目标，这样会使雀隼具有捕获大禽鸟的贪婪性，就会习惯去追逐捕猎大禽鸟，如大野鸭，而不是黑琴鸡、寒鸦、喜鹊、鸽子等。我对此持怀疑态度。因为我总是用鸽子训练猎捕，但我的隼有几只都恰恰捕到过上面所说的那种大鸟。看来，这主要取决于该隼本性中的凶狠程度，取决于它的双腿和爪是否健壮有力，而不是取决于最初训练阶段的情况。因为总是很少一些隼才会如此贪婪和凶狠。所以，即使采用大鸟为猎物，也非所有的受训练隼都会变得凶狠。相反，某些以小鸟（如鹌鹑）为驯捕猎物者却照样出佳隼，其中某些猎隼甚至常能猎获到更大的野禽和鸟儿。

训练有素的猎隼应该习惯与猎犬一起行动。猎人常常用下面的方法来训练猎隼适应这种状态，猎人携带幼隼来到郊外空地，最好是树林边，另一个猎人与他结伴而行（当然不带同伴也可以），猎人在不让隼看见的情况之下，悄悄地从衣袋里或从瓦其克（双面小袋）中掏出一只鸽子——最好是成年鸽，用细绳捆住它的一只脚，绳的另一端系在猎人手上，这样做是为了控制鸽子的飞行，同时也是为了防止万一失手，鸽子不至于完全逃脱。这时，鸽子好像从猎人脚边突然扑啦啦飞出一般，事先已被解开绑腿的隼发现后，会立即追上去，抓住猎物后，它同猎物一起落到地上。猎人要及时跑上前去，小心地协助猎隼制伏鸽子，因为后者力气不小，笼养幼隼凭自己的力量几乎对付不了。一般应先把鸽子的翅膀按住，在鸽子仍处于隼的双爪控制的情况之下，把鸽子的脖颈拧向反面。此后应给猎隼以充分的自由，任其在平坦的场地上尽情地撕咬、摔打那只鸽子，它会先扯掉鸽毛，然后吞食鸽头和已经被猎人拧折并撕扯成碎块的脖颈，再尽情享用其他部分，直到吃个大饱、不再叼啄鸽肉为止。完事后，猎人把猎隼小心地放到手上，带回家中，放在木墩上，小心不去碰到它，让它在那里睡上一大觉。如果这次训练和诱训成功，则不必再重复此法；要是驯隼扑了出去却没有能抓住鸽子，或者未能制伏猎物，那就应如法炮制再来一次，直到驯隼能一举抓住鸽子为止。一旦训练成功，猎人就要在第二天午饭后，趁气温稍稍降低一些的时候，把猎隼带到野外，同时带上猎狗。所带的猎狗必须是训练有素的，它须善于伺伏而又不擅自追捕飞禽。这后一特性对于尚未驯服的笼养幼隼来说尤为重要，一旦猎隼抓住一个猎物并同它一起落到草地上时，猎犬须马上跟去，猎隼受到惊吓，就会弃猎物而去，而且很难再使它恢复首次受训时产生的效果。现在来看，猎人携隼带狗、背着瓦其克袋来到郊外，狗嗅到了鹌鹑味，便悄悄地伺伏在附近，猎人手托猎隼尽量靠近目标，同时将猎隼尽量举得高些，然后朝着那只猎犬高喊一声：“追！”猎犬应声扑上去，鹌鹑扑啦啦飞起，猎隼随即跟踪飞扑过去，在空中将鹌鹑抓住，一起坠落在地上。然后重复昨天做的事，即将猎物丢给猎隼自由处理。第三天实际操作正式开始，但猎捕数量不应多，如是鹌鹑，以不超过 8—10 只为宜。即使这些也够猎人忙活一阵子了，猎隼把每只鹌鹑都抓得很牢，使你不能马上将猎物拉出来。你得先谨慎地将周围的草踩平，以免压皱隼的羽毛，然后用左手按住隼的双脚和捕获到的鹌鹑，遮挡隼的眼睛，右手去解隼的双爪，而这又必须先将前趾掰开，然后再掰后趾，随后其他各趾就会自然松开。有的猎隼生性易怒，当猎人想掰开它的双爪取出猎物时，它会把脚趾都攥紧，并保持这个紧张的状态，久久不肯放松。猎人把鹌鹑扯出来后，背转过身体，将鹌鹑的头拧掉，把它的身子放入瓦其克袋中，然后把猎物的头颈部分朝隼摇晃几下，猎隼飞回到猎人手上，待它啄几口后，猎人就将剩余的部分装到袋里，留到捕猎结束时再给隼吃。结束狩猎后，猎人留出一些时间让猎隼平静下来，他抚摩着猎隼支棱着的羽毛，驱散猎隼的怒气，待它的脚趾终于放松开来，并完全安静下来的时候，再把猎犬派出去，到鹌鹑多的地方再去搜寻一只鹌鹑。鹌鹑并不难找，特别是庄稼地里，几乎每走一步就会遇到。如果猎犬找到的是一群鹌鹑幼雏，猎人就不应该去惊扰这些鹌鹑了，因为，首先它们正处于生长期，可以留待秋天它们长得肉肥味美的时候再捕捉；其次，让猎隼猎捕如此弱小的动物会把年轻的猎隼宠坏了的。然而，第一只鹌鹑幼雏肯定还是要捕捉的，因为猎人在捕捉前是不知道猎狗伺伏到的是什么样的鹌鹑；不过，一旦得知实情，应立即把猎犬从幼鹌鹑身边唤开，把幼隼引向旁边，被追捕的鹌鹑幼雏早晚还会是猎隼的猎物的。随着捕猎的鹌鹑数日益增多，最后猎隼每天都要随猎人去到野外，一直干到深夜。我听说，过去有的猎人每天能捕到一百多只鹌鹑，不过我本人却从未超过 50 只。不过，我知道，在我们那个时代，吃苦耐劳的猎人每天能在一个地方捕到 70 只鹌鹑，其中有时还会夹杂进 10 来只长脚秧鸡。这种鸟每逢秋季从沼泽地飞到田野和林边。但是，并非每只刚驯成的年幼猎隼都会捕猎长脚秧鸡的，因为在它被追赶时，会发出尖叫声，这种叫声就像黄鼬的呜呜声或喜鹊的喳喳声。如果笼养猎隼第一次捕猎长脚秧鸡未获成功，以后就再也不会追捕它们了；不过，野生猎隼却不惧怕长脚秧鸡的鸣叫。

有时候，猎人携带 4 只猎隼去狩猎，一个晚上能捕获到二百多只鹌鹑，猎物堆成了小山。因为天色一晚，周围光线暗下来，已经没有时间洗刷猎隼，为它整理羽毛，而且一大堆猎物也需要及时处理才成。一般都把捕到的鹌鹑送到地下室去，扔在一只用树皮编织的、里面放着冰块的大篮子里。这一方面是为了防止未开膛的野禽腐烂变质，另一方面也是为了使它们能更好地变凉。冒着热气的、油腻腻的鹌鹑是难以拔毛的，因为此时鸟皮同脂肪贴得很紧，若此时拔毛容易拉出皮肉。一般到第二天清早，在光线暗淡的、阴凉的地下室里，人们开始收拾这些猎物，厨师们专门为鹌鹑开膛破肚，而男佣、女仆们则分成两部分，在说说笑笑的喧闹声中给鹌鹑褪毛。有时猎人们也会来到这个现场，这时人们就会跟他们开玩笑，戏称他们为“流浪汉”，埋怨他们捕猎的鹌鹑数量过多，因为收拾这玩意儿很闷，必须小心谨慎，不能撕裂鸟皮，而女管家就在旁边严格地监督着，如果不是加上一些插科打诨，这项工作很快就会使人腻烦的。人们将鹌鹑肉晒干、熏烤，而更多的是用腌制法储藏。起先，人们常常直接把新鲜的肉做馅儿，做肉片浇汁，放在酸奶中用油煎炸，但由于过于油腻，大家很快就感到厌烦了，以至于后来谁看见它谁就受不了要倒胃口。猎获鹌鹑的数量多寡不在于猎犬的搜寻结果，而取决于隼的力量大小。尤其要命的是，有的猎隼在捕捉到一只鹌鹑后，有时脾气会变得极其暴躁，紧紧抓着猎物不放，耽误不少时间。不过，这对于受驯的幼隼来说倒是个好兆头。只有当猎人把手搭在猎隼身上，它就立即将爪中的猎物交到猎人手里，那么狩猎就可以算是成功的了。能做到这一点的只有那些在小饲养园里已经待了一个冬季的老猎隼；不过，野生的猎隼经过一个秋季的训练也不常发脾气或固执了，已经愿意将猎物交给猎人了。

现在当我的脑海里想到狩猎活动时，我便会十分愉快又异常好奇地回忆起我在小时候怎么会一下子就爱上了狩猎；回想起我的那些伙伴们如今已经上了年纪甚至已届垂暮之年，当年他们对狩猎又是如何迷恋啊！在其他省份，比如库尔斯克，隼猎鹌鹑常是农家的谋生手段，但在奥伦堡省，直到现在似乎还没有用猎隼来谋取经济利益。当时在我们那里有三个猎人，我是第四个，在我们之间开展了激烈的竞赛：看谁的猎隼最出色，谁捕获的鹌鹑最多！简直难以想象，当时我们为了等待暑热过去能够去狩猎的心情有多么急不可耐。猎人们说，在天气热的时候，下午五点钟以前是不宜出猎的，因为天热会使猎隼身子懒洋洋的，狩猎的劲头儿不欢。有时候情况确实如此。碰到猎隼逃走的情况，待过几天再次捕获它的时候，则必须让它在饲笼里静待一段时间，让它将自己飞逃的事忘掉，再对它重新训练，当然不必像从前那样严格。当然在酷暑炎热中，不论是猎犬寻猎，还是猎人走路，都会感到难受的。要是遇上阴霾天气，或是时值秋日，天气凉爽一些的时候，待猎隼吐完残食，就可以整天携隼到郊外出猎了。狩猎的日子，时间总是过得很快，到傍晚，猎人常常不是抱怨太阳落得太早，就是抱怨夜晚来得太快！随着日落的临近，鹌鹑不再在那里一动不动了，它们飞快地行动着，飞得也越来越高、越来越远；而这时猎隼却疲倦了，捕猎也不像开始时那样贪心了，常常连那种身瘦体轻的鹌鹑也不去追击了。这种鹌鹑被猎人叫作“切库什”，这个名字来源于它的叫声，它一飞起来就发出一种类似“切库”“切库”的叫声。猎隼听见“切库什”已经无心追捕，而是飞回到猎人手上，或者，要是猎人不伸出手来的话，干脆就落到猎人的长檐帽上。这就是所谓的“猎隼掌上回归”。现在无可选择，只有回家了。于是，你爬上狩猎用的轻便马车，往回返了。一路上，你喂猎隼，在脑子里计算着这天究竟捕捉了几只鹌鹑。特别有意思的是，用这种方法计算出来的数字总也不会准确，无论你怎么仔细地算也得出错，有时至少错一只，有时错两三只。毫无疑问，狩猎中最令人愉悦的事情，莫过于猎隼所表现的敏捷、迅疾的捕获本领和猎犬的灵敏的嗅觉和乖巧听话的追猎态度。猎隼和猎犬之间配合的默契程度简直令人惊讶，根据猎犬的跑动和尾巴的晃动，猎隼就能准确地捕捉到猎犬发出的有关信息，比如猎犬已经接近了鹌鹑的栖息地点，猎隼特别善于理解猎物的伺伏情况，凭着猎隼那一双闪亮的、洞穿一切的眼睛，它一眼不眨地盯着猎犬的动静，判断着，贴近过去，并抬起身子，随时准备扑过去。猎隼现在已完全不再惧怕猎犬靠近，看到它走近时也不会从栖木架或栖木杆上飞起，还常常当着它的面满不在乎地撕咬捕获的猎物。如果猎隼没有系上尾铃，捕到鹌鹑后坠落在深草或没有收割的庄稼地里，就常须使用猎犬来尽快找到它们。此时，猎犬会很快找到隐没在深草中的猎隼，然后就蹲在一旁伺伏，尾巴得意地不停摆动；如果猎人距离太远，看不见庄稼深处的猎犬，那它就会汪汪叫起来。猎隼同猎犬处得越是融洽，那它与主人的关系就会越是亲近；同时，猎隼总是对最初驯养它的主人特别顺从，乐意爬到主人的手上，为主人去捕获猎物；而如果换了另一个主人，情况就远不如同原主人的那么好了。当鹌鹑变得肥美的时候，猎隼也练得敏捷和有力了，猎隼已经不必每次都靠近对象进行猎捕了，只需让猎犬从远处吓唬鹌鹑起飞就可以捕捉到。那时，可在较远的距离内欣赏到猎隼捕猎飞禽的迅疾场面。有些热心的猎人还会像猎犬主人鼓动猎犬那样高喊着鼓动自己的猎隼：“嗨，亲爱的！喂，喂，用爪子抓！别放过它！”等等。人们常常把凶猛的猎隼看作一颗出膛的子弹那样，让它去追击鹌鹑。

捕获鹌鹑数量最多的季节是每年 8 月下半月，根据天气情况，有时是在 9 月初。这一段时间，鹌鹑开始长膘，身体沉重起来，飞不了几步就会坠地。因此，只要没有看见猎隼，鹌鹑甚至都不愿意飞行，有时看见猎隼飞来，它反倒会紧伏在地上一动不动，以至有一次我竟然徒手活捉到几只这样的鹌鹑。若是狂野的猎犬碰上这样的情况，可以一口气捕到多只鹌鹑。通常在9月初，猎人都会贪心地去捕猎鹌鹑，因为每天天气情况都各有不同，鹌鹑每天都可能“消失”——无论如何也不能说它们是飞走的，只能说它们每天都在消失。这种现象总是发生在冷雨到来之际，特别是北风刮起或出现霜冻的时候。最初，捕猎量减少特别明显，然后每天都在逐渐减少，到后来下降到每一天捕猎5—6只的程度。至此，许多猎人都放弃了这一猎事。可我还是一如既往地坚持着，整天或驱车或徒步地在鹌鹑喜欢栖息的、现在正消失殆尽的那些地方寻猎，比如宽阔的田边地界，这在奥伦堡省很多地方都有，它们都有数丈宽，那里杂草丛生，遍布金雀花树、矮扁桃树和酸樱桃树等灌木丛；熟荒地，在这种地方有小水洼，四周生长着茂密的丝绸般的又细又软的草；割过庄稼的茬地，这里东一块地西一块地生长着长长的帚尾草、鱼鳃形草和鬼针草等重新返绿的草类。而最好还是去那些因庄稼谷粒稀疏、收获少而被弃置不割的谷地。就这样，为了捕获一只鹌鹑，我驱车行程不下十里地……最后还是一无所获，到了第二天依旧如此——无奈之下只能将猎隼送进冬饲室里去了。

猎隼往往有以下毛病：有时年轻力壮的猎隼凌空飞扑鹌鹑，但却能从鹌鹑身边错过，甚至落在鹌鹑身后的草地上，而鹌鹑，特别是那种矫捷的，趁机紧跑几步，迅速腾空远去了；猎隼醒悟过来后，赶忙追也已经为时晚矣，一无所获了；有时见它在空中似乎已将猎物擒获并同它一起坠于草中，但当猎人跑到跟前察看时，却发现隼爪紧抓的是一把草或一根小木棍儿，鹌鹑早已踪迹全无。这或是猎隼的急躁病——用猎人的话说即“犯红眼病”，或因猎隼腿脚无力。如系第一种情况，还可以通过积累经验后得以改善，而第二种情况，如果不是因为偶然体虚所致，那将是不可救药的了。偶然体虚极易恢复：只要让该隼少出猎两三日，多饲以新鲜鸟肉并增加其睡眠时间与次数，就是说，猎隼只要得到更多的关心的话，就还能够成为可造之才。有时恰恰相反，是因为猎隼发胖而懒于捕鸟。在这种情况下，不言而喻，当然应该采取减食法：少喂食，多训练，减少它的睡眠时间与次数。体强力壮又没有食之过饱的猎隼有时还会出现以下毛病：“带飞”——这是猎人的行话。就是说，猎隼捕到鹌鹑后不是马上降落到地面上，而是带着鹌鹑飞上50俄丈，有时达到100俄丈，然后才落下来，这很使猎人感到心烦并且消耗体力。为了避免这种没有意义的损耗行为，可在猎隼擒爪的根部涂上一些蜂蜡，让它们变短，这样，猎隼担心因自己抓不牢猎物，而被猎物挣脱逃走，就会带着猎物立即落入草地。最后，猎人还会碰上一些笨隼，它们生来呆滞、飞行迟缓、懒惰、反应慢，其中十有八九体弱无力，碰上这种隼应予放飞。好猎隼一眼便能看出：往手上一站，神清气爽，羽毛顺滑，脑袋小巧，双肩宽阔，身体浑圆，落地稳健，双腿健壮有力且又不长；包容量大，足趾坚硬，双爪锐利，且稍偏圆形（扁平者欠佳，弯曲蜷缩者更差），双目有神，视力敏捷。最上等的品种是那种尾巴上有七道“黑杠”横穿的猎隼。其余品种的猎隼均依次列为中下等。

雀隼除了用于捕猎鹌鹑和长脚秧鸡外，很少用于捕捉其他野禽，除非对狩猎本身有一种迷恋，否则猎人一般是不会让猎隼去捕捉其他猎物的。然而，我却喜欢积累经验，尝试过让贪婪的雀隼去捕猎黑琴鸡。如果猎场是在大片平坦的草原上，而且黑琴鸡还很幼小，雀隼就会成功地完成这件猎事；但当黑琴鸡长成后，隼已经追赶不上它，而且即使抓住了，也无法搬动带走。雀隼在追捕鹬鸟上也表现出色，不过这得趁鹬鸟尚未长肥，并且还得是在猎犬跟前起飞时，反之，若远了也追赶不上。在我坚持用雀隼捕鸟的秋季里，我曾捕获到一只肥胖的丘鹬，不过这纯属偶然，我本以为猎犬在林子边缘地带搜寻到的是一只长脚秧鸡哩！结果，我抓捕到了两只小水鸭，一只沼泽鹬。我曾经捕到很多俄罗斯鸽，还捕到过一只寒鸦和一只喜鹊。不过，在我的几十只猎隼中只有两只特别擅长捕捉这后三种鸟。据猎人们说，之所以不是每一只猎隼都能够捕猎到鸽子、寒鸦和喜鹊，是因为鸽子臂力大，寒鸦颜色黑，喜鹊被抓时一边喳喳叫，一边还嘴咬脚蹬的缘故。第一个说法和最后一个说法确实事出有因，令人信服，唯独第二个说法——猎隼不喜欢黑色，准确与否，我却不能确定。我认为，其中的奥妙在于猎隼必须迅疾地就近扑向猎物，否则就难以追赶上那些鸟。我亲眼见过一个猎人在冬天用一只老隼捕获了一只喜鹊，情况是这样的：猎人把骨头、肉渣之类的东西抛撒在自己那间茅舍窗外，一群喜鹊飞来啄食，这时他打开小窗，放出猎隼，那隼迅速扑向喜鹊，当场把就要起飞的一只喜鹊抓住了。这个猎人整个冬季几乎每一次都在用这种方法捕猎喜鹊，并每天都用喜鹊肉喂那只隼，结果隼更加身强体壮，并提早到5月初就开始换毛，到6月底就已完全能出猎了。显然，喜鹊肉特别有益于猛禽。隼换毛期间须置于饲养处所，精心照料，少加干扰。在好心的猎人饲养之下，一只隼能活上好多年，羽毛逐年改变颜色：由浅灰变为微白，最后几近银白色了。我养的隼没有超过两冬的，且总是由于照顾不周而夭折。其中一只是在第二年冬天飞走的，一直没有回来，我想，它一定是死在外省了，因为它是一只很驯服的隼，叫声尖脆。应该指出，某些笼养幼隼饥饿时的确会发出尖叫声，但也有一些并非如此。

我记得，有一个猎人的一只猎隼活了六个春秋。这只隼很奇妙，碰上什么就捕猎什么，甚至捕到过白嘴鸭，在不同季节捕到过十多只丘鹬。有一次它盯上了一只灰色大野鸭子，跟着它在水塘里转悠了半天，野鸭一会儿扎猛子，一会儿又带着猎隼一起向水下沉——想甩脱它，可它就是不松爪，直到后来野鸭钻进芦苇里，它才不得不放爪。只要有适宜的机会它都要捕猎小水鸭。到了第六个秋天，它已不那么机敏了。到第七个冬季，它不知得了什么病，突然便死了。他的这只隼相当机灵，每次来到野外，不必把它放在手上，只要启开笼子，它就立即起飞，歇在某个高处。猎人不必对它花费什么心思，自顾自地走，不一会儿，隼就会追上来，如果猎人不伸出手掌接它，它就会落到他的头上或肩上；如果它多时没有出现，只要走近常到的一些熟悉的白桦树跟前（如果正对那个方向的话），猎人总能发现它正待在树杈上等候着。有一次，猎犬无意中惊动了一只鹌鹑，那地方从前根本没有这种鸟，那只隼直接从树上抓住了这只鹌鹑。从这只隼的爪下得到的野鸟总是活着的，而且没有受什么伤害，人们常常把这些猎物搁在笼子里饲养、过冬，只要猎人把手往捕获的鹌鹑身上一放，隼便立刻松开爪子，放出猎物，然后跳到一边去。看来它已经没有了本能的贪婪，捕鸟只是出于习惯，或是为了讨得主人喜欢。可以想象，带着这样的猎隼，狩猎乐趣之大简直难以形容。自然，到下一年，猎隼的捕获能力肯定要下降，但是，目睹它的日渐衰老和力量减弱也颇有意思。尽管驯养猎隼的猎人本身也是凡夫俗子，但看到自己那威猛的捕猎助手正日趋衰老时，总是要哭泣着说："不，我怎么忍心让这样的猎隼累着呢！"

图书在版编目（CIP）数据

渔猎笔记 /（俄）阿克萨科夫著；冯华英译. —北京：中国工人出版社，2022.4

ISBN 978-7-5008-7896-4

Ⅰ. ①渔…　Ⅱ. ①阿…　②冯…　Ⅲ. ①散文集—俄罗斯—近代　Ⅳ. ①I512.64

中国版本图书馆CIP数据核字（2022）第040111号

渔猎笔记

出 版 人　王娇萍
责任编辑　傅　娉
责任印制　黄　丽
出版发行　中国工人出版社
地　　址　北京市东城区鼓楼外大街45号　邮编：100120
网　　址　http://www.wp-china.com
电　　话　（010）62005043（总编室）
　　　　　　（010）62005039（印制管理中心）
　　　　　　（010）62379038（社科文艺分社）
发行热线　（010）82029051　62383056
经　　销　各地书店
印　　刷　北京盛通印刷股份有限公司
开　　本　880毫米×1230毫米　1/32
印　　张　9.75
字　　数　214千字
版　　次　2022年4月第1版　2024年1月第2次印刷
定　　价　48.00元